U0565054

本成果受新时代依法治疆研究基地项目资助。

新疆大学天山法学文库

中国刑法总论精义

张曙光◎著

上海三联书店

序

这是一本简明阐释当代中国刑法的总则部分及其相关理论的作品，是作者多年研习中国刑法、开展相关教学和科研探索的知识凝练、思考心得和经验总结。作者试图用尽量少的语言为读者勾勒出中国现行刑法（总则部分）及其相关理论的内容、精髓和实践情况。故名之为“中国刑法总论精义。”

本书在撰写过程中强调以下几点：

一、坚持马克思主义的立场、观点和方法为指导。马克思主义刑法观、犯罪观和刑罚观是迄今为止人类社会最先进的刑法思想。分析我国现行刑法总则，建构新时代刑法总论，必须坚持马克思主义的立场、观点和方法，必须注意与非马克思主义的哲学思想指导下的刑法理论的区别，这在今天国内外学术交流空前繁荣、各种思潮风云际会的时期尤为重要。在国内外两个大局背景下，本书坚持贯彻习近平新时代中国特色社会主义思想，立足中国实际和中国刑法立法，借鉴、吸收国外优秀刑法文化成果，对我国刑法基础理论（主要是在中国刑法总论的名义下）进行总结、反思和探索，对一些理论问题提出了自己的意见。

二、紧扣当代我国刑法立法及其实践运用。晚清以降，西学东渐，中国刑法学人筚路蓝缕，孜孜以求，以学西方刑法思想和理论为重要路途，大量吸收、借鉴国外不同法系的刑法文明成果，以期建构起我国现代刑法学思想体系、话语体系和理论体系，尤其在改革开放后，我国刑法理论研究视野大开，各种思潮、学说层出不穷，形成十分繁荣、庞杂的局面，刑法理论研究也达到相当的水平，但一切刑法理论都应当是与一定时代、本国实际和司法实践相结合的，不存在什么普世的、统一的、共有的刑法理论。

本书在学习、比较、借鉴、吸收各种理论成果的基础上，坚持以我国现行刑法及其实践运用为论述对象，主要阐释现行刑法的内容、精神和内在逻辑，希冀有助于本国刑法思想和理论的建构。

三、继承与创新相结合。新中国成立以来，我国刑法学界在学习、吸收和借鉴苏联刑法理论基本内容和体系的基础上，结合本国实际和实践经验，很快确立了我国社会主义刑法学，形成了我国当代刑法理论体系的“基本盘”。本书既主要根据我国刑法总则来安排理论体系框架，继承我国当代刑法理论的基本内容，同时，也在一些基本问题上提出自己的独立思考和观点认识。例如，在对刑法的内涵和本质、刑法学研究对象、刑法体系的逻辑起点、行为范畴的理论地位、犯罪概念及其本质特征的阐释，刑罚范畴的理解等问题上，提出了自己的看法。这也导致本书的理论体系相对于传统刑法理论体系结构有一定的调整。

四、简明扼要。本书力图避免事无巨细，避免理论堆砌，避免琐碎。一是理论只有与实践相结合才会丰满、完整和发展，作为一部指导实践的书，不需要面面俱到，过于面面俱到就可能琐碎，也会变为教条，本书文字努力做到简略精要，许多具体问题，相信读者完全能够在思考中和实践中自行丰满；二是文中并不过多铺陈国外刑法理论和内容，除非本书在论证时需要，这也为本书减少了不少文字。

是为序。

张曙光

2022 年 4 月

目 录

刑法篇

犯罪篇

刑事责任后果篇

刑法篇

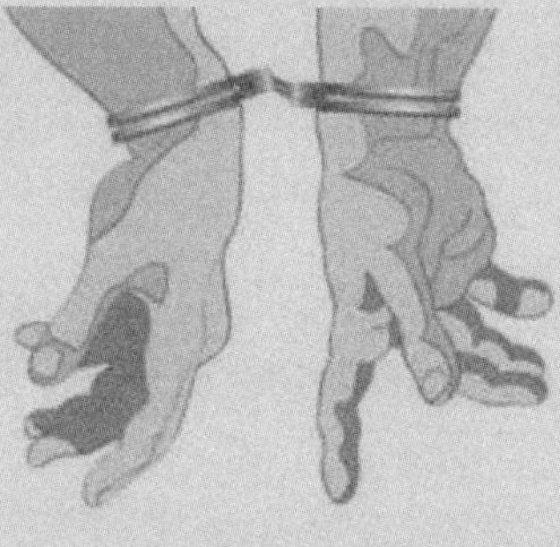

讲式篇

第一章 刑法与中国刑法总论

第一节 刑法的概念、性质与渊源

一、刑法的概念

一直以来，在形式意义上，中外学界关于刑法的定义大体可分为以下几类：

一是认为刑法是规定犯罪及其法律后果的法律部门或者法律规范的总和。此类定义会导致这样的罪刑关系认识：因为存在犯罪，才会有与之相应的刑罚或其他处置措施，刑罚或其他处置措施是作为犯罪的法律后果而存在；刑法总体上是为了打击犯罪，因为犯罪，它才规定刑罚、保安处分以及其他非刑罚处理方法。这种定义把犯罪看作是刑法的核心范畴、主导性范畴。

二是认为刑法是关于刑罚适用的法，[①]刑罚惩治的不是犯罪，而是犯罪的人。刑法中的犯罪是刑罚的适用根据和前提，是用刑罚对犯罪人追究刑事责任、实现刑罚目的和刑法任务（秩序维护）的根据。刑法、刑法中的犯罪都是因为规制刑罚的适用而存在，刑罚才是区分刑法与民法、行政法等法律规范的根本性标志。一个行为也只有需要用刑罚进行打击的时

① 当代德国著名学者罗克辛认为："在形式意义上，刑法是由它的惩罚方式来定义的。一个条文不会由于违反的是应当行为或没有行为的规定而属于刑法，那种情况在许多民事和行政法规中也会规定。但是，一个条文会由于一种违反规定受到刑罚或保安处分的惩罚而属于刑法"。参见克劳斯·罗克辛. 德国刑法学总论. 王世洲译. 北京：法律出版社. 2005，3.

候，它才可以成为刑法中的犯罪，反之，一个行为，无论它多严重，如果没有规定刑罚的后果，它就不是犯罪。换句话说，刑法中的犯罪是以刑罚为标尺确立的。刑罚是比犯罪更优先重要的范畴。因此，刑法实际是关于“刑”的法，刑罚是刑法的核心范畴、主导性范畴。

三是认为刑法是规定犯罪、刑事责任和刑罚的法律规范的总和。该定义并不深究犯罪和刑罚哪个是刑法的主导性范畴，而只是说它们都“平等地”属于刑法规定的内容。除此之外，刑事责任作为刑法的基础性范畴，尽管其地位尚有争议，[①]也不应当受到忽视。因此，不少教材或专著将刑法定义为规定犯罪、刑事责任和刑罚的法。

四是认为刑法是规定犯罪、刑罚的法律，实际上是对上一种定义的简略。此类定义并不认为刑事责任能够与犯罪、刑罚在刑法中的地位相并列，不像犯罪、刑罚那样明显是刑法的两大基本范畴，后二者各自涵摄了刑法的主要内容规定。刑事责任似乎与其他刑法中的范畴一样，只是次一级的与犯罪、刑罚相配套的范畴。

如果仅从刑法规定的内容或形式上看，上述四种定义不能算是错误的，但也仅仅限于对刑法或繁或简的描述。然而，定义不是仅对事物的外在特征的描述，人们更希望定义能揭示更深刻的东西——这主要是事物内在的、固有的矛盾。如果这样的话，那么第三、四种定义未免肤浅，它们只是告诉了刑法里“有”什么。第一、二种定义，则不仅告诉了刑法主要规定了犯罪、刑罚（或犯罪的法律后果），也暗含了罪刑关系是刑法的基本关系，在这一矛盾关系中，犯罪或刑罚是主导性的，在认识上比第三、四种定义深入。但是，这些认为围绕犯罪、刑罚的规定是刑法的主要内容、忽略刑事责任范畴的基础性、把罪刑关系视为刑法的固有的根本矛盾的定义，都是令人怀疑的。其缺陷体现在：

一是把罪刑关系看作是刑法的基本关系，实际上是不准确的，是一种过于简单化的概括。发生了刑法中的犯罪，其直接的法律后果是犯罪人应当承担刑事责任，只有确定了刑事责任，才涉及是否适用刑罚的问题。

---

① 对于刑事责任，刑法理论上有“犯罪-刑事责任说”、“犯罪-刑事责任-刑罚说”和“刑事责任上位概念说”等观点。本书认为，刑事责任是犯罪和刑罚的上位概念。下文将有详细论述。

所以，罪刑关系在刑法中并非直接的联系，没有刑事责任，也就无所谓罪刑关系，刑事责任是维系罪刑关系的关键环节。

二是有了犯罪，还需要考虑犯罪人的情况，才能考虑犯罪人的刑事责任问题——注意是犯罪人（而不是犯罪）的刑事责任，因此，刑法的许多规定是关于犯罪人的条件。有了刑事责任，也未必适用刑罚，刑罚只是解决刑事责任的一种方法，有时免于刑罚处罚，有时采用刑法规定的非刑罚处理方法，此时也要考虑犯罪人的要素。用犯罪与刑罚、罪刑关系来概括刑法的规定内容，未免牵强。

三是法律是调整法律主体之间的权利义务规范总和。刑法实际是调整国家和公民（包括未犯罪的人和犯罪人）之间的关系，在所谓的罪刑关系背后，其实是国家与犯罪人之间的关系，这种法律关系的标的是刑事责任。刑法实际是规定刑事责任的法，正如民法、行政法和经济法规定民事责任、行政责任、经济责任的法律规范一样。

所以，在本书看来，刑法是规定国家和犯罪人之间的刑事责任的法，犯罪是追究犯罪人刑事责任的基本根据和前提，刑罚以及其他非刑罚处理方法是实现刑事责任的具体措施。

在刑法理论上，刑法有狭义和广义之分。狭义的刑法特指一国的刑法典。所谓刑法典是指以体系化模式系统规定犯罪、刑事责任、刑罚以及其他相关规范的刑法形式。在我国，目前就是指《中华人民共和国刑法》（以下简称刑法）。[①] 它不仅系统规定了大量的具体罪刑规范、犯罪成立的一般要件、刑种和量刑原则，还规定了刑法的根据、任务、基本原则、适用范围等。广义的刑法，是指所有罪刑规范的总和，除了狭义的刑法（刑法典）外，还包括单行刑法和附属刑法。所谓单行刑法是指针对某一类犯罪及其刑事责任进行集中规定的法律形式。例如，1981 年 6 月第 5 届全国人民代表大会常务委员会《惩治军人违反职责罪暂行条例》、1998 年 12 月第 9 届全国人民代表大会常务委员会《关于惩治骗购外汇、逃汇和非法买卖外汇的决定》，就属于单行刑法。所谓附属刑法，是指在民法、行政

① 1979 年第五届全国人民代表大会第二次会议通过，1997 年第八届全国人民代表大会第五次会议修订。

法、经济法等非刑事法律中的罪刑法律规范。例如，2014 年 11 月出台的《中华人民共和国反间谍法》，总体上不是一部刑事法律，但包含了较多的罪刑规范，这些罪刑规范就是附属刑法。我国刑法既有刑法典，也有单行刑法和附属刑法。

以罪刑规范适用范围情况为标准，刑法可分为普通刑法和特别刑法。普通刑法一般是指对主权或主管范围内所有人、所有地方具有普遍适用效力的刑法，即刑法典；特别刑法是指对一定范围的人、事、地域或时间内具有适用效力的刑法，例如，前述《惩治军人违反职责罪暂行条例》就是特别刑法。[①] 此外，根据刑法规范在国内适用，还是国外适用，可分为国内刑法和国外刑法等。

二、刑法的性质

（一）刑法的法律属性

刑法作为法律体系的一个独立的法律部门，同其他部门法一样，由一系列法律规范组成。但是，刑法同其他部门法相比具有以下特点：

1. 刑法是专门规定刑事法律责任的法。在宪法之下，与其他部门法律如民法、行政法、经济法等不同，刑法不事先规定法律主体的权利与义务，而只规定某种行为在严重违反其他部门法律规范的情况下，犯罪人承担怎样的刑事责任以及如何确定和落实犯罪人的刑事责任。而民法、行政法、经济法等，它们的主体内容是设定法律主体的权利和义务，对民事法律责任、行政法律责任和经济法律责任等的规定，只是这些部门法的一个部分，它们是法律主体对这些权利和义务的侵犯或违反而招致的法律责任。当某种行为严重侵犯或违反这些部门法规定时，可能会被规定在刑法中，并被设置刑事责任，所以，刑法实际只是专门规定各种具体刑事责任的集合。

2. 刑法是一种最为严厉的法。刑法是追究犯罪人刑事责任的法，刑

① 该条例自 1997 年 10 月 1 日开始，即修订的《中华人民共和国刑法》施行之日起，予以废止，相关内容被纳入 1997 年刑法中。

罚是承担刑事责任的基本方式，是刑法区别于其他法律部门如民法、行政法等的根本性标志。一个行为不会仅因为违反某种命令规范或禁止规范而被归属于刑法（无论它有多严重），因为民法、行政法、经济法等法律中也有这些行为，但是，它会因应受到刑罚惩罚而被归属于刑法。刑罚可以依法长期地限制或剥夺人的自由，也可以依法部分或全部剥夺犯罪人的财产或其他权利，甚至可以剥夺犯罪人的生命。其严厉程度是其他法律部门的法律责任的承担方式所无法比拟的。刑法以刑罚作为刑事责任的主要承担方式，决定了刑法是最严厉的制裁法。

3. *刑法是第二位法，其他法律部门的保障法，具有谦抑性。*刑法并不像民法、经济法、行政法等法律部门那样创设“第一次规范”（即民法规范、经济法规范、行政法规范等），如果有违反这些第一次规范的行为，首先要通过追究民事、行政或经济法律责任来修复被侵犯了的法的秩序和保护的权益。当有违法行为严重到相当的程度，一般的民事、经济、行政责任的追究不足以遏制这些违法行为时，司法机关就可以根据刑法给予刑罚制裁。可见，刑法虽然是一个与民法、行政法、经济法等并列的法律部门，但它与后者有着紧密的联系，它既为民法、行政法、经济法律规范所确立的法秩序和所保护的合法权益提供第二层保障，也为这些法律部门的贯彻落实提供强有力的支持。同时，由于刑法本身的严厉性，从人权保障的视角，如果追究一般违法责任能达到惩罚或预防目的，就不需要适用刑法追究刑事责任，此即所谓刑法的谦抑性或经济性。

4. *刑法是实体法、公法。*实体法是指规定法律主体的具体权利义务、适用条件与范围、违法责任等情况的法律，[①]诉讼法是保证实体法规定的权利义务实现的程序、措施的法律。如前文所述，刑法是调整国家和实施犯罪的人之间特殊的权利与义务关系的法律，这种权利义务关系的标的是法律主体的实体利益，因而是实体法。对犯罪人刑事责任（实体性义务）的追究，需要通过刑事诉讼法的适用才能够做到。刑法也是公法，所谓公法是指所调整的法律关系主体中一方属于国家的法律。

此外，学界还基本一致认为，刑法还具有调整社会关系领域的广泛

① 参见卓泽渊. 法学导论. 北京：法律出版社，2021：57.

性、特殊性，调整违法行为的不完整性等特点。

（二）刑法的政治本质

从社会学、政治学等社会科学视角看，刑法是一种特殊的社会控制或调整手段，是国家赖以维护自身存在、保障人民利益的最终工具，具有特殊的功能和作用。对刑法的把握，不应当停留在规范层面。

马克思主义的唯物史观，主要从政治学的视角揭示了刑法的本质：刑法和其他法律一样，不是自古就有的，而是人类社会发展到一定历史阶段、进入到阶级社会和国家后的产物，是阶级社会中统治阶级进行阶级统治的工具，因而具有鲜明的阶级性。它和其他法律一样，都是统治阶级共同意志的反映，是在经济上、政治上占据统治地位的统治阶级，从维护本阶级政治上的统治和经济上的利益出发，根据自己的意志，将那些危害统治秩序和统治关系的行为规定为犯罪，设置相应的刑事责任、用刑罚予以惩治或预防而形成的法律。人类历史上，有阶级的社会一般依次被划分为奴隶制社会、封建制社会、资本主义社会和社会主义社会，与之相应，刑法也依次表现为奴隶制刑法、封建制刑法、资本主义刑法和社会主义刑法。

我国是社会主义国家，广大人民当家作主，因此，我国刑法是社会主义性质的刑法，它代表着最广大人民的利益，是保护人民、惩治犯罪的有力武器。

三、我国刑法的渊源形式

刑法是规定刑事责任和刑罚适用的重要法律部门，主要内容涉及到在一定条件下剥夺公民的基本权利和其他权利的重大事项。因此，刑法典的制定和修改是一件很严肃的事情，根据我国立法法规定，它只能由全国人民代表大会及其常务委员会制定和修改。① 但当前我国

① 立法法第 7 条规定："全国人民代表大会和全国人民代表大会常务委员会行使国家立法权。全国人民代表大会制定和修改刑事、民事、国家机构的和其他的基本法律。全国人民代表大会常务委员会制定和修改……；在全国人民代表大会闭会期间，对全国人民代表大会制定的法律进行部分补充和修改，但是不得同该法律的基本原则相抵触。"

刑法的法律渊源形式，包括宪法、刑法典、单行刑法、附属刑法、司法解释和国际条约、协定等。

宪法是国家的根本大法。我国宪法不仅是刑法制定的根据，也是刑法规范的渊源。例如，宪法第 28 条规定："国家维护社会秩序，镇压叛国和其他危害国家安全的犯罪活动，制裁危害社会治安、破坏社会主义经济和其他犯罪的活动，惩办和改造犯罪分子。"第 67 条第 1 款中有关于特赦的规定，是我国赦免法律制度的立法依据。刑法典、单行刑法和附属刑法组成广义的刑法，无疑是我国刑法的主要法源，这里不需赘述了。司法解释是指由司法机关对刑法条文的含义所作的解释。1981 年第 5 届全国人民代表大会常务委员会《关于加强法律解释工作的决议》第 2 条规定："凡属于法院审判工作中具体应用法律、法令的问题，由最高人民法院进行解释。凡属于检察院检察工作中具体应用法律、法令的问题，由最高人民检察院进行解释。最高人民法院和最高人民检察院的解释如果有原则性的分歧，报请全国人民代表大会常务委员会解释或决定。"多年来，"两高"独自或联合其他部门做出的解释，成为刑法规范的重要组成部分。除此之外，国际条约、国际协定等也可以成为我国刑法的重要渊源。刑法第 9 条规定："对于中华人民共和国缔结或者参加的国际条约所规定的罪行，中华人民共和国在所承担条约义务的范围内行使刑事管辖权的，适用本法。"2016 年《中华人民共和国反恐怖主义法》、2021 年《中华人民共和国反有组织犯罪法》，都有类似规定。

我国刑法的这些渊源形式，都是刑法学研究的对象。其中，最主要的研究对象是刑法典，即《中华人民共和国刑法》，中国刑法学（包括总论与各论）基本是以刑法典的结构框架为基础构建的。

四、我国现行刑法典的创制与演变

刑法典是我国当代刑法的主要渊源，是刑法理论研究和教学的主要对象。这里有必要对它的创制和演变略作介绍。

新中国成立后不久，当时的中央人民政府就开始组织专家学者从事新中国刑法典的制定和起草工作。1950 年 7 月形成了《中华人民共和国刑法大纲草案》，1954 年 9 月形成了《中华人民共和国刑法指导原则（初稿）》。此外，中央人民政府还于 1951 年临时出台了《中华人民共和国惩治反革命条例》（以下简称《惩治反革命条例》）、《妨害国家货币治罪暂行条例》，1952 年出台了《中华人民共和国惩治贪污条例》（以下简称《惩治贪污条例》）等几部重要单行刑法。1954 年 9 月，第 1 届全国人民代表大会召开后，全国人大办公厅法律室开始接手刑法典起草工作，到 1957 年 6 月已起草了完成第 22 稿。但此后不久，由于政治运动和政治形势，刑法典起草工作受到冲击而停止。1962 年 5 月，刑法典起草工作得以恢复，至 1963 年 10 月草拟出第 33 稿。但随后又由于“四清”运动及其后“文化大革命”被迫停止，一搁置十余年。1978 年 12 月，第 11 届 3 中全会报告提出“发扬社会主义民主、加强社会主义法制”的号召，刑法立法工作得以重启。1979 年 3 月，全国人大常委会法制委员会以第 33 稿为基础先后形成三个稿子，最后稿（第 36 稿）于 1979 年 7 月召开的第 5 届全国人民代表大会第 2 次会议上通过。新中国的刑法典历经近三十年起草最终出台。

1979 年刑法典共有 13 章 192 条，分总则（89 条）、分则（103 条），基本确定了我国现行刑法典的体系结构、核心规范内容和调整领域，为我国刑事法治建设奠定了基础。但是，1979 年刑法由于受立法过程中的历史条件、立法经验的限制，它正式实施后不久就暴露出一些不足和缺陷。为了适应形势的变化，从 1981 年开始到 1995 年间，最高立法机关先后通过了 24 个单行刑法，[①]例如《惩治军人违反职责罪暂行条例》（1981）、《关于惩治走私罪的补充规定》（1988）、《关于惩治侮辱中华人民共和国国旗国徽罪的决定》（1990）等等，并在 107 部非刑事法律中规定了附属刑法规范。例如，1982 年的《文物保护法》、1993 年的《国家安全法》，等等。虽然这些单行刑法、附属刑法一定程度上弥补了 1979 年刑法的粗疏和不足，但是也使刑法体系内容有些混乱，甚至彼此之间相互矛盾冲突，而且也不能从根本上解决 1979 年刑法的一些关键问题和缺陷。

---

① 一说为“25 部单行刑法”。参见贾宇. 刑法学（上册 · 总论）. 北京：高等教育出版社，2019：46—47。

1982年刑法典的全面修改工作开始。1988年7月1日，全国人民代表大会常务委员会在《工作要点》中将刑法典的修订列入立法规划。随后，经过多年的调研讨论、起草修订、征求意见、拟定文稿等，1997年3月14日，第8届全国人民代表大会审议通过了修订后的《中华人民共和国刑法》，即1997年刑法典。1997年刑法典在内容的完整性、结构的合理性、理念的先进性以及立法技术的运用等方面，比1979年刑法向前迈进了一大步。它把1979年刑法颁布施行以来17年中所有的单行刑法、附属刑法，经过梳理、分析、修改、整合后编入刑法典的相关部分，同时，也顺应时代发展的要求，增加了一些新的罪名。1997年刑法典分总则、分则和附则3部分，共15章452个条文。

随着经济社会的发展和国内外形势的变化，最高立法机关也不断在1997年刑法的基础上，继续对其内容修改、补充，以完善我国刑法规范体系。例如，1998年即新刑法出台后不久，最高立法机关审议通过了《关于惩治骗购外汇、逃汇和非法买卖外汇犯罪的决定》。从1999年开始，最高立法机关采取刑法修正案的方式对刑法规范体系进行修改、补充和完善，到2020年12月，已有11个《刑法修正案》被颁布施行。此外，在一些非刑事法律中，附属刑法规范也不断被规定，例如，2014年出台的《反间谍法》，2021年出台的《数据安全法》和《反有组织犯罪法》等等，都包含相当数量的罪刑规范。

第二节 我国刑法的目的、根据与任务

一、刑法的目的与根据

我国刑法第1条规定："为了惩罚犯罪，保护人民，根据宪法，结合我国同犯罪作斗争的具体经验及实际情况，制定本法。"该条表明了我国刑法的制定目的及根据。

我国刑法的目的是"惩罚犯罪，保护人民"。所谓刑法的目的是指在有阶级社会里，国家(或统治阶级)希望通过制定和实施刑法来维护阶级

统治和统治阶级利益的目的。根据马克思主义犯罪观、国家观,犯罪是阶级社会里"孤立的个人反抗统治关系的斗争",[①]是对统治秩序的侵犯,其根本是对统治阶级的政治、经济利益的侵犯。而刑罚不外是社会对付侵害它的生存条件的行为的"一种自卫手段"。[②] 统治阶级通过制定刑法将一定数量的行为规定为犯罪,并创制刑罚予以惩治,最终是为了维护统治秩序的稳固,维护统治阶级的利益。如在资本主义社会,政治上占统治地位的资产阶级,运用刑法将一定的危害资产阶级统治的政治秩序、经济秩序、社会秩序、意识形态秩序等的行为规定为犯罪,并创制一定的刑罚予以预防和打击,它虽然标榜维护的是全体人民的利益,但实际上维护的是资产阶级的统治利益。

我国是全体人民当家作主的社会主义国家,国家和人民的利益是一致的,但是,阶级斗争在一定范围内还会继续存在,这主要是少数境内外敌对势力与敌对分子、敌视和破坏的社会主义破坏分子,还不时地对我国国家主权、人民民主专政政权、政治秩序、经济秩序、社会秩序、文化秩序、公民的人身财产等权利等进行各种颠覆、破坏或侵犯活动。作为统治阶级的人民也必须制定刑法,将那些严重侵犯和破坏人民民主专政政权、社会主义制度和各项社会秩序的行为规定为犯罪,并创制适当的刑罚予以预防和惩治,最终维护最广大人民的根本利益和切身利益。因此,我国刑法的目的就是"打击犯罪,保护人民"。

该条也指出了我国刑法的制定根据有三个方面:一是宪法根据。所谓宪法根据,是指我国刑法的制定、修改和适用的依据是宪法。特别是《宪法》第 28 条为我国刑法制定和修改明确提供了根据。[③] 作为国家的根本大法,宪法是关于一国的基本政治经济制度、国家机关组织和活动的基本原则、公民的基本权利和任务等的总章程,是依宪治国、依法治国的前提和基石。它是一切其他法律制定和修改的根据,其他一切法律的制定、修改和适用都不能与宪法相抵触。二是经验根据。经验根据是指长

① 《马克思恩格斯全集》:第 3 卷. 北京:人民出版社. 1960:379。
② 《马克思恩格斯全集》:第 11 卷. 北京:人民出版社 1995:619。
③ 该条规定:"国家维护社会秩序,镇压叛国和其他危害社会安全的犯罪活动,制裁危害社会治安、破坏社会主义经济和其他犯罪的活动,惩办和改造犯罪分子"。

期以来我国有同犯罪做斗争的丰富的、鲜活的历史经验和实践经验，我国刑法制定和修改将这些历史经验和实践经验化为刑法的内容或指导原则。例如，我国从新民主主义革命根据地时期开始就形成的惩罚与宽大相结合的刑事政策；形成了区别对待、打击少数、争取教育多数、孤立分化瓦解犯罪分子的策略；建国后形成的坦白从宽、抗拒从严的政策方针；社会治安综合治理的经验做法等，它们有的被概括规定为罪刑规范，有的直接立法化为刑法制度，有的成为刑法制定、适用的指导原则。三是国情根据。指我国的基本国情，既包括我国的政治、经济、文化、地理、人口、民族组成、生态状况、风俗等，也包括我国的社会治安形势、犯罪形势、所处的国际环境等实际情况。理论上一般把经验根据和国情根据统称为现实根据。

二、刑法的任务

我国《刑法》第 2 条规定："中华人民共和国刑法的任务，是用刑罚同一切犯罪行为作斗争，以保护国家安全，保卫人民民主专政的政权和社会主义制度，保护国有财产和劳动群众集体所有的财产，保护公民私人所有的财产，保护公民的人身权利、民主权利和其他权利，维护社会秩序、经济秩序，保障社会主义建设事业的顺利进行。"

任务是指承担一定的行动责任，刑法的任务可以理解为在各个不同部门法的分工中，刑法承担什么责任。该规定以总括和分述说明相结合的方式来表述我国刑法的任务。首先，该条从总的方面来说明，刑法的任务就是用刑罚直接同一切犯罪行为做斗争，最终为了保障社会主义建设事业的顺利进行这一根本任务。它指出了实现这个任务的手段是刑罚，不同于民法、行政法、经济法等一般法律运用的是一般行政、经济制裁等手段，也不同于一般的教育手段，而是通过最严厉的刑罚手段与犯罪做斗争，体现了刑法实现其任务的根本特色。这也从一个侧面表明刑法其实是关于刑罚适用的法。其次，该条还将我国刑法的任务具体分为 5 个方面：1. 保卫国家安全，这里主要指国家的领土、主权和军事安全等，它们是一国及其人民生存和发展的前提和基础。2. 保卫人民民主专政的政权和社会主义制度，它们是中国人民根本利益的集中体现。3. 保护社会主义公共财产和公民私人所有的财产，它们是社会主义经济基础。4. 保护公民的人身权利、民主权利和其他权利，它们是公民人权的基本内容。5. 维护社会秩序、经济秩序等，它们是社会主义事业兴旺发达、人民安居乐业的基本保障。

第三节　我国刑法的体系与解释

一、刑法的体系

体系是一定范围内的事物按照一定的秩序相互联系组成的整体。这里所谓刑法的体系是指刑法典内部的刑事法律规范按照一定的结构和顺序而组成的相互联系的规则体系。我国现行刑法典(即 1997 年刑法)，总体结构上分为两编三则：第一编为总则，第二编包括分则和附则，附则只有一个条文即第 452 条，它规定现行刑法典的施行日期以及之前单行刑法(24 部)的废止与保留问题。总则和分则构成刑法的主体内容，总则 101 条，分则共 350 条①。在各编或则之下，依次有“章”、“节”、“条”、“款”、“项”等不同层级规定。

第一编是总则。它主要规定的是刑法的任务、基本原则和效力范围、犯罪成立的一般条件、刑事责任追究的手段与一般规则(刑种、量刑、刑罚执行等)等内容。共分五章：第一章规定了刑法的目的、任务、根据、基本原则和效力范围；第二章“犯罪”，规定的是犯罪成立的一般条件、主要形态(犯罪的停止形态，共同犯罪、罪数和单位犯罪等)及其刑事责任追究规则、排除犯罪性的行为等。第三章“刑罚”，规定的是刑罚种类、体系及各自的内容和适用方法，分管制、拘役、有期徒刑、无期徒刑和死刑组成的主

---

① 这里把刑法修正案增加的罪刑条款，如某条之一、之二等规定，与前面某条，都算作一条。例如，第 234 条规定了是故意伤害罪，刑法修正案(八)第 37 条增加了第 234 条之一，这里都算作一条，即第 234 条。

刑体系，罚金、剥夺政治权利、没收财产等组成的附加刑体系。第四章“刑罚的具体运用”规定了量刑原则与各种量刑、执行和刑罚消灭制度等。第五章“其他规定”。例如对民族自治地方适用刑法的变通或补充、公共财产的范围、公民私有财产的范围等若干术语含义的解释。总则的最后一条规定(第 101 条)表明，总则规定不仅适用于刑罚分则具体罪名，也适用于其他只要有刑罚规定的法律，但“其他法律”另有特别规定的除外。① 刑法总则是本书研究阐释的主要对象，同时也不能不注意到分则的一些内容和特点。

第二编主要是分则。② 它是关于各具体罪名及其法定刑规定的规范体系，从第 102 条至第 451 条。刑法分则的罪名随着刑法修正案的增加，也在持续增加。截止 2020 年 12 月刑法修正案(十一)的出台，分则罪名已由最初的 412 个增加到 483 个。它分十章，分别为“危害国家安全罪”、“危害公共安全罪”、“破坏社会主义市场经济秩序罪”、“侵犯公民人身权利、民主权利罪”、“侵犯财产罪”、“妨害社会管理秩序罪”、“危害国防利益罪”、“贪污贿赂罪”、“渎职罪”以及“军人违反职责罪”。其中第三章“破坏社会主义市场经济秩序罪”一章，下又分“生产、销售伪劣商品罪”、“走私罪”、“妨害对公司、企业的管理秩序罪”等八节。第六章“妨害社会管理秩序罪”下又分“扰乱公共秩序罪”、“妨害司法罪”、“妨害国(边)境管理罪”、“妨害文物管理罪”等九节。

总则作为关于犯罪、刑事责任和刑罚等的一般的、原则性规定，与分则的诸多具体犯罪、刑罚的规定，是抽象和具体、一般与特殊、共性与个性的关系。总则是分则的概括抽象，分则的适用受总则规定的补充和指导，除非法律另有规定，要体现和贯彻总则的内容，二者相辅相成，共同适用于案件的分析判断，发挥刑法的社会功能和作用。

在各编、则、章、节之下是依数字序号排列的各具体刑法规范条文，不少内容较多的具体条文之下依次还有款、项。此外，由于时代的发展和社

---

① 《刑法》第 101 条规定：“本法总则适用于其他有刑罚规定的法律，但是其他法律有特别规定的除外。”

② 附则即第 452 条也在第二编。

会情势的变化，我国刑法分则罪名一直在不断地进行增删、补充和完善，罪名数量持续增长，这些增加的罪名通常以某某条之一、之二等规定附在与它们最接近的条文后。例如，1997 年刑法第 120 条规定的是组织、领导、参加黑社会性质组织罪，2001 年《刑法修正案（三）》增加了帮助恐怖活动罪，2015 年《刑法修正案（九）》增加了准备实施恐怖活动罪、宣扬恐怖主义、极端主义、煽动实施恐怖活动罪等 5 个罪名，它们分别作为第 120 条之一、之二、之三、之四、之五、之六，放在第 120 条规定之后，这样既补充了刑法打击上的漏洞，也维持了刑法体系的稳定性。

有时同一条款规定要表达两个或两个以上的意思，中间用分号或句号隔开。例如，刑法第 67 条第 3 款规定："犯罪嫌疑人虽不具有前两款规定的自首情节，但是如实供述自己罪行的，可以从轻处罚；因其如实供述自己罪行，避免特别严重后果发生的，可以减轻处罚。"第 79 条规定："对于犯罪分子的减刑，由执行机关向中级以上人民法院提出减刑建议书。人民法院应当组成合议庭进行审理，对确有悔改或者立功事实的，裁定予以减刑。非经法定程序不得减刑。"对于这种条款，在学理上通常称为前段、后段，或者前段、中段和后段。在这些表达两个以上意思的条款中，有的用"但是"表示意思已转折，以"但是"开始的后面文字，学理上称之为"但书"。刑法中的但书规定有两种情况：一是表达例外或限制。例如，刑法第 7 条第 1 款的属人管辖规定："中华人民共和国公民在中华人民共和国领域外犯本法规定之罪的，适用本法，但是按本法规定的最高刑为三年以下有期徒刑的，可以不予以追究。"。二是表达补充。例如，第 18 条规定："精神病人在不能辨认或者不能控制自己行为的时候造成危害结果，经法定程序鉴定确认的，不负刑事责任，但是应当责令他的家属或监护人严加看管和医疗；在必要的时候，由政府强制医疗。"

刑法通过这些编、则、章、条、款、项的规定，形成了一个内在结构严谨、系统完整、能够应对各种严重违法行为（犯罪）的刑事法网体系。

二、刑法的解释

刑法的解释就是对刑法规范的理解和说明。刑法作为一种规定剥夺一定公民某方面重要权利甚至生命权利的成文法，其规范应当尽可能细致明确，浅显易懂，方便适用。但是，一方面，法律条文固有的概括性、抽象性乃至语言自身的局限性，在现实理解、把握和适用中不可避免地会产生歧义和争论，因此，刑法往往需要解释才能准确地适用于司法实践，充分发挥刑法应有的功能，达到刑法预期的目的。另一方面，法律条文具有稳定性，相对于社会生活的变动不居，通常是滞后的，这就导致法律条文在适用时需要解释以适应实践的发展。可以说，刑法的解释是连接刑法和社会生活实践的“桥梁”，刑法只有通过解释，才能得到有效和合乎目的的贯彻和适用，才是完整、具有现实生命力的刑法。刑法与刑法的解释的关系，亦像物体与其影子或痕迹的关系，须臾不可分离。无论是立法机构、司法机构以及其他有权机构，还是普通刑法学者、普通研究机构，都重视刑法的解释。刑法理论本质上就是系统化、理论化的刑法解释。

（一）从解释的效力来看，刑法的解释可分为权力解释和普通解释。权力解释又分为立法解释和司法解释，普通解释就是一般人和普通机构所做的解释，包括学理解释。

1. *立法解释*。所谓立法解释，在我国，就是由全国人民代表大会常务委员会对刑法条文的含义所作的解释。我国宪法第 67 条第 4 项规定，全国人民代表大会常务委员会拥有宪法和法律解释权。主要是对“法律、法令的条文本身需要进一步明确界限或者作补充规定”时进行解释。① 例如，1997 刑法公布实施以后，全国人大常务委员会对刑法条文做出多次立法解释，迄今已有 13 个。② 此外，全国人大常委会法工委还有

① 参见 1981 年 6 月 10 日第 5 届全国人大常委会第 19 次会议通过《关于加强法律解释工作的决议》。

② 这包括：2000 年 4 月 29 日《关于〈中华人民共和国刑法〉第 93 条第 2 款的解释》；2001 年 8 月 31 日《关于〈中华人民共和国刑法〉第二百二十八条、第三百四十二条、第四百一十条的解释》；2002 年 4 月 28 日《关于〈中华人民共和国刑法〉第三百八十四条第一款的解释》、《关于〈中华人民共和国刑法〉第二百九十四条第一款的解释》；2002 年 8 月 29 日《关于〈中华人民共和国刑法〉第三百一十三条的解释》；2002 年 12 月 28 日《关于〈中华人民共和国刑法〉第九章渎职罪主体适用问题的解释》；2004 年 12 月 29 日《关于〈中华人民共和国刑法〉有关信用卡规定的解释》；2005 年 12 月 29 日《关于〈中华人民共和国刑法〉有关出口退税、抵扣税款的其他发票规定的解释》、《关于〈中华人民共和国刑法〉有关文物的规定适用于具有科学价值的古脊椎动物化石、古人类化石的解释》；2014 年 4 月 24 日《关于〈中华人民共和国刑（转下页）

若干解释性意见,例如,2002年1月14日全国人大常委会法工委《关于对'隐匿、销毁会计凭证、会计账簿、财物会计报告构成犯罪的主体范围'问题的答复意见》;2005年12月1日全国人大常委会法工委《对关于公司人员利用职务上的便利采取欺骗等手段非法占有股东股权的行为如何定性处理的批复的意见》,等等。

2. *司法解释*。所谓司法解释,在我国,是指由最高人民检察院、最高人民法院对刑法规范的含义所作的解释。"凡属于法院审判工作中具体应用法律、法令的问题,由最高人民法院进行解释。凡属于检察院检察工作中具体应用法律、法令的问题,由最高人民检察院进行解释。"[①]《人民法院组织法》(2018)第18条规定:"最高人民法院可以对属于审判工作中具体应用法律的问题进行解释"。《人民检察院组织法》(2018)第23条规定:"最高人民检察院可以对属于检察工作中具体应用法律的问题进行解释"。"两高"独自或联合做出的司法解释,有统一法律适用中的认识,提高办案质量,弥补法律中的"漏洞"或"不足"等作用。此外,最高人民法院、最高人民检察院都可以发布指导性案例,这些指导性案例也能起到解释的作用。

3. *普通解释*。所谓普通解释,还可称为无权解释,是指普通人或机构对刑法条文所作的理解和解释,其中最重要的是学理解释,这种解释不具有法律约束力。它主要是由国家一般部门或机构、各种普通社会组织、学校科研单位、学者、专业人士乃至普通公民,对刑法含义所作的有一定专业性的解释。例如,刑法规范的整理与注解、学术专著与教科书、公民读本、宣传手册、学术论文、专家答问等。学理解释尽管在法律上没有拘束力,但是,正确的学理解释具有说服力,能够影响立法和司法实务(包括司法解释),可以为立法和司法所吸纳。同时,学理解释对于提高广大干部和群众的法律意识和法律素养,推动法学科学的发展,都具有重要作

(接上页)法〉第三十条的解释》、《关于〈中华人民共和国刑法〉第一百五十八条、第一百五十九条的解释》、《关于〈中华人民共和国刑法〉第二百六十六条的解释》、《关于〈中华人民共和国刑法〉第三百四十一条、第三百一十二条的解释》。

① 1981年6月10日第5届全国人大常委会第19次会议通过的《关于加强法律解释工作的决议》。

用。值得注意的是，刑法条文中有不少概念术语并没有明确界定，此时，学理上的界定就会影响司法。例如，刑法第21条第1款关于紧急避险的条文是："为了使国家、公共利益、本人或者他人的人身、财产和其他权利免受正在发生的危险，不得已采取的紧急避险行为，造成损害的，不负刑事责任。"在这里，什么是"紧急避险"？它的具体边界是什么（例如，是否仅限于针对第三方）？该条并没有明确说明，实际上是交由学理解释和司法解释确定的。

（二）从解释的途径或方法看，可以分为文义解释、论理解释。其中论理解释又可分为体系解释、历史解释、目的解释和合宪解释。

1. *文义解释*。就是对法律条文的字义、概念、句义等，从语言意义上所作的解释。例如，对于刑法中的暴力，我们首先要从它的一般语义上进行理解，在此基础上，再根据它所在的语境、规范的目的等进一步解释。可见，文义解释是法律解释（包括刑法解释）的基础，条文中许多概念、用词往往通过文义解释就能够准确把握，例如，"是"、"但是"、"年、月、日"等概念范畴。但是，对有的单字、词语、术语而言，仅有文义解释是不够的，还需要进而进行论理解释。例如，抢劫罪中的"暴力"和暴力干涉婚姻自由罪中的"暴力"，在文义上是一致的，但是具体到各罪中，二者在内涵与外延上就是有区别的。

2. *论理解释*。就是根据立法精神，结合各有关情况，基于逻辑分析、价值分析、历史分析、目的分析或几种综合分析后的解释。论理解释实际是在文义解释的基础上，基于体系、价值、历史、目的等维度做出的进一步解释。这里仍以刑法条文中的"暴力"为例，它具有一般的（或自然的）语义，然而，被作为某种具体犯罪的"暴力"，如强奸罪中的"暴力"、暴力危及飞行安全罪中的"暴力"，却各有特别的意义，对它们需要结合上下语境、历史现实、规范目的等确定它们的准确含义。从经验上看，根据不同的解释角度，论理解释又可分为体系解释、历史解释、目的解释和合宪性解释。

体系解释，是借助系统的思维方法，把需要解释的条文或术语等放在上下文的关联语境中进行的解释。例如，刑法第20条第3款是特殊防卫权的规定,[1]对该款的理解,就必须联系第 20 条第 1、2 款规定才能做到准确理解。历史解释,是指将法律放在历史语境中和自身的形成史中,在了解历史因素的关联发展的基础上所作出的解释。历史解释通常需要借助立法文献史料,例如,为了理解巨额财产来源不明罪中的"不能说明来源的"的准确含义,许多解释借助了 1987 年 11 月 17 日《关于惩治走私罪和惩治贪污罪贿赂罪两个补充规定(草案)的说明》这一立法文献。目的解释,是指根据规范的目的进行的解释。例如,对抢劫罪中的"入户抢劫"中的"户"的理解,对"公共交通工具上"的理解,对"持枪抢劫"中的枪支的理解等等,不考虑规范目的是不好划定界限的。合宪性解释,是指根据宪法的价值判断进行的解释,或者说一切解释都不能违背宪法的主旨。

(三)从解释的方法看,刑法解释可以有扩张解释、缩小解释、当然解释等。扩张解释,是指超出法律条文字面含义或文字的一般生活原意的解释。例如,刑法中多处提到的"外国人"这一术语,它不仅指的是具有外国国籍的人,还包括没有国籍的人,比它的字面含义要广。缩小解释,又称限制解释,是指根据规范目的,缩小法律条文的字面含义的解释。例如,对强奸罪中的犯罪主体,一般不包括受害人的丈夫。当然解释是指刑法规定虽未包括某种情况,但是根据规范目的、事理逻辑,应当把它涵摄其中的解释。例如,某管理部门在水库堤岸上立有一牌子,上书"此处禁止钓鱼",有人却来此用通电的方式"电"鱼,虽然牌子上的禁令在字面意思上,不包括通电"电"鱼这种情况,但从事理逻辑、禁止目的等角度来看,钓鱼尚且禁止,通电"电"鱼行为当然更应当禁止。

第四节　中国刑法学与中国刑法总论

一、中国刑法学

刑法学,简言之,就是以刑法为研究对象的法学学科。由于刑法在法

[1] 该款规定:"对正在进行行凶、杀人、抢劫、强奸、绑架以及其他严重危及人身安全的暴力犯罪,采取防卫行为,造成不法侵害人伤亡的,不属于防卫过当,不负刑事责任。"

治体系中的重要地位，刑法学也成为最重要的部门法学之一。我国台湾地区学者林山田对现代刑法学有一段精彩的描述："刑法学即是研究刑事实体法的公法学，是刑事法学研究中最发达的领域，而以刑法论理学为其核心。刑法论理学乃指将现行刑事实体法的规定当作一个完整的法律规范单元，作为研究客体，以探讨研究刑法规定的概念内容与其系统结构，并就刑事法院对于具体刑事案件的判决见解，以及各家学说的议论，经由分析、比较、检讨、演绎、归纳与评论，对于现行刑事实体法做系统性的诠释与理论性的补充之外，并探讨各种有待刑法评价判断的刑法问题，提出用以解决问题的刑法理论。"[①]林氏这里所谓的刑法论理学，大体相当于我国学界通常所说的一般意义上的刑法学，可称之为一般刑法学，它以刑法实体规范的立法、司法实践及相关理论为主要研究内容，主要以刑法典、单行刑法、附属刑法、有权解释、司法案例以及理论学说等为研究对象，对刑法规范进行系统的诠释和解释，这些都是刑法学研究最基本、主要和核心的内容。这种一般意义上的刑法学，还可以根据研究的具体社会领域，进一步细分为国家安全刑法学、国际刑法学、经济刑法学、行政刑法学、军事刑法学、生态刑法学、医事刑法学等等。如果根据研究的具体对象，可有刑法史学、比较刑法学、理论刑法学甚至刑法哲学等门类与这种一般刑法学并列。[②] 除了这种一般意义上的刑法学，还有广义上的刑法学，它包含了一般刑法学、刑事政策学、刑事诉讼法学、犯罪学、刑事侦查学、证据学等重要门类。它们的共同特点是都围绕着刑事责任的追究和刑罚的适用，都是为了打击犯罪、保护人民。

本书所称的中国刑法学，属于一般意义上的刑法学，主要以我国现行

① 林山田. 刑法通论(上册)：增订九版. 台北：行风印刷厂，2006：30—31。

② 近些年来，学界还提出了刑法教义学、刑法解释学、注释刑法学、刑法信条学等概念。本书认为这些称谓固然有其合理之处，但关注的领域彼此之间有很大的重合性，很难有明显的界限，为此陷入纷争没有必要。事实上，它们源于德文同一个概念。"刑法学绝大多数的专门用语，均直接译自德文，或间接从日文的德译继受(例如构成要件)，故同一个德文用语，往往有数个不同的汉文犯意，特别是 Strafrechtsdogmatik 一词. Dogmatik 一语原指教条、教义、信条，故 Rechtsdogmatik 有人翻成〈法律信条论〉或〈法释义学〉，而 Strafrechtsdogmatik 有人翻为〈刑法注释学〉、〈刑法释义学〉与〈刑法解释学〉等等。"参见林山田. 刑法通论(上册)：增订九版. 台北：行风印刷厂，2006：30. 注 15。

刑事实体法(刑法典、单行刑法和附属刑法)为基本素材,研究其立法规定、有权解释、司法实践和相关理论学说。当然,通常情况下这种一般意义上的中国刑法学,不可避免包括一些基于法理学的观点的法哲学内容,基于法制史的观点的刑法史内容,基于外国刑事实体法的规定、外国法院的判决见解以及外国学说理论的主张等而产生的比较刑法的内容。它是一种系统的、主要以规范解释为内容,同时包含一定的基础刑法学(或刑法哲学)、刑法史学、比较刑法学等内容,主要服务于刑法实践的刑法学。

二、中国刑法总论

新中国成立以来,经过几代刑法学人的努力,我国刑法学(即本书所称的中国刑法学)已形成自己的理论体系,具有了一定的基本模式。这个理论体系通常简称为刑法学体系。所谓刑法学体系,一般是指以刑法实体规范立法与实践为研究对象、根据一定的原理和逻辑构建的刑法理论知识体系。我国刑法学体系,主要是对我国刑法规范体系(主要是刑法典)的理论和实践的理论建构,基本是以我国刑法的结构和体系为框架构建的。它与刑法体系分成总则、分则的内容结构几近对应,分为刑法总论和刑法分论(或称刑法各论、罪刑各论等)。

刑法分论是关于我国刑法分则的各个具体罪名的阐释和适用的知识体系。在我国,刑法分则是由一系列具体罪刑规范按照一定的标准和逻辑顺序排列的条文体系,构成我国刑法的主体部分。以我国刑法的分则部分为理论建构对象的刑法分论,在结构上,除了关于刑法分则、罪刑规范的基本知识和原理外,完全围绕分则的结构体系来安排分论的体系结构。它也包括“危害国家安全罪”、“危害公共安全罪”、“破坏社会主义市场经济秩序罪”、“侵犯公民人身权利、民主权利罪”、“侵犯财产罪”、“妨害社会管理秩序罪”、“危害国防利益罪”、“贪污贿赂罪”、“渎职罪”和“军人违反职责罪”共十部分知识“模块”,这些知识“模块”都是对刑法分则各章罪名的具体阐释和适用说明。

刑法总论是围绕我国刑法整体及其规定的犯罪、刑事责任和刑罚等而建构的一般理论知识,主要对应的是刑法总则和附则的内容,但也包含一些有关分则的一般知识。例如，关于分则罪刑条文的罪状共同特点的归纳及其与总则条文之间的关系；刑法总论与分论的关系等。毕竟刑法总论关切、阐释、指导的是刑法整体及其适用。在结构上，刑法总论分为刑法篇、犯罪篇和刑事责任后果篇（主要内容是刑罚论），既与刑法总则结构有关，也与刑法的司法适用进程有关——先评价认定犯罪，后量刑和执行刑罚。刑法论是关于刑法总体的一般知识的介绍，包括刑法的概念、定义、渊源与体系，刑法的立法根据、任务和指导思想，刑法的基本原则和效力范围等基本知识。犯罪论是关于犯罪的概念、本质与特征，犯罪的成立要素与评价体系，犯罪的各种形态的描述及其量刑影响等。刑事责任后果论实际是刑事责任实现论，主要是围绕行为人的行为被认定犯罪后，如何落实刑事责任的理论，它包括刑罚的概念、目的与刑种体系，刑罚适用制度（量刑与执行），刑罚的消灭制度以及非刑事处理方法等知识内容。

本书是关于中国刑法的基本内容和一般问题的理论探讨（刑法总论），主要目的在于服务于法学教育与司法实践，因此，在内容上紧扣我国现行刑法规范体系及其适用进行理论建构。

三、本书的研究方法

对于中国刑法学的研究方法，国内许多著述（尤其是各种刑法学教材）虽有各自的归纳，但大同小异。例如，“马工程”刑法学教材将刑法学的研究方法区分为根本方法和具体方法。[①] 所谓根本方法是指辩证唯物主义和历史唯物主义，要求在刑法学研究中理论联系实际、善于运用辩证思维以及注重用历史的、发展的观点观察刑法现象。所谓具体方法则罗列了注释研究法、比较研究法、法社会学研究法、思辨研究方法与实证研究方法、定性研究方法与定量研究方法等。[②] 高铭暄、马克昌主编的迄今影响最大的《刑法学》教材认为：“辩证唯物主义和历史唯物主义是研究刑法学的根本方法”，具体包括分析的方法、比较的方法、历史的方法和理论

① 贾宇. 刑法学：上册 · 总论. 北京：高等教育出版社，2019：32—34。
② 同上。

联系实际的方法。[①] 张明楷教授也把辩证唯物主义和历史唯物主义作为根本方法，[②]认为首先要用历史的、发展的观点研究刑法，其次要运用理论联系实际的方法研究刑法。此外，还要综合运用注释研究法、哲学研究法、历史研究法、比较研究法、社会学研究法、案例研究法，等等。应当说，这些教材或专著归纳的各种研究方法并无不当。[③]

本书认为，辩证唯物主义和历史唯物主义，既是迄今为止最为科学的哲学世界观，也是最科学的哲学方法论，是一切自然科学研究和社会科学研究的方法论指导，刑法研究自然也不能例外。在刑法研究中，必然要用历史的观点、发展的观点、普遍联系的观点、理论联系实际的观点、矛盾的观点、辩证的观点等一般方法，这与其他学科没有什么不同。如果具体到刑法这个法律部门的话，应当结合刑法自身的性质、特点、研究的内容和目的来确定研究方法。在这个意义上，注释分析法、历史分析法、社会学分析法、价值分析法、案例分析法、比较分析法以及阶级分析法等，都是值得重视的。本书也是上述研究方法的成果。

---

① 高铭暄，马克昌. 刑法学. 北京：北京大学出版社、高等教育出版社，2019：4—5。

② 张明楷. 刑法学. 北京：法律出版社，2016：10—12。

③ 张明楷. 刑法学. 北京：法律出版社，2016：10—12。

第二章 刑法的基本原则

现行刑法(即 1997 年刑法)在第 1、2 条宣告了刑法的目的、根据和任务之后,随即通过第 3、4、5 条明确规定了刑法适用的三个基本原则,这三个基本原则的规定是我国刑事法治建设进步的重要标志。刑法基本原则问题,一向被国内学界视作刑事立法和刑事司法中一个带有普遍指导性、全局性的问题而给予很大的重视,[①]即便在没有规定刑法基本原则的 1979 年刑法时期,理论上也给予了相当的讨论和归纳。

理论通说认为,刑法基本原则,是指贯穿所有刑法规范,对所有刑法立法和刑事司法具有普遍的指导和制约意义,并能体现我国刑事法治精神的基本准则。[②] 这是从形式和功能意义上对刑法基本原则的描述。如果更深刻一点说,由于刑法是规范刑罚适用的法,或者说是规范国家追究犯罪人的刑事责任的法,刑法的基本原则实则是近代以来刑事法治演进过程中发展出的、并在政治上被予以确认的、规范刑罚的制定和运用(包括犯罪的规定和适用)、具有人权保障意义的基本准则。它实质是刑法的基本政治伦理,是国家对犯罪人或潜在的犯罪人的伦理承诺。比如说,适用法律面前人人平等原则,它是平等原则在刑法领域中的具体运用,不仅是法治文明的体现,在根本上也是政治文明的体现。

一般来说,许多国家在理论和实践上提倡以下刑法基本原则:罪刑法定原则、罪责原则、罪刑比例原则、刑法谦抑原则和刑罚人道原则等等。新

---

① 参见高铭暄、马克昌. 刑法学:第九版. 北京:北京大学出版社、高等教育出版社,2019:22。

② 同上注。

中国成立后，我国的刑事实体法律规范包括 1979 年刑法，都没有明确规定刑法的基本原则，只是学者在理论上归纳了若干条刑法的基本原则，例如，罪刑法定原则，罪刑相适应原则，惩罚与宽大相结合的原则，法律面前人人平等原则，主客观相统一原则，社会主义人道原则等等。直到 1997 年，新刑法在第 3、4、5 条明确宣示了罪刑法定、罪责刑相适应、适用刑法人人平等三大基本原则。此外，2004 年 3 月 14 日，在第 10 届全国人民代表大会第 2 次会议上，通过的《宪法修正案》把“国家尊重和保护人权”写入宪法。由此，有观点认为，人权保障原则写入宪法，意味着它已成为我国政治、经济和社会生活中的一个根本遵循，这是我国民主法治和政治文明发展中的大事，也应当在刑法立法和适用予以贯彻，尤其是刑法作为一种一定条件下可以剥夺公民基本权利的法，强调和确认这一基本原则具有更为重要的意义。[①] 应当说这种认识不无道理，但本书考虑到人权保障原则具有更宽广的适用范围，不限于刑法领域，且罪刑法定等三个基本原则，在某种意义上也体现了人权保障的内涵，所以这里仍主要讨论刑法已规定的三大原则。

三大原则在我国刑法中明确规定，是我国刑事立法的一大进步，是中国特色社会主义法治发展到新阶段的体现。这三大原则是围绕如何保证刑罚权的正确、正当、适当行使、防止刑罚被滥用而展开的，体现了民主、平等、自由和人权等价值理念。三大原则相互联系、各有侧重，形成一个有机的整体，其中罪刑法定原则在刑法基本原则中处于核心地位。以下将分别对上述三大基本原则具体阐述。

第一节　罪刑法定原则

一、罪刑法定原则概说

(一) 概念与意义

所谓罪刑法定原则，简单地说，是指哪些行为或什么样的行为是犯

① 贾宇. 刑法学：上册 · 总论. 北京：高等教育出版社，2019：56—57。

罪，以及对这些犯罪如何给予刑罚惩罚，都应当在行为之前由刑法规范明确规定。如果某种行为事先没有被刑法规范明确规定为犯罪并加以刑罚惩罚，该行为就无犯罪成立和刑罚惩治可言。

罪刑法定原则，在实践意义上，不仅有预防和惩治犯罪的效能，也有限制和规范国家刑罚权的适用、保障公民人权的效能。前者是指在刑法中明确规定什么是犯罪、什么情况下成立犯罪、有哪些犯罪以及对这些犯罪给予怎样的惩治，能让普通公民知进明退、避免触犯刑律，可以儆戒潜在的犯罪分子，消灭犯罪于无形，能方便刑事司法精准打击犯罪，从而达到维护秩序的目的。后者是指罪刑法定等于划定了刑罚权适用的行为界限和时间界限，有助于防止国家滥用刑罚权、侵犯公民的合法权益从而使公民的自由与人权得以保障。理论上一般认为，罪刑法定原则的后者价值和功能是主要的。

（二）思想渊源

罪刑法定原则的思想渊源，目前国内外学界普遍认为，可推至 1215 年英王约翰一世（King John I.）同贵族诸侯签署的大宪章（Magna Charta）。该宪章第 39 条规定："任何自由人非依国家法律及适法裁判，不得逮捕、监禁、流放或处死、剥夺领土和法律的保护权。"不过，在此之前基督教圣经新约全书的罗马书第五章第十三节有"没有律法之先，罪已经在世上，但没有律法，罪也不算罪"的"神的指令"，似已有罪刑法定的意蕴。而古罗马刑法也有"适用刑罚必须根据法律"的规定，当然，当时这些思想很难想象会真正得到实践回应。

罪刑法定思想的成熟和得到普遍推崇，则是到了十七、十八世纪以后。在一个多世纪里启蒙思想家秉持理性、自由、民主、平等、人道等新时代价值观，对当时的刑法思潮、刑事政策、刑事制度和刑事实践进行了无情的揭露和批判。在社会契约论、人道主义、刑罚理性主义等思潮的影响下，1764 年，26 岁的意大利人贝卡利亚出版了《论犯罪与刑罚》一书，书中明快、系统地阐述了罪刑法定思想："只有法律才能规定惩治犯罪的刑罚……超出法律范围的刑罚是不公正的，因为它是法律没有规定的另一种刑罚。"《论犯罪与刑罚》这部著作，本来受益于法国的社会政治理论，在译成法文时引起法国社会的轰动，其许多思想成为法国大革命的政治主张，最终促成了罪刑法定思想向政治、法律原则和实践转化。1789年法国《人权与公民权利宣言》第8条明确指出："任何人非依犯罪之前已经制定公布，且经合法执行之法律，不得处罚之。"20年后，罪刑法定思想写入著名的1810年《法国刑法典》，该法第4条规定："没有在犯罪行为时以明文规定刑罚的法律，对任何人不得处以违警罪、轻罪和重罪。"此后，罪刑法定原则逐渐在世界各国刑法立法中得到普遍承认。可见，罪刑法定原则真正实践可以看作是启蒙运动和资产阶级民主革命的成果。

但是，如果从罪刑法定思想的核心要义即限制和规范刑罚权的适用的角度看，我国古代很早就有罪刑法定思想的萌芽和做法。例如，公元前536年，郑国执政子产"铸刑书于鼎，以为国之常法"，此举还遭到晋国大夫叔向的抨击。公元前513年，晋国大臣赵鞅、荀寅将赵盾所作的法典也铸在铁鼎上，公布于众，这也遭到了孔子的反对。这种成文化思潮和做法，体现了对刑罚权适用的控制和规范的理性精神。到了晋代，《晋书·刑法志》称："律法，断罪皆当以法律令正文。若无正文，依附名例断之。其正名名例所不及，皆勿论。"唐律有"诸断罪，皆须具引律令格式正文。违者笞三十"。这些规定，仅从字面含义上看，已很接近现代罪刑法定思想的表述。但是，这种"罪刑法定"制度安排背后的精神和价值，与现代罪刑法定原则，有根本性的差异。它自始至终都是为了维护少数人的专制统治秩序，一是君权不受制约，往往可以超越刑律规定、干涉司法；二是古代刑律一般都允许比附援引、类推适用，而这一点正与罪刑法定原则直接冲抵。其结果，很难有效地防止立法和司法专横和擅断，最终未能发展出成熟、系统的现代罪刑法定思想和制度。

（三）罪刑法定原则的内容

从形式上看，罪刑法定的内容，可以分为"罪之法定"和"刑之法定。"所谓"罪之法定"，是指对于什么是犯罪，在什么情况下成立犯罪，有哪些犯罪，都应当有刑法的明确规定。所谓"刑之法定"，是指刑罚种类、适用条件、适用方法、适用要求、各具体罪的法定刑情况等，也都应当有具体明确的规定。否则，如果行为当时并无法律明文规定为犯罪或给予刑罚处罚，那么该行为就不能被当作犯罪。纵然在行为之后，法律将该行为增设为新的罪名，无论该行为多么为社会所憎恶、危害多么巨大，都不能被认定为犯罪行为而科处刑罚或给予其他刑事处分措施。

从实质上看，罪刑法定原则核心要义是限制和规范刑罚权的适用。这也分两方面：首先，它限制和规范的是刑罚立法权。这里主要有三点：一是罪与刑只能由法律明确规定，而不能由位阶较低的法规、规章等规定，这体现了民主原则和人权保障原则。二是立法关于罪与罚的规定必须明确、不含糊，应当具有四个基本形式要求，即排斥习惯法、禁止规定有罪类推制度、禁止规定重法溯及既往、排斥规定绝对不定期刑，这体现了罪刑法定的明确化实质内涵。三是立法机关对刑法条文的解释，不能超越刑法规定本身或与之相抵触。此外，也有西方学者认为，罪刑法定还包括禁止规定残酷、不人道的刑罚、禁止违反实体的正当程序原则等。其次，它限制和规范刑事司法权。这是罪刑法定原则另一重要目的，也是罪刑法定原则的最初价值所在。具体说，它要求司法机关在追诉一个公民的刑事责任时，必须依据刑法的明确规定，法律有明文规定的，才能定罪处罚，没有明文规定的，不得定罪处罚。这就能够防止法官滥施刑罚权、罪刑擅断而侵犯人权。因此，罪刑法定被称为保障人权的大宪章或犯罪人的大宪章。

二、我国罪刑法定原则的规定及其体现

清朝末年，清政府在《大清新刑律》(1910)中确立了现代意义上的罪刑法定原则：“本律于凡犯罪在本律颁行以后者适用之。其颁行以前未经确定审判者，亦同。但颁行以前之法律不以为罪者，不在此限。”[①]《大清新刑律》颁布不久，清政府即被推翻。但《大清新刑律》的体系与内容连同罪刑法定原则的规定，很大程度上为民国刑法(北洋政府时期、南京政府

① 《大清新刑律》(又称钦定大清刑律)(1911)第一章第一条规定。

时期)所继承,并在修订中发展。[①] 1927 年 10 月以后,中国共产党领导革命群众陆续在农村开辟革命根据地,建立新民主主义革命政权,开展土地革命和武装斗争。在此过程中,新民主主义革命政权颁布了许多刑事法律法规,也展现出罪刑法定的思想和立法实践。例如,1931 年赣东北革命根据地颁布的《赣东北特区苏维埃暂行刑律》第一章第二条明确规定:"本律于凡犯罪在本律颁行以后者适用之。"[②]1942 年中共领导下的各抗日根据地传抄的《刑法总分则草案》第四条,十分系统地规定了罪刑法定原则:"必须行为时之法律。有处罚明文者方为罪犯行为,行为后法律有变更,重于行为时之法律者,适用行为时之法律,如相等或较轻者,适用裁判时之法律。裁判确定后未执行或执行未完毕,而法律有变更,不处罚者,免其刑执行。"新中国成立后,第一部刑法典(1979 年刑法)虽然没有明确规定罪刑法定原则,但是理论上认为 1979 年刑法基本上是按照罪刑法定精神制定的,[③]虽然当时规定了类推,但这种类推受到了严格的程序限制,实务中适用并不多,没有被滥用。[④] 在 1997 年刑法修订过程中,经过详细认真的权衡讨论,立法机关最终决定在刑法典中规定罪刑法定原则,同时废除类推制度。自此,罪刑法定原则在新中国刑法典中得到完整的确立。这是我国刑事法治文明进步的体现。

我国现行刑法第 3 条是关于罪刑法定原则的规定,即"法律有明文规定为犯罪行为的,依照法律定罪处刑;法律没有明文规定为犯罪行为的,不得定罪处刑。"该条中没有明确写明"行为时"或"行为之前",但是刑法第 12 条关于刑法溯及力的规定包含了这一意蕴。因此,它具有前述一般意义上的罪刑法定的全部内涵和价值导向。不仅如此,现行刑法还从我国法治建设的实际情况和需要出发,在一般意义上罪刑法定原则内涵的

---

① 北洋政府时期《暂行新刑律》(1912)是将《大清新刑律》删改而成。1927 年,国民政府定都南京后,仍沿用《暂行新刑律》,直至 1928 年 3 月《中华民国刑法》的出台。1928 年《中华民国刑法》第一章第一条、第二条对罪刑法定原则给予了充分的表述。"第一条行为时之法律无明文科以刑罚者,其行为不为罪。第二条犯罪时之法律与裁判时之法律遇有变更者,依裁判时之法律处断。但犯罪时法律之刑较轻者,适用较轻之刑。"

② 该刑律是在北洋政府的《暂行新刑律》的基础上,删改修正而成。

③ 高铭暄、马克昌. 刑法学:第九版. 北京:北京大学出版社、高等教育出版社,2019:23。

④ 王世洲. 世说刑语. 南京:江苏人民出版社、江苏凤凰美术出版社,2021:5。

基础上，从依法惩治犯罪的视角，赋予我国罪刑法定原则以新的内涵。即它包括两方面的含义：一方面在后半段采纳了传统的罪刑法定精神内涵——“法无明文规定不为罪，法无明文规定不处罚”的精神原则，强调对刑罚权适用的限制。另一方面在前半段强调了司法机关必须根据刑法的规定打击犯罪的履责要求，即发现刑法中规定的犯罪的存在，司法机关有责任根据刑法进行定罪量刑，不能放纵犯罪。这种规定是符合我国法治建设实际需要的。

罪刑法定原则在我国刑法中正式确立，顿使我国现行刑法从精神内涵到形式内容为之一新，发生显著的变化。这主要体现在以下方面：

（一）现行刑法系统全面实现了罪之法定和刑之法定，确保了刑罚权适用的规范性、确定性。就犯罪规定而言，现行刑法系统、全面、细致规定了犯罪的一般概念和一般条件、细化了犯罪罪名（尤其是分解了原来的一些“口袋罪”）、明确了各种具体犯罪的罪状等，罪名的数量或种类由1979年刑法的129个增加到1997年刑法的412个，经过单行刑法和刑法修正案的补充，目前已增加到483个。就刑罚规定而言，现行刑法在总则中更为系统、细致地规定了刑罚的种类、适用条件和适用制度，针对不同的情况做出更具体的规定。在分则中，各具体罪名的法定刑幅度、种类和适用规定也越来越细致。

（二）刑法总则第12条重申了从旧兼从轻原则，体现了罪刑法定原则禁止重罪溯及既往的基本要求。

（三）彻底废除了类推制度。

（四）在整体立法技术上，突破了过去“宜粗不宜细”的立法思想，强调语言文本的明确化。在条文规范规定上，体现出明确、细化和可操作性的特点。

第二节　适用刑法人人平等原则

一、适用刑法人人平等原则概说

所谓适用刑法人人平等原则，是指对任何人犯罪，无论其性别、出身、族群、信仰、贫富、地位、职业、政治面貌等如何，在适用刑法上都一律平等。它是现代民主法治的一般原则——法律面前人人平等原则在刑事法律领域的具体化。

平等，是人类个体的天性，也是个体在社会中自我完善、发展的重要保障。但在自奴隶社会和封建社会，为维护少数人的专制统治，统治阶级公开鼓吹人的不平等观念，在法律上公开维护和强化阶级的不平等制度和秩序。例如，中国古代社会中的"八辟"、"八议"制度，就是阶级不平等制度的典型，朴素的平等观念只留存在广大被统治阶级群众的意识中。启蒙运动以后，资产阶级启蒙思想家提出了人人生而平等的理念，要求政治上和法律上的平等，这是对封建等级、封建特权的直接否定，具有巨大的历史进步性，对广大被压迫、剥削和奴役的人民起到重要的思想解放作用。资产阶级革命胜利后，"法律面前人人平等"原则就成为重要的革命成果被写入法律中。① 但是，由于资本主义制度下，资产阶级和无产阶级之间存在着经济地位的严重不平等和巨大的贫富差距，资产阶级的统治仍是少数人的统治，这种法律上的人人平等是难以实现或没有保障的，只能是一句空话。只有在社会主义社会，政治上人民当家作主，经济上以公有制为主体，并实行按劳分配制度，法律面前人人平等才会真正得到实现，并得到根本的保障。

新民主主义革命时期，中国共产党和广大革命群众把实现人与人的平等作为根本奋斗目标，并为此进行了长期艰苦卓绝的斗争。在新民主主义革命根据地政权颁布的各种法律法令中，都普遍明确规定或体现了法律面前人人平等原则。例如，1931 年 11 月 7 日，中华苏维埃第一次全国代表大会通过的《中华苏维埃共和国宪法大纲》第 4 条指出："在苏维埃政权领域内的工人、农民、红军兵士及一切劳苦民众和他们的家属，不分男女、种族（汉、满、蒙、回、藏、苗、黎和在中国的台湾、高丽、安南人等）、宗教，在苏维埃法律前一律平等，皆为苏维埃共和国的公民。"新中国成立后，已经当家作主、获得自由与平等的人民，在国家根本大法中郑重地写

① 最早记载在法国 1789 年的《人权与公民权利宣言》："法律对任何人，无论是施行保护，还是处罚都是一样的。在法律面前，所有公民都是平等的。"

入这一原则，[①]并为此提供了各种制度保障。1979 年刑法没有规定这一基本原则，但理论上和实践上人们都把法律面前人人平等原则视为刑法的基本原则。在 1997 年刑法研拟过程中，立法机关认为有必要在刑法中专门明确写入这一原则（刑法第 4 条）："对任何人犯罪，在适用法律上一律平等。不允许任何人有超越法律的特权。"这种专门的明确的立法宣示，无疑具有重要的理论意义和现实意义。

二、适用刑法人人平等原则的具体表现

适用刑法人人平等原则在我国刑法中的具体体现为定罪、量刑和行刑三个方面：

（一）定罪平等。所谓定罪平等，就是对任何犯罪，都以刑法规定犯罪成立条件（犯罪构成）为认定标准，任何人都同等适用，不能因为地位、权力、出身、财产、民族、信仰等不同而不同或网开一面。只有依据的是行为人的行为，坚持行为要符合犯罪的成立条件，才能做到定罪平等。

（二）量刑平等。所谓量刑平等，是指在同样的情况下，对不同犯罪人应当根据刑法规定给予同等规则对待，不能出现畸轻畸重、量刑失衡的情况。不能因为犯罪人的地位、功劳、出身、财产等情况而有所偏移。值得注意的是，量刑平等与刑罚个别化并不矛盾。所谓刑罚个别化是指在适用刑罚的时候，在坚持量刑平等的前提下，根据犯罪人的个人具体情况，如人身危险性、平时表现、认罪态度、家庭情况等，给予相应的、具体的量刑调整。刑罚个别化不是量刑平等的背反，它仍遵循同样的规则同等适用，是在报应和预防的目的下对量刑一般化的补充。

（三）行刑平等。所谓的行刑平等，是指在执行刑罚的时候，给予犯罪人同样的行刑处遇，不能给予任何人特权。在适用减刑、假释等制度时，对任何人都要同等适用刑法规定的标准和条件。行刑平等与行刑个别化也不冲突，相反，行刑个别化和行刑平等是相互补充的，共同服务于

---

① 现行宪法第 33 条明确指出"中华人民共和国公民在法律面前一律平等。"第 5 条第 5 款规定："任何组织或者个人都不得有超越宪法和法律的特权。"

刑罚目的的实现。

需要注意的是，近些年来，尽管我国刑事法治文明水平不断提高，但由于一些传统封建思想观念的遗毒，社会贫富差距的拉大，少数司法工作人员存在权力寻租、徇私枉法等情况，不平等适用法律的现象仍在相当范围内存在，阻碍了中国特色社会主义法治国家的建设，削弱了法律的权威和力量。坚持适用刑法人人平等原则仍具有很强的现实意义。

第三节　罪刑相适应原则

一、罪刑相适应原则概说

罪刑相适应原则，或称罪责刑相适应原则，①是指科处行为人的刑罚种类或轻重程度必须与行为人的罪责相当。罪刑相适应原则，不仅要体现在刑事司法上，也应当体现在刑事立法上，它要求对犯罪分子的惩罚应当适度，不应超出与其罪责程度相当的惩罚，如此，才能给人一种公正印象，有助于培育公民对刑法的信赖与遵循。马克思说："如果犯罪的概念要有惩罚，那么实际的罪行就要有一定的惩罚尺度。"②

罪刑相适应是一种远比前两种原则古老的刑法思想，一般认为这种思想观念源于原始社会的同态复仇和奴隶社会的等量报复，本质是刑罚公正理念。例如，春秋战国时期，思想家墨子主张"罚当暴"，如果"罚不当暴"，罚就起不到"止暴"的作用。荀子坚持要"刑当罪"，并指出"刑称罪则治、不称罪则乱"。在西方，圣经提到"以血还血，以牙还牙"的刑罚理念。古希腊哲学家西塞罗在《法律篇》中指出："对于违反任何法律的惩罚应与

---

① 在1997年刑法出台之前，理论和实务界一直把该原则称为罪刑相适应原则。1997年刑法第5条规定，对犯罪分子的量刑，要同时与犯罪分子的罪行和应承担的刑事责任相适应，意在提醒人们对犯罪分子的惩罚不仅要立足于犯罪分子的罪行、性质、手段、社会危害等客观情况，还要考虑犯罪分子应承担的责任大小，综合考虑主客观情况，遵循主客观相统一原则。此后，学界多以罪责刑相适应原则称之。但实际上，二者内涵差异不大。

② 马克思恩格斯全集：第一卷. 北京：人民出版社，1956：139。

犯法行为相符合。”这些论述表达了罪刑相适应的思想。但是在专制时代，这种思想是不可能成为统治者的基本立法和司法原则的。相反，为了专制统治需要和最大程度地威慑人民，统治者通常都采用重刑主义。

罪刑相适应思想真正成为刑法的基本原则，同样是近代以来启蒙思想家倡导、资产阶级确立自己的统治之后的成就，其目的既是限制封建刑罚权的恣意妄为，也是为了实现司法公正。贝卡利亚在《论犯罪与刑罚》一书中主张，刑法立法应确立一个与犯罪的社会危害性相适应的刑罚阶梯。孟德斯鸠在其《论法的精神》中指出：“惩罚应有程度之分，按罪大小，定刑罚轻重。”1810 年出台的历史上作为资产阶级国家刑法典蓝本的法国刑法典，在刑法条文中贯彻了罪刑相适应原则。十九世纪末直至进入二十世纪，由于刑事人类学派、刑事社会学派等刑法新派理论的影响，传统的罪刑相适应原则进行了一些调整，从简单强调犯罪人的刑罚要与其罪行相均衡，发展到同时注重犯罪人的人身危险性因素与环境因素。

罪刑相适应原则背后是恒久的公正价值追求，因此，它同样是社会主义国家刑法的一项基本原则。我国 1979 年刑法虽然没有明文规定罪刑相适应原则，但在立法、司法和理论上普遍把它作为刑法的基本原则。现行刑法第 5 条对此作了明确规定：“刑罚的轻重，应当与犯罪分子所犯罪行和承担的刑事责任相适应。”

二、我国罪刑相适应原则的内涵与体现

根据现行刑法第 5 条，我国的罪刑相适应原则的基本内涵应包括三个方面：一是在对犯罪分子决定刑罚时，应当与犯罪分子的犯罪事实、犯罪性质、犯罪手段、社会危害等相适应；二是刑罚应当与犯罪分子的自身应承担的刑事责任相适应，而这种责任判断，不仅要考虑犯罪分子的犯罪事实、性质和情节，也要考虑与特定环境和条件下犯罪分子的罪责程度和犯罪分子的人身危险性相适应；[①]三是应当注意犯罪分子的惩罚与同类案件惩罚

① 犯罪人的人身危险性，一般是指犯罪人具有的不直接反映罪行的轻重，却可以表明他对社会的潜在威胁程度及其消长的本身情况，可根据犯罪人罪前的和罪后表现进行判断。

相均衡。简单地说，就是重罪重判，轻罪轻判，同罪同罚，罪刑相均衡。

罪刑相适应原则在我国刑法领域中主要体现在以下两方面：

（一）立法上，我国现行刑法充分贯彻了罪刑相适应原则。首先，在“犯罪”一章中，根据犯罪的现实生活样态，归纳规定了各种不同的犯罪情况和处罚规则。例如，自然人的刑事责任能力分为完整刑事责任能力、相对刑事责任能力、减轻刑事责任能力和完全无刑事责任能力；直接故意犯罪分既遂犯、未遂犯、中止犯、预备犯；共同犯罪人分为主犯、从犯、胁从犯和教唆犯；此外还有各种罪数不典型形态；等等。对不同的犯罪形态，根据其社会危害性大小，规定了不同的处罚规则，例如，从轻、减轻、免除、从重等。其次，在“刑罚”一章，刑法确立了一个科学严整、功能齐全的刑种体系。它分 5 种主刑、4 种附加刑，包括生命刑、自由刑、资格刑、财产刑，能够满足对不同类型犯罪人处罚的需要；各种刑罚方法轻重有序、主次配合，相互衔接又相互区别，方便根据犯罪的社会危害程度判处适当的刑罚。此外，刑法还针对不需要追究刑事责任或不予刑罚处罚的犯罪人，规定了适当的非刑罚处理方法。其三，在“刑罚的具体适用”一章，刑法还规定了量刑的基本原则和自首、立功、坦白、累犯、数罪并罚、缓刑等量刑制度，规定了减刑和假释等执行制度，明确肯定了量刑和执行刑罚应当根据犯罪事实、性质、情节、人身危险性等主客观因素进行刑种、幅度、刑期、实际执行刑期等裁断。最后，在刑法分则中，每一个犯罪都设置了一种或几种刑种的量刑幅度的法定刑规定，这有助于司法机关根据每个犯罪的性质、罪行轻重、主观恶性、犯罪情节、认罪后的表现等，选择适当的法定刑等级，判处适当的刑罚。

（二）实务上要求司法机关做到量刑公正。首先，要准确地认定犯罪，这包括是否成立犯罪、成立何种犯罪、成立犯罪的何种形态、个罪或是数罪等，这是贯彻罪刑相适应原则的基础。其次，在已认定行为的犯罪性质基础上，依案件事实、情节和犯罪人的人身危险程度等不同，具体选定适当的法定刑幅度，进而确定宣告刑或决定免予刑罚处罚等处理。在行刑阶段，重点放在犯罪人的人身危险性的消长上，有针对性地进行教育改造、惩罚，对于确有悔改表现、立功、没有再犯可能性的，可以适时地予以减刑、假释。

第三章 刑法的适用范围

刑法是一国通过立法机构制定和认可的、运用刑罚惩罚和改造犯罪人的法律规范总和。它的制定者和适用者都是国家。国家作为主权者，同时拥有对内最高权和对外权，它需要确定刑法适用于什么人、什么事、在怎样的地域范围和时间范围内适用，这既是一个国内法的问题，也是一个国际法的问题，还是一个时间范围的问题。刑法第 6 至 12 条是适用范围的规定。

第一节　刑法适用范围概述

一、刑法适用范围的概念

所谓刑法的适用范围，是指一国（或地区）刑法的适用效力范围，是一国刑法在怎样的地域范围、时间范围、针对哪些人、什么事具有适用效力，其核心问题是刑事管辖权。它可分为空间效力范围、时间效力范围、人的适用范围和行为的适用范围。由于上述四种分类彼此之间相互独立，又相互包含，共同界定了刑法的适用范围。由于罪刑法定的贯彻，刑罚只能适用于刑法规定的犯罪，实际上已确定了刑法的对事范围，所以，理论上通常只分为空间效力范围和时间效力范围，其中空间效力范围包含了对人的适用范围，时间效力范围包含了行为的适用范围。

刑法的空间效力范围，是指一国（或地区）的刑法针对哪些地域、哪些人适用或有效；刑法的时间效力范围，则是指一国（或地区）的刑法什么时间开始生效、什么时间失效，以及对该刑法生效之前的行为是否具有溯及力。

二、刑法适用范围的管辖原则

长期以来，世界各国在刑法空间效力范围、时间效力范围的管辖问题上，分别形成了以下原则。

（一）刑法空间效力的管辖原则

1. 属地管辖原则，亦称属地主义。主张只要在主权国领域内犯罪，不论犯罪人属于何国国籍，都适用主权国家的刑法，亦即主权国家对此都具有管辖权。由于犯罪地有行为发生地和结果发生地之分，因而在确定犯罪发生地的问题上，有行为地主义、结果地主义以及行为兼结果地主义之分。属地管辖原则在维护国家主权方面具有优越之处，因此，是绝大多数国家所采用的基本原则。但是，如果只适用该原则，那么，遇到本国人在域外犯罪或外国人在域外对本国或本国公民犯罪，本国就不能管辖，不能捍卫本国国家和公民利益。因此，仅适用这一原则是不够的。

2. 属人管辖原则，亦称属人主义。主张凡是本国的公民，不论他（她）在本国领域内犯罪，还是在本国领域以外犯罪，本国都具有管辖权，适用本国刑法。属人管辖原则使本国公民即使在国外犯罪也能得以管辖，补充了属地管辖原则的不足，但会与他国管辖权产生冲突。同时，如果单纯适用该原则，本国就无法对外国人对本国或本国公民犯罪实施管辖，特别是对在本国领域内犯罪不能管辖，既有悖国家主权原则，也不利于维护本国利益。

3. 保护管辖原则，亦称保护主义。主张不论本国人犯罪，还是外国人犯罪，也不论犯罪发生何处，即无论是在本国领域内，还是在他国或其他领域内，只要本国或本国公民的利益受到侵害或威胁，本国都具有管辖权，适用本国刑法。各国刑法或刑事诉讼法对适用范围的规定都有保护管辖原则。应当说保护管辖原则，在捍卫国家司法主权和保护本国及其公民利益方面，是比较周全的。但是，其不足之处在于，单纯适用的话，它意味着本国无法对本国人在域外实施的侵害他国及其国民利益的犯罪或在域内对外国人之间的犯罪无管辖权，此外，对于外国人在域外对本国或公民实施的犯罪进行管辖，在理论上是没有问题的，但实践上是困难的。

4. 普遍管辖原则，亦称世界主义。从维护国际社会的一些共同利益出发，主张不论犯罪人的国籍，不论犯罪地点在哪一个国家的领域内，本国都可以管辖。这一原则实际是在国际条约的签字国之间适用。普遍管辖原则填补了对危害国际社会的一些利益的保护空白，也在一些犯罪管辖上体现了合作，但它的适用范围有限，是补充性的，仅针对国际条约范围内的犯罪（如劫机罪、海盗罪、灭绝种族、侵害外交代表等）适用，只能作为补充性的原则。

5. 折中管辖原则，亦称折中主义。上述四种原则，如果孤立来看，都有其合理性，但各自也有局限性。因此，各国的管辖原则不可能只单纯采用一种原则，而忽视其他。就目前来看，各国一般是以属地管辖为基础，有限制地兼采属人原则、保护原则和普遍原则，既要考虑维护国家司法主权和本国利益，也要兼顾调整国与国之间的管辖冲突，也就是采取折中主义的做法。

（二）刑法时间效力的基本原则

刑法的时间效力，一般分为刑法的生效时间、失效时间和对生效前的行为有无溯及力三种情况。生效时间通常有两种情况：从法律公布之日起生效和公布一段时间后生效。失效时间也有两种情况：由立法机关明确宣布废止，或在新法生效后旧法自然失效。最重要的是刑法的溯及力问题，它涉及到罪刑法定原则的贯彻，是一个比较重要的理论和实务问题，各国刑法都要对此予以明确的规定。迄今为止，各国刑法立法主要有以下原则做法：

1. 从旧原则。即新颁布的刑法，对它生效之前的行为，不具有适用的效力（不溯及既往）。如果需要追究生效之前行为的刑事责任，应当适用行为当时已存在的法律。

2. 从新原则。即新颁布的刑法，对它生效之前的行为，只要是未经过人民法院审判，或者判决尚未确定的，都具有适用的效力（溯及既往的效力）。

3. 从轻原则。即针对新颁布的刑法生效之前的行为，需要比较新颁布的刑法与旧刑法哪一个对该行为规定的处罚较轻，选择轻的刑法适用。如果新颁布的刑法规定得较轻，那么它就具有溯及既往的效力。

4. 从旧兼从轻原则。即对新颁布的刑法生效之前的行为，新颁布的刑法原则上不具有适用的效力，但是，如果新颁布的刑法对该行为规定的处刑较轻时，就适用新的刑法。

5. 从新兼从轻原则。即对新颁布的刑法生效之前的行为，也适用新颁布的刑法（溯及既往），但是，如果旧的刑法对该行为的规定处刑较轻时，则依旧适用旧的刑法。

从表面上看，4、5 项无区别，但实际上涉及到构成要件、累犯、量刑原则等规则和制度适用时，二者还是有区别的，而且从新兼从轻原则在精神实质上与罪行法定主义还存在一定的冲突。因此，目前多数国家采用从旧兼从轻原则。

第二节　我国刑法的空间效力范围

我国刑法第 6 条至第 11 条是关于它的空间效力范围的规定，采取的是以属地管辖为主，兼顾属人管辖、保护管辖和普遍管辖的折中主义立场。

一、属地管辖

我国刑法第 6 条是关于刑法适用地域范围的规定，它体现了属地管辖原则。

该条第 1 款指出："凡在中华人民共和国领域内犯罪的，除法律有特别规定的以外，都适用本法。""领域"在这里指我国领陆、领水以及二者的底土和领空。其中，领陆包括边界以内的陆地领土和岛屿；领水包括领海[①]和内水[②]；领空是指前述领陆和领水的上空，只及空气空间，不包括外

① 我国政府于 1958 年 9 月 4 日发表声明，宣布我国的领海宽度为 12 海里。
② 内水包括内河、内湖、内海以及同外国之间界水的一部分。

层空间。“特别规定”包括以下情况：(1)刑法第11条的规定。即如果犯罪的外国人是享有外交特权和豁免权的人，那么只能通过外交途径来解决他(她)的刑事责任。在我国领域内犯罪的，自然大多数是中国公民，但也有不少外国人包括无国籍人，对于他们的犯罪，我国一般也行使刑事管辖权。但是对于享有外交特权和赦免权的外国人，就不能依据我国司法程序对其实施搜查、拘留和逮捕等强制措施，而只能通过外交途径解决。当然，这一例外是对等的。(2)民族自治地方的特别规定。根据刑法第90条，民族自治地方的“变通或者补充规定”，将在民族自治地区范围内适用。① (3)新颁布的刑事法规另有特别规定。例如，2015年出台的《中华人民共和国反间谍法》、2021年出台的《中华人民共和国反有组织犯罪法》等，都专门规定了一些特殊的刑法规范。(4)香港、澳门特别行政区适用本地的刑事法律。我国香港地区、澳门地区分别于1997年7月1日、1999年12月20日回归祖国，根据两个特别行政区的《基本法》规定，两个特别行政区不适用我国的刑法典，而仍沿用其各自的刑事法律。② 我国台湾地区目前与大陆尚未统一，也事实上未适用我国刑法。

该条第2款规定：“凡在中华人民共和国船舶或者航空器内犯罪的，也适用本法。”“船舶或航空器”在国际法上被称为“拟制领土”或“浮动领土”，但这里的船舶与航空器也有一定的范围，例如，私人船舶不属于拟制领土范围。此外，根据1961年《维也纳外交关系公约》(我国已签署)的相关规定，各国驻外大使馆、领事馆及其外交人员受派出国的司法管辖，而不受驻在国的司法管辖。因此，我国对我国驻外大使馆、领事馆内的犯罪活动实施管辖，但对各外国驻华大使馆、领事馆内的犯罪不实施司法管辖。

该条第3款对“在中华人民共和国领域内犯罪”作了解释，即“犯罪的

---

① 刑法第90条规定：“民族自治地方不能全部适用本法规定的，可以由自治区或者省的人民代表大会根据当地民族的政治、经济、文化的特点和本法规定的基本原则，制定变通或者补充的规定，报请全国人民代表大会常务委员会批准施行。”

② 例如，《香港特别行政区基本法》第2条规定：“全国人民代表大会授权香港特别行政区依照本法的规定实行高度自治，享有行政管理权、立法权、独立的司法权和终审权。”

行为或者结果有一项发生在中华人民共和国领域内的，就认为是在中华人民共和国领域内犯罪。”也就是说，我国在认定“在中华人民共和国领域内犯罪”的问题上，采取的是行为地兼结果地主义。即只要行为或结果有一项在我国领域内发生，都属于“在中华人民共和国内犯罪”，我国都可以行使管辖权。

二、属人管辖

属人管辖的规定体现在刑法第 7 条、第 10 条。根据第 7 条第 1 款规定，[1]我国公民在领域外实施了刑法规定的犯罪，我国有权管辖，但对最高刑为 3 年以下有期徒刑的案件，“可以不予以追究”。这里的“最高刑”是指刑法为某一具体罪名规定的某一量刑幅度的最高刑。“可以不予以追究”是指可以不予追究，但也可以追究，保留了追究的可能。刑法第 7 条第 2 款对国家工作人员和军人提出更严格的要求，[2]即对在国外实施我国刑法规定的任何犯罪的这两类人员一律予以追究。

彻底贯彻第 7 条的属人管辖规定，自然会与他国的属地管辖或保护管辖等发生冲突，出现双重管辖和(或)双重处罚的情况，造成实际实行起来的困难并可能侵犯人权。对此，刑法第 10 条提供了解决问题的折中方案。[3] 即对于在他国实施犯罪的中国公民，根据属人管辖的原则，应当适用我国刑法，即使已经过外国法院的审判，我国仍可以实施管辖，依照我国刑法追究刑事责任；但是，如果犯罪的中国公民在国外已经受到刑罚处

① 该款规定：“中华人民共和国公民在中华人民共和国领域外犯本法规定之罪的，适用本法，但是按本法规定的最高刑为 3 年以下有期徒刑的，可以不予以追究。”

② 该款规定：“中华人民共和国国家工作人员和军人在中华人民共和国领域外犯本法规定之罪的，适用本法。”这里的“国家工作人员”，根据我国刑法总则第 93 条规定，是指“国家机关中从事公务的人员”，“国有公司、企业、事业单位、人民团体中从事公务的人员和国家机关、国有公司、企业、事业单位委派到非国有公司、企业、事业单位、社会团体从事公务的人员，以及其他依照法律从事公务的人员，以国家工作人员论。”这里的“军人”，根据刑法第 450 条，应包括中国人民解放军的现役军官、文职干部、士兵及具有军籍的学员和中国人民武装警察部队的现役警官、文职干部具有军籍的学员以及文职人员、执行军事任务的预备役人员和其他人员等。

③ 刑法第 10 条：“凡在中华人民共和国领域外犯罪，依照本法应当负刑事责任的，虽然经过外国审判，仍然可以依照本法追究；但是在外国已受到刑罚处罚的，可以免除处罚或者减轻处罚。”

罚，那么，考虑到这个实际，为避免双重处罚，可以对其不予处罚或者减轻处罚。该规定既坚持了国家的刑事司法主权原则，也做了符合实际的刑事责任追究上的灵活处理。

三、保护管辖

我国刑法第 8 条体现了保护管辖原则："外国人在中华人民共和国领域外对中华人民共和国国家或者公民犯罪，而按本法规定的最低刑为 3 年以上有期徒刑的，可以适用本法，但是按照犯罪地的法律不受处罚的除外。"它指出外国人在我国域外对我国和我国公民犯罪，我国具有刑事管辖权，可以适用我国刑法。但是，考虑到国情、文化等因素不同以及外国人在国外的实际，这种管辖适用有一定的限制。一是必须是犯罪行为侵害了我国或者我国公民的利益，这是前提条件；二是按我国刑法规定所犯罪行法定最低刑必须是 3 年以上有期徒刑，法定最低刑不满 3 年的，不予适用；三是按照行为人所在犯罪地的法律不受处罚的，那么我国也不予追究。保护管辖，弥补了属地管辖、属人管辖的不足，有助于维护本国及本国公民利益，同时我国的保护管辖规定也从实际出发做了灵活处理。

四、普遍管辖

我国刑法第 9 条是关于普遍管辖的规定，[①]它是一种有条件的普遍管辖。它包括三方面含义：一是我国作为国际法主体，具有对一些国际犯罪实施刑事管辖权的权力。二是普遍管辖的适用对象是我国在缔结或者参加的国际条约中所承担的条约义务范围内的犯罪。对我国声明保留的条文，我国可以不予履行。三是当我国行使刑事管辖权时，依据我国刑法规定对这些犯罪进行追究。

① 刑法第 9 条："对于中华人民共和国缔结或者参加的国际条约所规定的罪行，中华人民共和国在所承担的条约义务的范围内行使刑事管辖权的，适用本法。"

第三节　我国刑法的时间效力范围

一、生效时间

刑法的生效时间就是刑法从什么时候开始生效，这是刑法颁布时需要明确的重要问题。它一般由立法机关根据刑法规范的内容、重要性、普及性和紧迫性等情况确定。我国刑法的生效时间主要有两种情况：一是公布法律时即生效，如我国刑法修正案（一）至刑法修正案（八）都明确规定“本修正案自公布之日起施行。”1990 年 12 月 18 日全国人大常委会通过的《关于禁毒的决定》也是从公布之日生效。二是公布法律后经过一段时间生效，这是立法机关考虑给执法部门和全体国民一个熟悉、掌握、准备的时间。如 1979 年刑法于 1979 年 7 月 6 日经全国人民代表大会审议通过并公布，1980 年 1 月 1 日正式生效；1997 年刑法在 3 月 14 日公布，同年 10 月 1 日施行；刑法修正案（九）于 2015 年 8 月 29 日颁布，自 2015 年 11 月 1 日施行。

二、失效时间

刑法的失效时间分两种情况：一是立法机关明确宣布何时废止，即明示废止。例如 1997 年刑法第 452 条明确规定了过去出台的 15 个条例、补充规定或决定的失效时间，即“自本法施行之日起，予以废止。”二是新法取代旧法，旧法一般同时效力终止，即默示终止。

三、刑法的溯及力

刑法的溯及力是一个比较重要且复杂的刑法问题，它是指新颁布的刑法及其规范对之前发生的行为是否具有效力。刑法溯及力的规定，主要是为了解决新颁布的刑法之前的犯罪行为，如果未经审判或者判决尚未确定，是否具有效力的问题，或者说是适用旧法还是新法。由于它也涉及到刑罚的确定性问题，因而也被视为罪刑法定原则下的一个重要议题。

根据罪刑法定原则的要求，刑法一般不具有溯及既往的效力，即不能用事后的法律规范约束之前的行为，要求人们去遵守一个尚不存在的法律，这样未免存在不教而诛之嫌，缺乏刑罚的道义性，有悖于罪刑法定主义所包含的刑罚确定性内涵。但是，新法是对旧法的修正和完善，通常更符合时代和实践要求，从罪刑法定主义内在的保障人权的价值取向看，一味适用旧法，反而可能有违这一价值。因此，刑法不溯及既往不是绝对的，在特殊的情况下，允许溯及既往效力更为得当。因此，我国刑法第 12 条采取了从旧兼从轻的原则立场：①

（一）新中国成立以后至 1997 年刑法正式施行（1997 年 10 月 1 日）以前的犯罪行为，人民法院依旧刑法（1979 年刑法）已经做出生效判决的，继续有效，对此新刑法（1997 年刑法）不具有溯及力。

（二）新中国成立以后至 1997 年刑法正式施行（1997 年 10 月 1 日）以前的行为，如果当时的刑法不认为是犯罪，那么，仍然适用当时的法律，1997 年刑法无论是否规定为犯罪，都不具有溯及力。

（三）新中国成立以后至 1997 年刑法正式施行（1997 年 10 月 1 日）以前的行为，如果当时的刑法认为是犯罪，且根据 1997 年刑法第四章第八节的追诉时效规定仍应追诉的，原则上适用当时的法律，但是，如果 1997 年刑法不认为是犯罪，或者处刑较轻，那么就适用 1997 年刑法。这里的“处刑较轻”是指刑法对于行为所符合的某种具体犯罪而设置的法定刑相对较轻，而不是指宣告刑或执行刑较轻。

此外，为了配合刑法第 12 条规定的适用。1997 年“两高”各自或一

① 1979 年刑法和 1997 年刑法都采取了从旧兼从轻的立场。现行刑法（1997 刑法）规定：“中华人民共和国成立以后本法实施以前的行为，如果当时的法律不认为是犯罪的，适用当时的法律；如果当时的法律认为是犯罪的，依照本法总则第四章第八节的规定应当追诉的，按照当时的法律追究刑事责任，但是如果本法不认为是犯罪或者处刑较轻的，适用本法。本法施行以前，依照当时的法律已经作出的生效判决，继续有效”。

起围绕刑法时间效力适用的一些疑难问题推出了相关司法解释。[1] 例如，最高人民法院对于“犯罪分子1997年9月30日以前犯罪，不具有法定减轻处罚情节，但是根据案件的具体情况需要在法定刑以下判处刑罚的”，指出这种情况下“适用修订前的《刑法》”。

① 这里指1997年9月25日最高人民法院《关于适用刑法时间效力规定若干问题的解释》；同年10月5日最高人民检察院推出了《关于检察工作中具体修订刑法第二十条若干问题的通知》。

犯罪篇

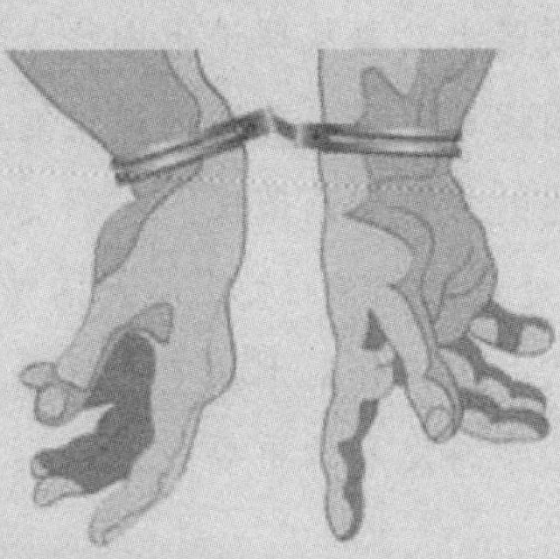

刑法是规范国家用刑罚打击犯罪、追究一个人刑事责任的法。它首先要确定刑罚适用的对象——犯罪及实施犯罪的人，因此，对于什么是犯罪和如何认定犯罪就成为刑法要明确的基本内容。我国刑法第二章共四节，对于什么是犯罪、认定犯罪成立的条件、犯罪的各种形态——预备、未遂和中止，共同犯罪、罪数和单位犯罪等，进行了系统的规定，是我们认识犯罪、评价犯罪、追究犯罪分子的刑事责任的基本依据。

本书第四章到第十二章从理论上围绕上述规定和问题进行系统阐述。这种阐述尊重了目前国内通说对犯罪和如何认定犯罪进行分析和描述的主要理论范式——四要件耦合式犯罪构成理论，并借鉴了域外刑法理论(尤其是大陆法系刑法理论)的犯罪分析和评价范式。国内外对刑法中的犯罪进行系统阐述的理论是近代以来刑法学科发展的重要成果。

第四章 什么是犯罪

第一节 犯罪的概念与特征

一、犯罪的概念

（一）犯罪的形式概念（或法律概念）

日常生活中人们所讨论的犯罪，一般指的是一个由立法已确定了内涵与范围的法律范畴，即意指一国刑法所规定为犯罪的、应受刑罚惩治的那些行为。它具有两个基本的规范特征：一是刑法规定性（或称刑事违法性）。即必须是刑法规定为犯罪的行为才是犯罪。根据罪刑法定原则，一个行为不管它有多罪恶，如果没有刑法规定，那么它就不是犯罪。因此，刑法规定性是它的基本特征。二是应受刑罚惩罚性。犯罪只是刑法规定的诸行为的一种，只有应受刑罚惩罚的行为才是犯罪。刑法中的意外事件、正当行为等，因不具有刑罚惩罚性，不属于犯罪之列。一般来说，一个行为是否属于犯罪，司法者只需要按照上述标准进行评判即可，许多国家的立法也根据上述规范特征（标准）对犯罪的一般概念进行描述。例如，现行西班牙刑法典第 10 条规定："蓄意或者过失的作为或者不作为为法律所处罚的，构成犯罪或过失罪。"2009 年墨西哥刑法典第 7 条第 1 款规定："犯罪是指按照刑法规定应当追究刑事责任的作为或者不作为。"1996 年瑞士刑法典第 9 条规定："1. 重罪是指应科处重惩役之行为。2. 轻罪是指最高刑为普通监禁刑之行为。"德国、法国等国家的刑法典也有类似的规定。

还有的国家的刑法典和刑法理论根据犯罪的规范特征，对刑法中的犯罪进一步细化描述。例如，2009 年修订的希腊刑法典第 14 条规定："犯罪是依法可以追究刑事责任的、违法的、可以归责于行为人的行为。"俄罗斯联邦刑法典第 14 条规定："1. 本刑法以刑罚相威胁所禁止的有罪过地实施的危害社会的行为，被认为犯罪。"大陆法系学者，一般把犯罪理解为具有构成要件符合性、违法的、有责的（或应受刑罚惩罚的）的行为。如果把上述概括为一点，犯罪其实就是刑法规定的应受刑罚惩罚的行为。它是一个真实的、被严格界定的、规范意义上的犯罪概念，是对犯罪在法律实证主义意义上的把握，有助于贯彻罪刑法定原则和保障人权。

但是，这种只从犯罪的法律特征（或所谓形式特征）对犯罪进行的描述，没有涉及犯罪的社会实质和立法者的价值立场，不能让人清楚立法者为什么将这些行为规定为犯罪，或者说立法者基于什么将这些行为规定为犯罪，也未考虑这种犯罪的规定是否科学合理、是恶法还是善法。因此将犯罪这种法律规范现象与社会生活、社会评价区隔开来的做法，不能让人真正地理解犯罪，也就无法让人准确地认定犯罪；不能理解到它背后的立法目的和价值，也就无法合乎目的地评价和适用犯罪，难以有效发挥刑法打击犯罪的功能。因此，对犯罪的理解不能仅停留在法律层面。

（二）犯罪的实质概念

为了系统全面地理解犯罪，发挥犯罪概念的社会功能，还应当把犯罪作为一个社会现象来进行观察，也就是在现实生活层面来观察刑法中规定的犯罪本来是怎样的现象存在，立法者为什么将它们规定为犯罪以及现实中的犯罪有怎样的本质特征。这就出现了所谓的"犯罪的实质概念"。

1. 片面的犯罪实质概念

其实，这种对犯罪的实质意义（或社会实质）思考很早就存在了。一方面从古到今无论人们对犯罪的实质理解有多少不同，大多数人在多数时期对犯罪的理解都可以归结为是一种"恶"，即在道义上给予否定评价的行为。

例如，意大利近代刑法学者贝卡利亚认为，犯罪是危害社会的行为。“衡量犯罪的真正标尺，即犯罪对社会的危害”。[①] 1789年《法国人权宣言》第5条指出：“法律有权禁止的只是危害社会的行为。”在古典刑法学派看来，每个犯罪人都是具有独立理性的个体，应选择有道德的行为却选择对社会有害的行为，这是追究其刑事责任的根据，因此，犯罪在道义上是应被否定的东西。刑法新派从另一个角度论证犯罪是一种“恶”。刑法实证学派代表人物龙勃罗梭认为，犯罪是天生犯罪人的行动产物，是犯罪人不适合文明社会生活的结果。另一位刑事实证学派大师加罗法洛认为，犯罪其实是侵害“怜悯和正直两种利他情感”的行为[②]。德国刑法学者李斯特、耶塞克、魏根特等人认为，犯罪实质是对“社会共同法益”或“保障人类社会的共同生活的权利”的侵害。当前，大陆法系的主流观点，一般借助“法益”这个概念，来说明犯罪的本质，认为犯罪是对法律保护的生活利益的侵犯。近些年来该观点得到国内许多学者的认可。[③] 总之，无论这些观点如何解释犯罪是对什么的侵害，它们都有一个共同特征，即对犯罪都持价值上的否定立场。换言之，无论认为犯罪是对社会的侵害，还是对某种“道德情感”抑或“法益”、“自由”、“权利”等的侵犯，犯罪本身在道德上都是值得谴责的行为，而且这种非道德性被视为犯罪的确定内涵。

---

① 贝卡利亚，论犯罪与刑罚，黄风译．北京：中国大百科全书出版社，1993：25.

② 参见[意]加罗法洛．犯罪学：耿伟，王新译．北京：中国大百科全书出版社，1996：21—22。

③ 目前，德国学者也认为该概念存在内涵不清楚的问题：“‘法益’的定义至今仍没有得到成功而明确的说明，因而不能提供一个可以在法律上作为基础的和在内容上令人满意的界限”。但我国许多刑法学者在著述中普遍接受了法益这个概念，并试图导入我国刑法理论以取代社会危害性的概念。本书认为，法益这个概念不能说明犯罪的本质，因为附着在一个事物上的利益往往是相对的矛盾存在，利益攸关方存在不同的利益。由此法律所保护的利益，很多时候实则是保护社会关系中某一方面的利益，反映了一定的立场。在阶级社会里，它掩盖了利益本身的矛盾性、阶级性。例如，堕胎罪是用来打击妇女私自堕胎行为，诚然，可以用保护胎儿利益（所谓法益）来说明该罪的合理性，但是，它不能说明为什么立法者在这里未去保护妇女自由支配自己身体的权益——这里也存在所谓的法所保护的利益。其实，有的国家将堕胎行为规定为犯罪，有的国家没有将堕胎行为规定为犯罪，并非基于有堕胎是否侵犯了某种特定法益，而是基于统治利益和统治意志在妇女和胎儿之间相互冲突的利益做出的选择，立法者这种抉择的背后体现的是符合统治阶级利益的统治秩序。参见克劳斯·罗克辛．德国刑法学总论：第一卷[M]．王世洲译．北京：法律出版社，2005：14。

另一方面，犯罪的定义者——国家则被认为是绝对公正的、公允的，是一个绝对正义理性的形象。犯罪的产生与国家并无关系，国家是作为人民的保护神而存在，它所要做的只是发现并标定犯罪，规定在刑法中，给予刑事制裁或其他非刑罚处罚措施。然而，这显然是不符合历史与现实的，在逻辑上是片面的。诚然，刑法中的犯罪大多数是对社会有危害的行为或是侵害所谓自由、权利、利他情感或法所保护的利益等的行为。但是，在刑法史上，我们不难看到，在不同时期，都有大量被标定为“犯罪”的行为，其实是对社会有益或无害的，例如，苏格拉底在雅典广场上与青年交流的行为被定义为“腐蚀青年心灵”的罪行，布鲁诺宣传“日心说”、伽利略提出新的科学理论乃至贝卡利亚写出《论犯罪与刑罚》这本意义非凡的小册子，都被宗教法庭斥责为“异端”；人类社会的进步往往是由革命推动的，而革命在旧统治的法典里通常被冠以颠覆国家政权罪、危害国家安全罪。因此，把犯罪看作是对全体社会成员的危害或利益的侵害，认为它本身存在一个非道德性的固有内涵，是不正确的，也是片面的。

2. 辩证的犯罪实质概念

真正阐明犯罪的实质内涵的是马克思主义经典作家马克思、恩格斯。他们在《德意志意识形态》一文中，从唯物史观的视角或者说法哲学的视角考察了人类社会中的犯罪现象，科学地阐明了犯罪的社会概念：“犯罪——孤立的个人反抗统治关系的斗争，和法一样，也不是随心所欲地产生。相反的，犯罪与现行的统治都产生于相同的条件。”[①]这段话深刻地揭示了犯罪的社会学（或政治学）本质及其特征。

（1）犯罪作为一种对统治关系的侵犯行为，具有历史性。所谓的统治关系，是一种阶级压迫关系，即掌握着国家政权的统治阶级为了维护其阶级利益而确立和认可的社会关系总和，其核心是为了维护统治阶级的政治、经济利益而建立起来的法律秩序。在人类社会初期，劳动生产力非常低下，没有私有制，没有阶级和阶级矛盾，因此，也不存在国家和法、犯罪产生的社会基础。人们之间存在的争端与纠纷，通过原始社会的习惯、风俗、宗教规则等加以调整，不需要刑罚，也无犯罪产生的可能。然而，随

① 《马克思恩格斯全集》第3卷. 北京：人民出版社：1960：379。

着人类社会生产力的提高，社会出现了剩余产品，出现了私有观念和私有制，出现了等级分化，社会分化为各个阶级，出现了剥削和阶级斗争，也随之出现了镇压被剥削阶级反抗的暴力机器——国家。在经济上占据支配地位的阶级掌握着国家的统治权力，便借助于法律来调整、镇压社会中的争端与纠纷，建立起有利于统治阶级利益的统治秩序和统治关系。尤其是要通过立法程序，将威胁统治阶级为维护统治利益而建立起来的政治、经济以及社会秩序的行为标定为犯罪，并使用刑事强制手段(刑罚)加以制裁，由此便产生了犯罪、各种刑种和刑法规范。因此，犯罪不是从来就有的，而是人类社会发展到阶级社会的产物，是伴随着私有财产、阶级和国家的出现而出现的，也必将在未来的共产主义社会里，随着阶级和国家的消亡而消亡。它是一个历史范畴，不存在永恒的、不变的"恶"的犯罪。

(2) 犯罪作为一种对统治关系的侵犯行为，具有阶级性(或政治性)。在阶级社会里，无论是统治阶级，还是被统治阶级，都"是一定阶级关系和利益的承担者"。[①] 统治阶级一定要确立有利于自己阶级利益和阶级统治需要的统治秩序和统治关系，就据此制定和认可相关制度和法律，而将那些严重反对和破坏这种统治关系的"孤立的反抗行为"规定为犯罪(无论是统治阶级的内部成员还是被统治阶级成员的行为)。因此，犯罪是具有阶级性的、政治性的。它的产生不主要是因为自身存在所谓"固有的非道德的恶"，而是因为侵害了统治阶级的整体利益——这个利益的背后是统治关系。它是一个超越道德(或伦理)的范畴。如此一来，我们就能够理解，许多对社会发展或者伦理上具有正当价值的行为，也可能被贴上犯罪的标签而给予刑罚惩治，根本在于它们损害了统治阶级或专制的统治者的利益，损害了基于这种利益而确立的统治关系。

(3) 犯罪作为一种对统治关系的侵犯行为，具有辩证性。这个命题超越了犯罪的道德判断，并不认为犯罪一定就是非道德的，它揭示了犯罪是一个辩证的、价值中性的范畴：当统治关系代表大多数人的利益时，犯罪无疑是一种破坏性的行为，而当统治关系代表少数剥削者、专制阶级的利益时，犯罪就不能不说具有进步性。很显然，这是科学的犯罪实质揭

① 马克思恩格斯全集：第23卷. 北京：人民出版社，1960：12。

示。在社会主义国家中，占人口绝大多数的人民是国家的主人，处于社会的统治地位，统治阶级的利益就是人民的利益，人民政权确立的统治关系和统治秩序维护的是人民的利益，对它们的侵犯就是对社会整体利益的侵犯，因此犯罪就是有害的。

（4）犯罪是一种“孤立的个人”对统治关系的侵犯，具有相对孤立性。“孤立的个人”是指在一定的社会统治秩序和统治关系下的单个或若干社会成员，它既包括被统治阶级成员，也包括统治阶级内部成员，只要他们的行为严重损害了统治关系，就可能被认定为犯罪。这里“孤立的个人”对应的是阶级的整体，而不能只理解为是单个人，是相对而言的，包括犯罪团伙、犯罪集团、黑社会性质组织，乃至一定数量的武装叛乱分子等等。这就把犯罪与革命——被统治阶级对阶级的根本性的斗争区别开来。因此，对犯罪的理解，不能将其简单视为孤立的个人侵犯单个犯罪对象的利益（生命、财产等）的行为，而是孤立的个人对统治关系（统治利益）的侵犯。

马克思恩格斯对犯罪的精辟论述，无疑是社会科学史上对人类社会中的犯罪现象认识的巨大进步。它摆脱了过去旧法学关于犯罪认识上的机械论、唯心论或形而上学认识，即片面认为犯罪是一种纯粹的恶，而把国家看作是绝对的善。它从唯物史观的视角把犯罪理解为一种历史的、辩证的关系范畴，从社会学或政治学意义上把握了犯罪的本质，既看到犯罪既可能是危害的，也可能是有益的，这取决于人类社会的历史阶段和社会形态性质，因此达到了科学的认识。马克思主义犯罪观实现了刑法科学的根本性变革。

基于马克思恩格斯的犯罪观，人类历史上第一个社会主义国家——苏联率先在刑法立法中规定了犯罪的实质概念。1919 年 12 月，苏俄司法人民委员会在总结苏维埃法院和革命法庭在苏维埃政权存在最初两年的工作经验的基础上，颁布了《刑法指导原则》，其第 5 条规定：“犯罪是违反刑法所保护的社会关系的秩序的行为。”此概念主要从社会学或政治学意义上对犯罪进行了揭示。1922 年 6 月 1 日，第一部《苏俄刑法典》施行，它规定：“威胁苏维埃制度基础及工农政权向共产主义过渡时期所建立的法律秩序的一切危害社会的作为和不作为，都认为是犯罪。”应当说，该规定从实质上揭示了犯罪的社会本质，尤其是揭示出犯罪对什么客体的侵害，引起了西方进步学者的重视。① 但是，这种只揭示实质性内涵、不重视犯罪的法律特征的概念，存在扩张刑罚适用范围的风险，即它因为没有强调犯罪的法律特征，存在将所有对统治关系侵犯的行为都视为犯罪的危险倾向。因此，1922 年《苏俄刑法典》第 10 条保留了类推制度就不足为怪了："个别种类的犯罪行为，如果是本法典没有明文规定的，它的刑罚或社会保卫方法，可以比照在犯罪的重要性和犯罪的种类上同刑法典最相类似的条文，并遵照本法典总则的规定来决定。"

（三）混合的犯罪概念

混合的犯罪概念是对犯罪的形式概念和实质概念的完善，是既指出了犯罪的社会或政治本质，又指出犯罪的法律特征的概念。它是刑法科学发展的表现，达到了理论和实践上对犯罪概念理解的完整性要求。1958 年《苏联和各加盟共和国刑事立法纲要》第 3 条规定了这种混合意义上的犯罪概念："只有犯罪的人，也就是故意地或过失地实施刑事法律规定的危害社会行为的人，才负刑事责任，并受到刑罚。"1960 年《苏俄刑法典》也有类似的规定。这种定义，描述了犯罪的法律特征（刑事违法性、罪责、应受刑罚惩罚性），也揭示了犯罪现象的社会实质——社会危害性（统治关系的侵害性）。② 明显受到这种混合的犯罪概念的影响，现行匈牙利刑法典第 10 条第 1 款规定："犯罪行为，是指故意地——或者在法律也处罚此类过失行为的情况下过失地——实施具有社会危害性的、法律规定应当予以刑罚处罚的行为。"此外，朝鲜、越南、古巴、中国、俄罗斯等国家刑法典也都规定了犯罪的混合概念。

目前，不少西方国家学者和立法机构也逐渐认同犯罪的混合概念。例如，德国著名刑法学家耶塞克把犯罪定义为是行为人实施的符合犯罪

---

① 参见［俄］Н·ф·库兹涅佐娃、И·М·佳日科娃著，《俄罗斯刑法教程（总论）》，黄道秀译，北京：中国法制出版社 2002：124。

② 犯罪的实质是孤立的个人反对统治关系的斗争，这是没有问题的。但人们习惯于用"危害社会"这一概念。这里也采取这个术语，严格而言，它是不准确的。

构成、危害社会因而应受刑罚处罚的不法行为。[1] 现行意大利刑法典第8条第2款将政治犯罪定义为:“一切侵犯国家政治利益或者公民政治权利的犯罪是政治犯罪。”大陆法系许多学者的论著,通常把犯罪描述为“具有构成要件符合性(或该当性)、违法的且有责的行为”,此处的“违法性”包含形式违法性和实质违法性,在本书看来,这里所谓的实质违法性不能不说也是对犯罪的社会学或政治学实质的揭示,因此,这种概念实际上也是一种混合概念。

新中国成立初期,我国刑法理论和立法坚持马克思主义犯罪观的立场,也深受第一个社会主义国家苏联的刑法理论和立法实践的影响,在创建自己的刑法典中从规范特征和实质内涵上系统完整地规定了犯罪的概念,即著名的第13条规定:“一切危害国家主权、领土完整和安全,分裂国家、颠覆人民民主专政的政权和推翻社会主义制度,破坏社会秩序和经济秩序,侵犯国有财产或者劳动群众集体所有的财产,侵犯公民私人所有的财产,侵犯公民的人身权利、民主权利和其他权利,以及其他危害社会的行为,依照法律应当受到刑罚处罚的,都是犯罪,但是情节显著轻微危害不大的,不认为是犯罪。”这一概念,一方面明确了刑法中的犯罪具有刑事违法性、应受刑罚惩罚性两个基本法律特征,从而贯彻了罪刑法定主义,能将犯罪与普通行为、一般违法行为区别开来;另一方面,也在社会本质上指出刑法中规定的犯罪是对人民民主专政政权下的国家安全、政治制度、经济秩序、社会秩序、公民人身权、财产权等法律关系的侵犯,体现了我国犯罪概念的阶级、政治本质。这一概念有机统一了犯罪的规范内容和社会学内涵。

二、犯罪的特征

这里所谓犯罪的特征,是指刑法中的犯罪的特征,或者说规范意义上的犯罪特征,而不是作为一种社会现象的犯罪(即通常被称为犯罪的本质)的特征。尽管混合的犯罪概念将犯罪的形式概念和社会本质内涵(实

---

① 参见徐久生.德国犯罪学研究探要.北京:中国人民公安大学出版社,1995:2。

际是犯罪的社会学概念)“糅合”到了一起,它在根本上仍是刑法中的、规范意义上的犯罪。不能把社会学意义上的“犯罪”当作刑法规范意义上的犯罪,它充其量只是刑法中犯罪的现实原态,或者是“潜在的”刑法中的犯罪。前者不是真正意义上的犯罪,而后者才是真正的犯罪。

根据以上对刑法中犯罪的讨论,本书认为,它具有以下三方面特征:

(一)犯罪的本质特征:应受刑罚惩罚性

一直以来,我国主流观点把社会危害性看作是犯罪的本质特征,实际上是混淆了刑法中的犯罪概念和作为社会现象的犯罪(即所谓犯罪的实质概念),二者不是一个事物。我们说刑法中的犯罪具有社会危害性(实质是统治关系或秩序危害性),是指刑法中犯罪之所以会被标定为犯罪,是因为它在现实生活意义上具有社会危害性,说明了刑法中的犯罪的社会本质,但是它不是刑法中的犯罪的本质特征,不能说具有社会危害性的行为就是犯罪,甚至不能说具有严重的社会危害性的行为就是犯罪。具有社会危害性的行为还需要国家(或统治阶级或者说立法机关)的评价,把它规定在刑法中时才会成为犯罪。也就是说,刑法中的犯罪,即现实的、真正的、规范中的犯罪,是立法机关(或者说统治阶级)对社会中的一些危及统治秩序和统治利益的行为进行评价并在刑法中规定的结果,即那些对统治秩序构成了严重威胁、被统治阶级决定运用刑罚进行打击的行为,才是刑法中的犯罪。在这里,起关键作用的是统治阶级的意志,认为值得用刑罚进行打击的,就是犯罪。如果仅仅认为对秩序构成一般威胁,仅用一般制裁即能有效治理而没有纳入刑法中,或者是虽然现实上有很大的危害,但是由于缺乏经验或立法本身的落后性或是统治者认为符合本阶级利益,没有将其用刑罚进行打击,也不是刑法中的犯罪。因此,刑法中的犯罪的本质,不在于这些行为在现实生活中危害多大,而在于应受刑罚惩罚性。只有应受刑罚惩罚才会被规定在刑法中,才会成为犯罪,才是犯罪的本质特征。应受刑罚惩罚是区分刑法中的犯罪和普通行为、一般违法行为的根本特征,它体现统治阶级的权力意志——相对于刑法中的犯罪和刑种,刑罚权是前提存在的。

（二）犯罪的形式特征：刑事违法性

这里的刑事违法性实际是刑法规定性，即犯罪必须是刑法规定了的、危害统治关系（或具有社会危害性）的行为，如果一个行为没有被刑法规定为犯罪，亦即不具有刑事违法性，它就不是犯罪，这是罪刑法定原则的核心要求，也是犯罪这个抽象概念的存在基础。因此，刑事违法性是刑法中犯罪的另一个重要特征。就应受刑罚惩罚性和刑事违法性（或刑法规定性）的关系来看，应受刑罚惩罚性是首要的、实质的，刑事违法性是第二位的、形式上的。只有一个行为应当受到刑罚惩罚（代表统治阶级的权力意志），立法者才将其规定为犯罪，这种行为才具有刑事违法性，否则只具有一般违法性。因为只有刑罚才能表征刑事违法与民事违法、行政违法、经济违法等一般违法的不同。而刑罚权作为国家主权的一部分，是刑法及其规定的犯罪、刑种产生的根源。

（三）犯罪的社会学或政治学特征：严重的社会危害性

混合的犯罪概念不是仅对刑法中的犯罪的内涵进行揭示，也揭示了犯罪在现实生活中的实质，由此社会危害性就成为刑法中的犯罪第三个特征，即它在社会生活中的特征。

前文已经论述到，这里的社会危害性实际是一种约定俗成的说法，其实质是指行为对法律所认可和保护的社会关系（或统治关系）造成或可能造成损害的特性，即具有“反对统治关系的斗争”（统治关系侵害性）的特征。恩格斯说：“蔑视社会秩序的最明显最极端的表现就是犯罪。”[①]因此，用统治关系侵害性来说明犯罪的社会学（或政治学）特征更为准确。也就是说，犯罪虽然说通常是对社会整体或社会成员的一种侵害，如杀人、放火、盗窃、破坏秩序、贪污贿赂等，但是现实生活中（如在少数人统治的剥削阶级社会里）有一些有积极价值的行为，也被以具有“社会危害性”的名义标定为犯罪（前文已有说明，不再赘述），这是社会危害性的一般含义所不能解释的。社会危害性和统治关系侵害性并非一直是统一的概

① 马克思恩格斯全集：第2卷. 北京：人民出版社，1957：416。

念，统治关系侵害性一般来说同时具有社会危害性，但也可能不具有社会危害性。用统治关系侵害性来解释某些有利于社会的行为也被规定为犯罪，就容易理解了。相反，社会危害性的概念，掩盖了犯罪的阶级属性实质是对统治关系的侵害。但是，在社会主义国家，像我国，人民当家作主，社会主义统治关系是全体人民的利益的体现。统治关系侵害性和社会危害性是统一的，凡是对社会有害的行为都是对社会主义统治关系的侵害，反过来，行为对人民政权下的统治关系侵害，就是对社会整体利益的侵害。

刑法中的犯罪在现实生活中是具有统治关系侵害性的行为，或危害社会的行为，不仅具有一定的质(定性)，还有一定的量，也就是说，行为对秩序的违反必须达到一定的程度，才有可能被评价为犯罪，否则就不能与一般违法行为相区别。这在我国刑法第 13 条中有明确表达，即“如果情节显著轻微，危害不大，不认为是犯罪。”刑法分则中各个具体犯罪也具有社会危害性的量的要求，如“情节严重”、“数额较大”、“后果严重”等。因此，该特征更准确地说是严重的社会危害性或统治关系侵害性。犯罪行为严重的社会危害性，既可以表现为造成实际危害的实害性；也可以表现为尚未造成实际危害的后果，但已具备了足以产生这类危害后果的危险性。

第二节 犯罪构成

犯罪的概念是近代以来刑法理论发展的重要成果，是贯彻罪刑法定观念的首要立法体现。[①] 但刑法中的犯罪不只是一个抽象的规范概念，还是一个规范实体构成，是指一类具有一定要素的危害行为。评价一个行为是否构成犯罪，不仅仅靠犯罪的概念，还要看一些主客观的要素是否得到满足，如主观上是否有故意或过失，客观上是否对社会具有危害或是

① 在奴隶制社会、封建制社会，由于刑法理论的不发达和理念的落后，没有犯罪的一般概念的规定。近代以后，由于刑法科学的发展和理念的进步，特别是罪刑法定原则的提出，犯罪的一般概念就被重视和发展起来了。参见高铭暄，马克昌. 刑法学：第九版. 北京：北京大学出版社，高等教育出版社，2019：38。

否具有一定的时间、地点特征，需要对这些要素进行一定的考察和综合的逻辑评价。于是，在犯罪概念发生、演变的同时，关于一般犯罪的认定或评价理论也蓬勃发展起来，它为认定和评价犯罪提供了重要思维范式。例如，当前大陆法系的主流犯罪实体构成理论，是三阶段递进式的评价理论，它认为一个行为要构成犯罪，应当具有构成要件符合性（或该当性）、违法性和有责性，提供了评价犯罪的多层面递进式的思维进阶。20世纪上半叶，苏联社会主义刑法理论发展出四要件耦合式的犯罪构成理论，①认为犯罪的成立应当同时满足四个方面的主客观要素，提供的是要素满足式的评价范式（或思维范式）。新中国的犯罪构成理论主要是继受苏联的犯罪构成理论，并在此基础上根据本国经验和理论研究进行了修正和发展，形成我国主流的犯罪构成理论。20世纪90年代以来，国内外刑法理论交流日渐深入，形成了学习、借鉴甚至移植大陆法系或英美法系的犯罪实体理论的潮流，对主流的犯罪构成理论造成冲击，国内刑法理论得到进一步充实和完善，并呈现多元化的发展倾向，但四要件耦合式犯罪构成理论仍在理论和实践上占据主导地位。本书仍以主流犯罪构成理论为基础进行讨论，同时借鉴和吸收国外刑法理论的内容，提出一些独立的思考。

一、犯罪构成的概念

犯罪构成，从字面含义上看，是指犯罪内部的结构要素及其组成，犯罪似乎就是一个由这些要素组成的实体。但实际上，犯罪构成不仅包含了犯罪行为本身，还包括犯罪主体因素、时间环境要素、对象要素等，它实际是一个由刑法规定的诸要素构成的、认定行为是否成立犯罪的评价体系。确切地说，根据通说观点，犯罪构成是“刑法规定的决定某种行为构成犯罪所必须具备的一切主观要件和客观要件的总和。”②可见，犯罪构

① 陈兴良. 规范刑法学：第二版. 北京：中国人民大学出版社，2018：43。

② 主流教材认为：“犯罪构成，是指依照我国刑法的规定，决定某一具体行为的社会危害性及其程度而为该行为构成犯罪所必须的一切客观和主观要件的统一。”高铭暄，马克昌. 刑法学：第九版. 北京：北京大学出版社，高等教育出版社，2019：47。

成不是犯罪的构成，而是包含犯罪行为在内的诸要件评价体系，是一个理论上建构的、兼具实体性和评价性(或机能性)的要素体系，理论目的在于将它作为认定或评价一个行为成立犯罪的规格和思维指导。

(一) 犯罪构成是认定行为成立犯罪所需要的一系列主观要素和客观要素的总和。在现象学意义上，刑法中的犯罪是人在一定的时空条件下基于某种主观意志的指导所实施的行为。一种行为是否构成犯罪必须满足相应的时空条件和行为规格，这些条件和规格既包括人的主观要素、主体要素，也包括人的行为要素和客观要素，前者称为主观方面要素，后者称为客观方面要素，犯罪构成就是这种主客观方面要素的有机统一。当这些要素同时存在时，某种犯罪就被认为是存在的。我国刑法坚持主客观相统一原则，既反对只根据客观行为、客观危害等客观方面要素，而不考虑行为人主体要素、主观要素内容的“客观归罪”，也反对只根据主观思想或倾向、主体身份，不考虑现实行为、客观危害的“主观归罪”。例如，中国古代的“腹诽罪”是一种典型的主观归罪。我国刑法为每一个犯罪都规定了主观方面要素和客观方面要素，有些要素在刑法总则中统一叙述，有些要素在刑法分则中具体叙述。例如，故意杀人罪关于犯罪主体的条件要求，是总则中规定的，而故意杀人的行为构成是分则规定的。一个具体犯罪的主观方面要素和客观方面要素的总和，就是该罪的犯罪构成。

犯罪构成不仅是主观方面要素和客观方面要素的总和，同时也强调主客观要素之间的有机统一、相互对应。例如，行为人故意伤害致人死亡，行为人客观上有伤害的行为，主观上有致人伤害的故意，二者是同时出现、紧密对应的，尽管发生了“额外”的死亡结果，这种情况也只能以故意伤害罪论罪，因为行为人没有杀人的故意。

(二) 犯罪构成必须是我国刑法规定的主客观要素的总和。这是罪刑法定的基本要求，任何犯罪都只能是具有刑法规定的各种要素的行为。这些要素组成刑法规定的、用来判定每个犯罪是否成立的规格或评价体系，它们是立法机关精心选择的要素。除了这些要素，其他任何要素，都不属于某罪的犯罪构成内容，都不能据以评价某罪是否成立。例如，刑法第 262 条拐骗儿童罪的犯罪构成要素是：(1)犯罪客体是他人的家庭关系和儿童的合法权益;(2)在客观方面,表现为拐骗不满14周岁的儿童脱离家庭或监护人的行为;(3)主观方面是直接故意;(4)主体方面是一般主体。这些要素有的在刑法总则中得到规定,有的在分则该罪罪状中得到具体描述。

(三)犯罪构成是犯罪成立所要求的基本事实要素的总和。在日常司法实践中,每一起案件的犯罪事实,都是由诸多具体事实组成的事件整体。但只有那些为刑法所规定的犯罪成立所需要的基本事实要素才是犯罪构成条件。如一位19岁的男青年,为买一个好的手机,在火车站盗窃了一位外出做生意的个体工商户的一个皮夹,内有2万元人民币。但后来在父母的劝说下,主动到公安机关自首,并交出全部赃款。这个案件包含了很多能够说明犯罪情况的事实要素。但是成为盗窃犯罪的构成要件有:(1)该青年符合犯罪主体要件,即年满16周岁、精神健全的自然人;(2)主观上有盗窃的故意;(3)客观上有盗窃的行为和结果;(4)侵害了他人的财产所有权。这四个方面都是刑法规定的盗窃罪犯罪构成要素,至于他的性别、心理动机、盗窃具体对象,是否存在自首等等,都不是犯罪构成要求的条件。认定犯罪是否成立,必须不折不扣地抓住犯罪成立的基本要素,否则,不仅违背罪刑法定原则,也必然会有损司法公正。

当然,不是说除了犯罪构成基本要件内容,其他事实因素都不重要。实际上,此处的犯罪构成一般被称为基本犯罪构成,对于超出犯罪构成的一些事实因素,通常会影响犯罪的量刑。例如,对于一般的抢劫罪,刑法规定这种情况下的法定最高刑是10年有期徒刑,而如果犯罪人抢劫3次以上,法定刑则是10年以上、无期徒刑或死刑。

犯罪构成显然是与犯罪概念之间的关系极为密切,二者都说明犯罪是什么的问题。只是,犯罪的概念是通过犯罪的本质及其一般特征的抽象揭示来说明什么是犯罪,犯罪本身是一种行为。而犯罪构成是说一个行为在怎样的条件下成立犯罪,或者说行为成为犯罪要具有哪些条件,它包括了行为,但还包括其他主客观要素,严格而言它是认定犯罪成立的评价体系。二者具有不同的实体内容。值得注意的是,目前许多著述认为,犯罪与犯罪构成是本质与现象的关系,犯罪构成是犯罪的规范实体展开。本书认为这种认识是不准确的。它实际上把犯罪和犯罪构成看作是相同的事物。二者其实是评价对象和评价体系的关系。

我国的犯罪构成的特点是将行为和评价这种行为是一种犯罪的其他要素组合在一起，通过一种较为简便的方式来认定犯罪的成立，即只要具备行为、并满足其他各种主观要素和客观要素，行为就被评价为犯罪。我国刑法理论中的犯罪构成实际是认定犯罪成立与否的评价体系

二、犯罪构成的一般要件及其顺序

立足于我国刑法规定，结合混合的犯罪概念，我国犯罪构成理论把刑法中规定的犯罪成立所需的各种要素，梳理、区分为主客观两类共四个方面的要件：

（1）犯罪客观方面要件。它是指刑法规定的、成立犯罪在客观层面上所必须具有的行为，以及必要时包括由这种行为所造成的危害社会的结果以及事件发生的时空环境等客观要素的总和。犯罪客观方面要件说明了所有犯罪在客观方面的一般特征，说明犯罪主体在什么条件下通过怎样的行为方式对社会或统治关系造成了破坏或威胁以及怎样的破坏或威胁。

（2）犯罪客体要件。本书认为，该要件还可称之为犯罪实质要件，是指刑法所保护的、为犯罪行为所侵害的社会主义社会关系。我国是社会主义国家，人民是国家的主人，犯罪的本质就是对社会主义社会关系的侵犯，社会主义社会关系既包含了物质关系，也包含了精神关系，既有道德关系、情感关系，也有法律关系、纪律关系、宗教关系等，犯罪侵犯的社会主义社会关系，必须是刑法所保护的重要社会关系——这种社会关系通常为法律所规定调整。如果一个行为尽管形式上符合客观方面要件、主观要件等，具有一定的社会危害性，但是它侵犯的不是刑法所保护的社会关系，就不能成为犯罪。我国刑法第 13 条和刑法分则规定了刑法所保护的社会主义社会关系的一般种类和具体种类。犯罪客体要件能够说明犯罪具有社会学或政治学意义上的危害实质。

（3）犯罪主观方面要件。又称罪过要件，是指犯罪主体对自己所实施的具有危害社会的行为及其结果所持的心理态度。我国刑法规定了两

种罪过形式：故意和过失。对某些犯罪的成立，刑法还要求具有某种犯罪目的。任何犯罪行为都与一定的罪过有关，罪过是犯罪成立不可或缺的条件。

(4) 犯罪主体要件。是指实施了刑法分则规定的某种具体客观构成行为、依法应当承担刑事责任、必须具备某种条件的人。根据我国刑法，这里的“人”包括两种情况：一种是自然人，他(她)必须达到一定的刑事责任年龄，具有刑事责任能力，有的还需要具有一定的身份。另一种是单位，包括机关、企业、事业、国家机关和人民团体。

我国主流犯罪构成理论认为，一个行为只要具备上述要件或特征，那么它就会成立某种犯罪，它们是行为成立犯罪、追究刑事责任的唯一根据，它们组成认定犯罪的标准和规格。因为行为只要满足这四方面条件就成立犯罪，因此主流理论并不重视它们之间是否具有某种逻辑顺序。但是，本书认为，正如前文已论，第一，我国的犯罪构成理论和苏联的四要件犯罪构成理论、德日的三层次递进式的犯罪评价理论以及所谓英美法系双层次评价的犯罪理论都一样，都是立足于刑法规定而发展出的如何认定和评价行为为犯罪的理论，在根本上都是提供一种系统的认定犯罪的评价体系和思维范式，如果没有逻辑起点、没有逻辑顺序必然是不科学或至少是有缺陷的理论，“历史的进程，必然是逻辑的进程”。第二，历史和事物内部是有逻辑层次的，犯罪也是有内在逻辑的。刑法为认定犯罪规定的各方面要件，尽管看起来是独立、分散规定的，但实际上彼此之间存在潜在的逻辑关系。比方说，在犯罪诸要素中行为要件是犯罪成立的基础和核心要素，其他要件则是次要的、从属的，那么在认定和评价犯罪时就应当把行为要件作为逻辑起点。因此，我国主流犯罪构成理论，只是将认定犯罪成立的各种要素简单地归为四种情况，提供一种不讲逻辑顺序的所谓一次性评价思维范式，这是一种理论不足或理论缺陷。从科学合理地认定犯罪出发，在基本接受我国传统犯罪构成理论对犯罪成立要素的四方面要件的归类基础上，本书认为四方面要件也应当遵循一定的逻辑顺序——犯罪客观方面、犯罪客体、犯罪主体、犯罪主观方面。在后续几章中，本书将依次具体阐释犯罪各方面要件。

三、犯罪构成理论的意义

从理论上说，犯罪构成理论是犯罪理论中除犯罪概念外另一重要基础理论。它本身是刑法理论和实践发展的产物，是刑法理论是否成熟、科学的重要标志。它对于建构系统科学的犯罪理论、促进刑法理论交流、推动刑法学科的发展都具有重要意义。从实践上说，犯罪构成理论的意义尤为重大：第一，研究和掌握犯罪构成理论有助于深刻认识和分析犯罪、正确理解和把握刑法关于犯罪的基本规定、分析犯罪的复杂现象、区分罪与非罪、此罪与彼罪以及普及犯罪理论知识等。第二，研究和掌握犯罪构成理论有助于更科学的刑法立法，更科学合理地确定犯罪成立条件的内涵。第三，有助于指导司法实践，准确地定罪量刑，实现司法公正，提高司法效率，贯彻罪刑法定，保障人权。

第五章 犯罪客观方面

传统理论在论述我国犯罪构成的一般内容时，通常是从犯罪客体开始讨论的，这主要是因为：一是把犯罪的社会实质当作刑法中的犯罪的本质，即认为严重的社会危害性（即统治关系侵犯性）是犯罪的本质的特征，对社会主义社会关系（犯罪客体）的侵害对犯罪成立而言是最为根本的。二是传统理论提供的犯罪构成实际是填充式的要素组合，只要四方面要素都具备就可成立犯罪，并不在意彼此之间内在的逻辑顺序，只是认为它们之间是“一有俱有，一无俱无”的关系。但这种做法从现实经验和逻辑上看是值得商榷的：一是没有行为，哪里还会有对刑法所保护的社会主义社会关系的侵害。犯罪构成理论的功能，说到底是为了认识和评价犯罪提供一个系统化的评价体系和思维范式，而犯罪是一种特殊的行为，认识和评价这种特殊的行为，应当从犯罪的客观方面开始（行为属于客观方面要件），而不是从犯罪客体（即刑法规定的、为犯罪所侵犯的社会主义社会关系）开始，没有行为、行为结果等犯罪的客观方面，就谈不上犯罪客体。二是犯罪构成本身是一个要素系统，是客观现象的反映，有其内在的结构和逻辑。在这个系统中，以行为为中心的犯罪客观方面是首要的、基础的，犯罪构成应当遵循这种逻辑层次。传统的犯罪构成理论不考虑四方面要件的逻辑顺序是有缺陷的。因此，本书从准确表述犯罪构成的内在结构，并旨在提供一种合理的犯罪评价思维范式出发，首先从犯罪的客观方面讨论我国刑法中的犯罪一般构成。

我国刑法并没有明确规定犯罪客观方面这个概念，这个概念及其包含的要素是理论上根据总则的一些规定和分则中各具体犯罪的罪状内容概括归纳出来的。例如，刑法第 14 条是关于故意犯罪的概念：“明知自己的行为会发生危害社会的结果,并且希望或者放任这种结果发生,因而构成犯罪的,是故意犯罪。”在该规定中,“行为”、“危害社会的结果”,就是犯罪的客观方面内容。主流犯罪构成理论认为,犯罪客观方面是指“刑法所规定的、说明行为对刑法所保护的社会关系造成侵害的客观方面条件或特征。”[①]它包括危害行为、危害结果(与危害行为之间应当具有因果关系)、时间、地点、行为方式等客观要素。其中,危害行为是所有犯罪都必须具有的要件,故称之为必要条件;危害结果、时间、地点、行为方式等一种或几种只是部分犯罪成立所必须的条件,故理论上称之为选择要件。例如,刑法第 429 条规定:“在战场上明知友邻部队处境危急请求救援,能救援而不救援,致使友邻部队遭受重大损失的,对指挥人员,处五年以下有期徒刑。”这里,“在战场上”、“友邻部队危急请求救援”、“能救援而不救援”、“重大损失”等,就是此罪的客观方面要素和特征。此外,对于具有危害后果要件的犯罪,危害行为与危害后果之间应当具有因果关系,这也是犯罪客观方面必须要考察的内容。

很显然,犯罪客观方面在犯罪构成中应当处于基础的、核心的地位,没有犯罪客观方面,也就无所谓犯罪客体、犯罪主观方面等其他要素,尤其是犯罪客观方面中的危害行为这个犯罪本体性要素,是其他一切要素的中心。

研究犯罪客观方面,在理论和实践上具有以下意义:

(一) 区分罪与非罪

如果不具备犯罪客观方面要件,犯罪及其刑事责任就不存在其客观基础,就谈不上犯罪。如果不具备犯罪客观方面某一方面要素,犯罪也不能成立。例如,没有剥夺他人生命的行为,就不构成刑法第 232 条规定的故意杀人罪;不是在禁渔期、禁渔区或使用禁用的工具、方法进行捕鱼,就不能构成刑法第 340 条规定的非法捕捞水产品罪。

(二) 区分此罪与彼罪

同样是侵犯财产权,同样是出于故意,但盗窃罪、抢夺罪、侵占罪、抢

---

① 高铭暄、马克昌. 刑法学:第 9 版. 北京:北京大学出版社、高等教育出版社,2019:58。

劫罪等明显不同，这主要因为这些罪在客观方面某些要素如行为方式是不同的。根据客观方面要素的不同，可以区分不同的犯罪。

（三）有助于认定犯罪完成形态与犯罪的未完成形态

犯罪的既遂与未遂、预备、中止之间的区别，犯罪未遂与预备、中止之间的区别，犯罪客观方面是主要的判断根据。如杀人未遂与既遂之间的区别，就在于是否发生了他人死亡的后果。

（四）有助于正确分析和认定犯罪的主观条件

犯罪主观方面支配犯罪客观方面，犯罪客观方面是犯罪主观方面的外部表征，犯罪意图只有通过犯罪行为才能实现。但是，犯罪的主观方面不能进行直接观测，也不能仅听从犯罪嫌疑人的描述。因此，考察犯罪的客观要件，可以为正确分析和判定犯罪主观要件中的罪过、动机、目的等内容提供线索和根据。

（五）有助于正确量刑

犯罪客观方面不仅通常决定了犯罪的性质，也会影响犯罪的社会危害程度，进而影响犯罪的量刑。

第一节　危害行为

法律是调整人的行为的规范总和，刑法是专门规范国家通过刑罚来预防和惩治一些特定的行为（犯罪）的法律。[①] 因此，没有行为，就不会有刑罚，也不会有犯罪，行为是现代刑法体系确立的基石。但是，刑法主要

① 对于什么是行为，国内外刑法理论都进行了认真的探讨，迄今为止仍有一定的认识分歧，主要有因果行为论、目的行为论、社会行为论、人格行为论等行为学说。但这并不妨碍行为概念成为现代刑法体系的基石，并被广泛接受。我国刑法体系也是建立在行为概念基础上的，并主要对如何认定犯罪行为并追究其刑事责任进行规范调整。参见张明楷. 刑法学（上）. 北京：法律出版社，2019：140—142。

关注和惩治的是一些特定的危害行为——犯罪，而不是所有行为。根据我国刑法第13条规定，只有那些“侵害国家主权、领土完整和社会主义制度，分裂国家、颠覆人民民主政权和推翻社会主义制度，破坏社会秩序和经济秩序，侵犯国有财产或者劳动群众集体所有的财产，……以及其他危害社会的行为，依照法律应当受刑罚处罚的”，才是犯罪。在这里，刑法指出犯罪首先是一种危害行为，它是一切犯罪的本体，是犯罪客观方面乃至整个犯罪构成理论中最重要的核心要件。

一、危害行为的概念与特征

基于心理学、行为学和法学等学科知识的综合考察，立足于刑法的规定，我国通说理论指出，刑法中的危害行为是指在人的意识支配下做出的、对社会具有危害的身体动静。① 它具有以下三个基本特征：

（一）危害行为在客观上表现为人的身体的“动”或“静”。 这是危害行为的现象学特征，被称为危害行为的“有体性特征”。② 行为的实质是人的意识外化引起外部世界的一种变动，这种变动是通过人的身体的“动”或“静”实现的，其内容是人对自身和环境因素的操控或利用。如果没有身体的“动”或“静”，就不会对外部世界的运行影响。这个特点将单纯“思想”排除在行为（危害行为）之外。这里的“动”是指身体的可见动作，例如，拳打、脚踢、捆绑、跑动、行走等；这里的“静”是指相对的有意义的不行动，比如，晚上应当值班，却未根据工作需要去值班，造成一定的外界影响。

（二）危害行为特指在人的意识支配下的身体动作，即有意性特征。 我国刑法中危害社会的行为，必须有人的意识支配。人在无意识情况下的身体动静，即使现实中导致有影响的社会危害，也不属于法律上的行为，更不要说是刑法中的危害行为。一般来说，主要排除以下情况：

---

① 参见高铭暄、马克昌. 刑法学：第9版. 北京：北京大学出版社、高等教育出版社，2019：60。

② 高铭暄、马克昌. 刑法学：第9版. 北京：北京大学出版社、高等教育出版社，2019：60。

(1)人在精神错乱状态下的举动。(2)睡梦中的人的举动,如所谓“梦游”。(3)人的本能的应激性反应行为,例如,用小锤敲膝盖,正常人的小腿会自动弹起。(4)人的身体在不可抗力作用下的动静,例如,某司机在正常行驶过程中,突然遭受后面车辆撞击,自己车辆被撞击到路边,导致路边行人被撞伤,等等。

(三)危害行为是对社会有危害的身体动静,即有害性特征。在人的意识支配下实施的身体动静,只能说明行为的一般外在影响性。危害行为的社会危害性,是指行为对社会主义社会关系具有危害的属性,也就是刑法第13条规定的那些对国家主权与领土完整、人民民主专政政权和社会主义制度、社会主义经济秩序、社会秩序、公民的人身权利、民主权利等的危害性。这种有害性评价在本质意义上是一种政治评价,是立法者或统治阶级根据自己的利益和价值标准对行为进行的价值评价。值得注意的是,有些著作将这种有害性理解为“违法性”,这是不准确的。因为站在法治国的立场上,统治阶级给予的政治上、价值上的否定,并不必然因此具有了违法性,例如,危害社会主义道德秩序、宗教秩序的行为,就不一定具有违法性。有害性和违法性是两个不同的概念。

值得注意的是言论是否可以成立犯罪的问题。有观点认为,言论作为语言的外壳,思维的形式,实质属于思想的范畴,且言论自由属于宪法明文规定的基本权利,不易治罪。[①] 本书认为,言论也是一种有意的人的身体动作(对口、舌、大脑、身体姿势运用,甚至是出版活动),它是对语言的有意识使用,而不仅仅是语言的外壳。它也能产生一定的正面或负面的社会影响,把它单纯理解为思想是不符合实际的。它是一种行为,有害的言论,如侮辱、诽谤、教唆等,都是可以定罪的。当然,如果言论仅仅是为了表达思想、观点,并不具有影响外界的意图,也未产生较严重的社会影响,如在日记里表达愤恨某人的思想,是不能被治罪的。

---

① 参见高铭暄、马克昌.刑法学:第九版.北京:北京大学出版社、高等教育出版社,2019:61—62。

二、危害行为的表现形式

刑法中的犯罪首先表现为危害行为，反过来说，危害行为是一切犯罪的原态形式。刑法中的犯罪是各种各样的，不同的犯罪通常有着不同的行为表现形式，或者说有着各自特定的行为类型。例如，同是以非法占有公私财物为目的的犯罪，盗窃罪是以秘密窃取的手段获取他人财物；诈骗罪是以虚构事实、隐瞒真相的手段，让他人自愿交出财物；抢劫罪是以暴力、胁迫等令受害人不敢反抗、不能反抗或不知反抗的方式，当场抢走他人财物；抢夺罪是以乘人不备、公然夺取的方式夺走他人财物，等等。分析归纳各种不同的危害行为类型，理论上一般把它们区分为作为、不作为以及一种尤为例外的情况——持有。我国现行刑法包括这三种情形。①

（一）作为

1．作为的概念

所谓作为，是指行为人以积极的、可观察的身体行动实施的触犯禁止性规范的危害行为，简单说，就是“不应为而为之”的行为。例如，前述盗窃罪是指行为人以秘密窃取的方法取走他人占有的财物的行为，秘密窃取就是一种以积极的身体活动侵犯他人财产所有权的作为。刑法中的大多数犯罪都是以作为实施的犯罪，而且许多只能以作为的形式实施。如分裂国家罪、武装叛乱罪、抢劫罪、贪污罪、诈骗罪、强奸罪等等，只能以积极的身体动作实施，如果没有积极的身体动作，这些犯罪是不可能实现的。申言之，作为是危害行为的一种基本行为形式，除了具有危害行为的三个基本特征即有体性、有意性和有害性（即统治关系危害性）外，在形式上还表现为积极的身体动作，在实质上表现为违反禁止性规范。所谓禁止性规范，是立法命令行为人不得为一定行为的规范。

① 我国刑法中没有明确规定作为、不作为，这两个概念从国外理论和立法规定引入和借鉴的。例如，苏联社会主义共和国刑法典和今天俄罗斯刑法典，都明确规定刑法中的危害行为的两种基本形式：作为和不作为。

2. 作为的行动形式

作为一种积极的身体行动，作为既可以是行为人仅利用自己的身体实施，也可以是通过身体利用工具、自然力等媒介实施某种行为。从立法规定和实务经验来看，主要表现为以下几类情况：

（1）利用自己的身体肢体或器官实施的作为。如拳打脚踢、侮辱谩骂、用头去顶、表情暗示、比划指点等等。

（2）利用物质性工具实施的作为。行为人利用物理性工具作为媒介作用于对象，例如用绳子捆绑、用木棒殴打、用枪射击、用车辆撞人、用电触人等。

（3）利用自然力实施的作为，如放火、决水、冰冻、暴晒、雷电等。

（4）利用动物实施的作为，如放猎犬撕咬，用蛇、野蜂攻击他人等。

（5）利用不知情或不具有刑事责任能力的他人实施的作为。其特点在于将他人作为工具实施于某个犯罪对象。例如，唆使精神病人攻击他人，或利用未达到刑事责任能力的人实施盗窃，或利用别人的过失来实施某种犯罪等。

（二）不作为

1. 不作为的概念

不作为是指行为人负有以作为形式实施某种行为的特定法律义务，在能够履行的情况下却不履行的危害行为，即所谓“应为、能为而不为”的情况。例如，根据婚姻法，每对父母都具有抚养未成年子女的义务，如果一对父母具有抚养能力却拒绝抚养未成年子女，就是一种不作为，情节严重的话，就可以构成遗弃罪。

显然，不作为包含三方面要素：一是行为人负有实施某种特定的作为的法律义务，这是不作为成立的前提性要素。如果行为人没有履行特定作为的法律义务，也就不存在不作为的问题。这里的特定法律义务内容是一种作为，即行为人要以积极的身体动作完成某件事情。二是行为人要能够履行这一特定的作为法律义务，也就是说，在当时行为人个人情况、环境情况等条件下，行为人是可以履行这种特定的法律义务的。这是不作为的基础性要素。三是行为人没有履行这种作为的特定法律义务，这是不作为的关键性要素。

问题是不作为通常表现为静止、不为一定作为，似乎缺乏有体性，为什么仍可以说不作为具有行为性呢？事实上，不作为的“有体性”体现在行为人有义务实施某种特定的作为上，或者说体现在要求行为人以积极的身体动作履行某种特定的作为法律义务上，但由于行为人能够履行而未履行，导致正常运行的外部世界发生不符合预期的变化，社会关系遭到侵犯，这在社会价值上与作为一样具有危害性，正如数学中“正数”和“负数”，不作为不是“什么也没有做”，而是“做了”。

不作为意味着没有履行应当履行的特定作为法律义务，也就是在相对意义没有实施特定的作为行动，表现为身体的“相对静止”。但是，这并不意味着不作为只能在客观上展现不动的方式，在一些情况下，行为人往往以积极的身体活动实施不作为犯罪，如逃税罪，行为人采取涂改账本、销毁账册等方式，就能达到少缴或不缴的目的，也成立不作为。可见，区分作为还是不作为，不应当仅看那种行为是否实施积极的身体动作，还要看二者违反何种特定法律义务。正如前面所述，作为是“不应为而为之”，它违反的是禁止性规范，且只能以积极的身体活动违反。不作为则大不相同，它首先违反的是命令性规范，即应当履行特定的作为义务而未履行，同时也因不作为导致某种禁止性规范被侵害。例如，前面提到的遗弃罪，一对父母有能力抚养未成年子女而拒不抚养，首先违反的是命令性规范，侵犯了未成年子女的受抚养权，与此同时，这对父母还会因拒不抚养未成年子女而导致后者饿死或造成其他伤害，致使其生命权或身体健康权等权益受到侵犯，即触犯了某种禁止性规范。

2. 不作为的作为义务来源

行为人负有实施某种特定作为法律义务，是不作为成立的前提性要素，其对不作为成立的意义不言而喻。行为人没有特定作为法律义务，也就不会存在不作为。值得注意的是，这里我们将作为义务理解为特定的“法律义务”，是为了与道德义务等一般社会意义上的义务区分开，如果不存在特定的作为法律义务，而只是一般的伦理义务或宗教义务，也不能成立刑法中的不作为。那么，如何确定是否存在这种特定的作为法律义务？或者说不作为的作为义务来源于何处呢？我国刑法除了一些罪名存在某种具体的作为义务规定外，并没有专门的统一规定，根据主流理论和司法实践经验，一般归纳为以下几种情况：

(1) 法律明文规定的特定作为法律义务。这是一种比较容易确定的情况。例如，我国个人所得税法规定了境内居民和非居民个人有依法纳税的义务，如果纳税人能够纳税，而拒不纳税且情节严重，就构成逃税罪。国家机关工作人员有依法履行职责的义务，但如果他（她）滥用职权，应当履行、能够履行而拒不履行自己的职责，后果严重的，就可构成滥用职权罪。这里的"法律"可以是宪法、法律、行政法规、条例、规章等。

(2) 职务上或业务上要求的义务。这是一种比较广泛的义务来源。例如，值班锅炉工有注意锅炉压力变化的义务；上级机关领导有监督下属机关和人员的职责；幼儿园的教师需要对入园的儿童进行周全监管等等。如果他们能够履行而不履行这种义务，造成严重后果的，就可能构成不作为犯罪。认定职务或业务上的义务，一要注意义务时限，主要是指这种义务应产生在行为人履行职务或开展业务期间；二要注意义务的对象，限于行为人的特定职务或业务领域。事实上，职务上或业务上要求的义务，也基本来源于法律、法规、规章等规定。

(3) 法律行为所引起的义务。法律行为是指实施后将产生法律上的后果的行为，是一类能够产生或终结一定权利和义务的行为。比较典型的是合同行为。如果一定的法律行为产生了某种特定的作为法律义务，行为人在能够履行但拒不履行，以致刑法所保护的社会关系受到危害或威胁，后果严重的，就可能成立某种犯罪。例如，某游泳教练与幼儿家长签订协议，受雇看护幼儿并教其游泳，该游泳教练就因签订合同被赋予看护幼儿使其免受意外伤害的法律义务，如果他能够履行，但严重不负责任，致使幼儿溺亡，就有可能被追究刑事责任。在司法实践中，法律行为引起的义务，大多数情况下是指因合同行为而确立的义务。

(4) 先行行为引起的义务。这种义务是指由于行为人的先行行为使他人的人身、财产等权益处于严重危险状态时，行为人就负有采取积极行动消除危险状态或防止严重危害结果发生的特定义务。如果行为人能够履行但拒不履行这种义务，就是一种不作为。较常见的例子：行为人带邻居家儿童出门玩耍，就有义务保护孩子安全；开车撞了人，有采取措施积极救助的义务,等等,如果行为人有能力履行而拒不履行,那么就成立不作为。

对于先行行为引起作为义务,还有几个问题需要注意:第一,先行行为不限于违法行为,先行行为是合法行为的情况下,也会引起特定的作为义务。例如,前述行为人带邻居家儿童出门游玩,这种先行行为是合法行为,但产生特定的保护义务。第二,犯罪行为也可以引起作为义务。例如,甲意图偷猎当地某珍稀濒危动物,在某保护区偏僻处挖了几个陷阱,不想有“驴友”经过,掉进陷阱,甲听到喊声,装作不知,结果该人因失血过多死亡。甲的挖陷阱偷猎行为本身是犯罪行为,同时,也产生救助义务。甲因没有履行救助义务导致他人死亡,另构成故意杀人罪或故意伤害致人死亡罪。第三,先行行为不限于作为,也可以是不作为。

另外,不作为的作为义务,从其实质属性来看,还可以分为监督义务、管理义务和阻止义务。从其义务来源来看,除了上面第一种情况是相对确定的外,其他几种情况的边界都不是清晰的,需要裁判者在审理时具体认定。

3. 不作为犯罪的理论分类

理论上,以不作为的形式实施的犯罪被称为不作为犯罪。从实务情况看,不作为犯罪发生有两种情况:一是刑法规定的危害行为要件只有不作为形式的犯罪。这类罪名在刑法分则中为数不少,例如,仅在刑法分则第二章就有丢失枪支不报罪、教育设施重大安全事故罪、消防责任事故罪以及不报、谎报安全事故罪等罪名。由于它们的成立只能以不作为的形式实现,理论上将这种情形叫纯正(或真正)的不作为犯。二是刑法规定的危害行为通常是作为的形式,但也可以并实际上以不作为的形式实现的犯罪,这种情况理论上称之为不纯正(或不真正)的不作为犯。例如,故意杀人罪的危害行为是故意剥夺他人生命,通常是以作为的形式实施,但是,在某些情况下,它也可以是不作为的形式实施。例如,张某和李某是夫妻,具有相互扶助的义务。一日,两人争吵,李某爬上阳台声称要跳楼,张某听后并未阻拦,而是摔门而去,结果李某跳楼身亡。张某就是以不作为的方式实施了故意杀人罪。这就是一种不纯正(或不真正)的不作为犯。

这里需要注意的是，这种不作为犯罪的理论分类，意味着作为犯罪也可能有两种形式，一是刑法规定的危害行为要件只能是作为的形式实施，例如，强奸罪、抢劫罪、抢夺罪等，它们显然只能以积极的身体动作实施犯罪，而不可能以不作为的方式实施，因此，可称之为纯正（或真正）的作为犯。二是像故意杀人罪、故意伤害罪等犯罪，它们危害行为既可以是作为的形式，也可以是不作为的形式，因此，也可以称之为不纯正（或不真正）的作为犯。二者的区别在于，前者刑法已经明确规定了积极的身体动作方式（如暴力、胁迫或其他手段等），这些动作是不可能以不作为的形式实施的。后者则对危害行为形式规定模糊，范围较广。

把握作为和不作为两种危害行为形式，还需要注意以下几点：一是不要把作为和不作为的划分同故意和过失的划分相混淆。作为和不作为是危害行为的两种表现形式，都是客观的、外在的，而故意与过失是指行为人对危害行为本身及其后果所抱有的心理态度，是主观的、内在的。[①] 作为和不作为在主观上都可能是故意或过失引发的，从另一角度说，故意和过失在客观上也都可以以作为或不作为表现出来。二是尽管许多作为犯罪表现出比不作为犯罪的社会危害性更重，但是并不能一概认为作为犯罪要重于不作为犯罪，在一些情况下，不作为犯罪和作为犯罪的社会危害性是没有什么分别的。例如，用刀、绳子等将人杀死与任由人活活被饿死、被冻死，在社会危害性方面是没有差别的。三是作为犯罪是较为常见的犯罪类型，不作为犯罪相对较少，但是理论上探讨和实务上认定更为复杂，这是需要特别注意的。

（三）持有

1. 持有的概念

简单地说，持有就是人对物事实上地控制、支配，本质上是一种人对物事实上的控制、支配关系，不是特指某种身体动作或行为类型。因此，在现象学意义上，持有明显与传统的危害行为（作为、不作为）不同。比

① 尽管过失的本质是违反了注意义务，但这是主观上的违反，而不是行为上的违反，行为上的违反义务才是不作为。

如，行为人拥有一支枪，就意味着他（她）持有枪支，并不需要表现为他（她）手里拿着或背着等行动。根据我国刑法，如果证实行为人非法持有枪支（即证实行为人对一定枪支具有控制、支配关系）这件事，且没有证据证明其来源或用途的，那么行为人就成立持有型犯罪。所以，我国刑法实际是把一种事实上的控制、支配关系作为行为对待，拓展了传统理论上行为的外延。

具体一点说，在客观层面，作为犯罪、不作为犯罪都要求有具体特定的行为类型（构成）。例如，抢夺罪的行为类型，是“乘人不备，公然夺取他人财物”，不同于盗窃罪的“秘密窃取”、诈骗罪的“捏造事实，虚构真相，骗取他人财物”；遗弃罪要求有特定的抚养、赡养等作为义务；丢失枪支不报罪的成立要求行为人及时报告、能够报告但没有报告等，它们的行为形式都是特定，这种特定性也有助于区分此罪与彼罪。而持有型犯罪则没有特定的行为类型，而从另一方面看，它可以表现为各种各样的形式。它既可以表现为行为人手握、肩背、身藏等身体行动，也可以表现为没有身体行动，但是从一些客观情况来看，能认定行为人持有某种物品。例如，从张某锁着的抽屉里，发现一支手枪，而手枪上有张某的指纹，这种情况就可以认定张某持有枪支（无论是合法还是非法），只要能够表明行为人对物存在控制、支配关系，持有就成立，因此，持有的表现形式是开放的、无限的。持有的抽象性和无限表现形式，使它明显与表现为具体的行为类型的作为、不作为不同。它的这个特征表现在司法实务中，就是司法者不需要证明一种特定的行为类型存在，而只需要能够根据一些情况认定一种控制、支配关系存在就行了——这种易证明性是立法者将持有作为一种行为形式的基础性原因，这意味着持有型犯罪能够起到减轻证明责任、严密刑事法网的作用。

在规范层面，持有与作为、不作为也截然不同。作为、不作为在规范实质上是属于危害行为，前者是对禁止性规范的违反，后者是同时对命令性规范和禁止性规范的违反，但是持有是中性的。持有本身（包括持有主体、持有对象和持有关系）是不能自证是正当持有还是有害持有，或者是合法持有还是非法持有。例如，只说一个普通公民持有枪支，不能因此认定他（她）是合法持有还是非法持有，只有结合其他事实情况（主要是持有枪支的来源)才能确定是合法持有还是非法持有。他(她)如果是经过有关部门批准,可以持有一支枪用于在自然保护区内狩猎,那么该持有就是合法持有;如果他(她)是通过不正当或非法途径获得的,那么该持有是非法持有。同样道理,一个警察持有枪支也可以分为合法持有和非法持有,关键看持有枪支的来源,例如警察在训练后保留了剩下的枪弹,就是非法持有。持有本身,既不能展现出对禁止性规范的侵犯,也不能展现出对命令性规范的侵犯,因为它可能被评价为合法持有。只有非法持有,才可能成立非法持有型犯罪。而非法持有本质上是没有得到允许而持有,是对授权性规范的侵犯。

持有的客观层面属性和规范层面属性,决定了它不同于传统危害行为的作为、不作为,只能是一种独立的行为形式。持有尽管本质上是一种抽象的、事实上的控制、支配关系,但是这种控制、支配关系中有行动的内涵(例如,它意味着行为人采取了行动获得,或保管某物,或者私藏某物,只是不需要专门证明这种行动而已),而且,它也通常以某种作为的形式表现出来,例如,肩扛手提枪支,因此,它是有行为性的。

三、危害行为在犯罪构成中的地位

无论是立法规定,还是理论通说,危害行为都被认为是一切犯罪成立的基础条件。在四要件犯罪构成理论(体系)中,它被归属于犯罪的客观方面。在犯罪构成的各种要件中,它处于首要的、基础的以及核心的地位。没有危害行为,也就无所谓犯罪主体、犯罪客体、犯罪主观方面,也就无所谓犯罪。危害行为是立法和司法都需要首先确定的内容。

第二节　危害结果

一、危害结果的概念

目前,主流刑法理论认为刑法中的危害结果有两种不同含义:

一种是广义的危害结果，或者说抽象意义的危害结果。它泛指某种危害行为对刑法所保护的社会主义社会关系所造成的威胁或损害。犯罪行为之所以是具有社会危害性的行为，就是因为它能给刑法所保护的社会主义社会关系造成一定的损害。刑法总则第 14、15 条关于故意犯罪、过失犯罪的规定，就包含了这样的危害结果的含义。在这个意义上的危害结果，必然是所有犯罪的共同构成要件。根据该种观点，举动犯、行为犯、危险犯、犯罪预备、未遂等都包含了危害结果，因为它们都对社会主义社会关系构成了侵犯，能够解释它们为什么构成犯罪并给予刑事惩治。但是，这样一种危害结果的概念实际意义不大，甚至是“多余”的。一是它已经包含在危害行为的内涵中了，因为危害行为必然对社会关系构成侵犯，有危害行为就意味着有危害结果，这样一来，对认定犯罪成立而言，就没有必要专门再设置一个危害结果要件。二是传统犯罪构成体系还包含了犯罪客体，即被犯罪行为所侵犯的社会主义社会关系，已表明了危害行为的危害属性。三是难以区分犯罪未完成形态（预备、未遂、中止）与既遂状态，难以区分举动犯、危险犯、行为犯与结果犯，还会掩盖刑法因果关系的问题，这种危害结果的概念实际是把危害行为和危害结果合一了。

另一种是狭义的危害结果，或者说是现实意义上的危害结果。它是指刑法明确规定的能够表明对社会主义社会关系造成侵害的某种具体的、现实的危害结果。这种危害结果概念，不仅包含了侵犯了社会主义社会关系的抽象内涵，也在客观事实层面指明了具体危害的现实样态，例如，故意伤害罪犯罪构成包括造成他人的身体、器官的伤害；重大责任事故罪造成人员伤亡、财产损失的客观结果，等等。按照这种定义，危害结果并非所有犯罪的构成要件要素，而只是部分犯罪的犯罪构成要件要素，它是客观的、具体的、可测量或观察的损害结果。例如，故意杀人罪、故意伤害罪、交通肇事罪、贪污罪等犯罪的成立，都要求行为导致一定的可测量的现实危害结果。这种定义也有助于区分犯罪既遂、未遂和中止，可以探讨危害行为与危害结果的关系，以便对责任进行归责，因而具有更大的理论意义和实践意义。本书认为，作为犯罪构成客观方面的一个机能性要素，危害结果应当采取这种狭义的危害结果概念或者现实意义上的危害结果概念。此外，这种狭义上的危害结果，理论上一般认为还包括具体的危险状态或其他某种客观结果状态。例如，放火罪、决水罪、投放危险物质罪、爆炸罪等的犯罪构成，只要求一种具体的危险状态存在，而不要求实质发生了损害性的物质损害。对于脱逃罪、偷越国边境罪等罪名，它们的犯罪构成要求的是一种不同的物理结果状态。例如，脱逃罪是从被监管、被剥夺人身自由的状态到脱离这种监管状态。这样做有助于区分这些犯罪的既遂与未遂等犯罪停止状态。

二、危害结果的种类

狭义的危害结果在刑法中也有多种情况，理论上从不同角度给予了不同分类，这里介绍几组较为重要的分类。

（一）构成结果与非构成结果

在刑法中，有机能意义上的危害结果是危害行为在现实上造成的具体危害。以这种危害结果是否犯罪构成的要件为标准，可划分为构成结果和非构成结果。所谓构成结果，是指在刑法分则中被作为犯罪构成要件描述在罪状中的危害结果。例如，故意杀人罪的构成结果是他人死亡；故意伤害罪的构成结果是他人受到轻伤害以上。构成结果只是部分故意犯罪的构成要件。有一些故意犯罪，例如，像分裂国家罪、诬告陷害罪等，并不要求有危害结果的发生。过失犯罪（包括过失危险犯）、间接故意犯罪的犯罪构成，要求具有特定危害结果。对这些犯罪而言，是否具有构成结果决定了犯罪是否既遂，甚至是否成立（过失犯罪、间接故意犯罪的成立，必须具有危害结果）。

非构成结果，是指刑法没有在犯罪基本构成要件中规定的危害结果。它不影响犯罪的既遂与否，只是在行为构成犯罪的前提下，能够反映危害行为造成的社会危害大小，从而能影响到量刑的轻重。它又可分为两类情况：一类是作为法定的量刑情节的危害结果。例如，结果加重犯中的加重结果，一些犯罪中的“特别严重”的后果等。另一类是不属于法定的量刑情节的危害结果。包括在中止犯、未遂犯中出现的一些“中间”结果，在任何性质、任何形态的犯罪中出现的随意结果等，例如，在入户盗窃过程中,将户主家里的古玩器皿撞倒摔碎。

上述区分,有利于司法实践中正确把握不同类型的危害结果对定罪量刑的不同意义和影响。

(二) 物质性结果与精神性结果(或非物质性结果)

这是根据危害结果的现实内容所作的分类。物质性结果,是指在客观上能表现出物理性的变化的结果。如将人杀死或打伤,将机器损坏,造成房屋、财产损失等等。精神性结果(或非物质性结果)是指难以客观观察、测量的但具有某种精神意义的结果。如败坏了某人的名誉、造成精神创伤、侵犯了企业的商业信誉等。

(三) 直接结果与间接结果

这是依据危害结果是危害行为的直接后果,还是间接、衍生出的后果所做的分类。直接结果是危害行为直接作用于行为对象而使其发生某种改变的后果,它与危害行为之间是直接的引起与被引起关系。例如,犯罪人当场对受害人实施暴力,并抢走财物,受害人的人身伤害和财产损失就是直接结果。间接结果是指由危害行为导致的直接后果衍生的进一步的损害事实。例如,犯罪人贪污公款用来炒股,获得的股息就是间接结果。间接结果与危害行为之间也存在引起与被引起关系,但是不发生直接的联系,而是通过直接结果与危害行为发生联系。直接结果与间接结果都可能是构成结果、物质性结果,也都可能是非构成结果、精神性结果。二者在司法实践中都具有重要意义:有助于认定罪与非罪、此罪与彼罪、犯罪停止形态和量刑。

三、危害结果的地位和意义

危害结果的地位问题与其概念紧密相连。广义上的危害结果是一切犯罪都必备的,它在功能性的犯罪构成体系中意义不大。狭义的危害结果,即刑法规定的、说明危害行为对社会主义社会关系造成危害及其程度的现实的、可客观描述的损害结果。狭义的危害结果对于认定犯罪是否成立、犯罪的停止形态、此罪与彼罪、一罪和数罪、量刑等问题都具有重要意义。

第三节　危害行为与危害结果之间的因果关系

犯罪构成具有危害结果(狭义的)要素的犯罪(包括结果犯、具体危险犯),不仅同时具备危害行为要素和危害结果要素(构成结果),而且二者之间还应具有因果关系,也就是说,犯罪的危害结果应当归因于该犯罪的危害行为,否则,即使有危害行为,也不能据此追究危害行为实施者(行为人)的刑事责任。在这个意义上,危害行为与危害结果之间的因果联系,是这类犯罪成立的前提。但是,从另一角度看,由于客观世界和社会生活的复杂性,许多时候危害行为与危害结果之间尽管存在一定的因果联系,但不能因此就将危害结果归因于危害行为。例如,行为人将受害人打成重伤住院,但无生命危险之虞,结果夜里医院发生火宅,受害人因此死亡。就该案来看,行为人将受害人打伤,行为人的危害行为与受害人的伤害结果乃至随后在医院中被火烧致死之间都存在因果联系:如果行为人没有将受害人打伤,那么,就不会发生受害人受伤住院的情况,也就不会因为医院发生火宅而因此受害,但我们不能因此就说是行为人导致受害人的死亡,并应当为此承担刑事责任。换言之,这类犯罪构成要求危害行为与危害结果之间存在因果关系,但不是所有的因果联系都能满足犯罪构成要件的因果关系要求。犯罪构成中的因果关系是一种特殊的因果关系,理论上称之为刑法因果关系。危害行为与危害结果的因果联系,在怎样的情况下能认定为犯罪构成所要求的因果关系即刑法因果关系的问题,是一个需要专门准确厘定的问题。

一、刑法因果关系的概念

在哲学上,原因与结果是一对重要的关系范畴,是普遍联系的、矛盾斗争的、变化发展的、无休无止的客观世界的一个基本特征、基本规律。引起一定现象发生的现象被称为原因,被一定现象引起的现象被称为结果，二者之间引起与被引起的联系就是客观世界中的普遍存在的因果关系。刑法中的因果关系是一种特殊的因果关系，是指行为人的危害行为与危害结果之间存在客观上引起与被引起且能够在刑法的立场上将后者归责于前者的因果联系。它与哲学上的因果关系是个别与一般、特殊与普遍、具体与抽象的关系。它显然不是一个纯客观的因果联系，同时也包含了价值上或规范上的评价和归责。换言之，犯罪构成中的危害行为与危害结果之间必须存在客观的因果联系，而这种因果联系是否成立刑法上的因果关系（本质是危害结果可以归责于危害行为），还需要在客观因果联系的基础上，进一步进行规范意义上（或价值上或归责上）的判断。对刑法中的因果关系研究，既要遵循辩证唯物主义因果论的指导，也要注意刑法中因果关系的规范性或价值性。

二、刑法因果关系的属性

（一）一般属性

1. 客观性。哲学上的因果关系是一种客观存在，刑法中的因果关系也必须具有这种客观存在的特征，不能凭空想象，也不能仅根据行为人的动机、言论或他人的猜测，就强行在危害行为与危害后果之间建立联系。例如：怀疑某人可疑的行为导致他人死亡，却不能提供确实充分的证据，就不能认定因果关系的存在。

2. 相对性。在哲学上，客观世界的事物是在彼此联系、相互作用的庞大因果关系网络中持续发展变化的“锁链”。任何一个因果联系只是普遍联系中的一个“链条”。原因可能是别的原因的结果，结果可能又是另一结果的原因，一个因果关系的发生，是以其他原因为条件或受其影响的。例如，甲与乙发生争吵、相互推搡，继而乙动手朝甲胸部打了一拳，甲立刻还击并将乙击倒，乙患有高血压、动脉硬化等疾病且年龄大，倒地后不省人事，被人送去医院后不久死去，乙的死亡结果，显然既有甲动手的原因，也有乙本身疾病和先动手打人使事件升级的原因，在这个案件的因果关系中，甲的行为与死亡结果之间的因果关系，是相对的、有条件的，乙本身的疾病也与死亡结果之间存在因果联系。

3. 前后相继性。就某一具体的因果关系来说，原因和结果之间具有相继性，原因在前，结果在后，不能反过来。在刑事案件中，应当理顺事件过程的先后顺序。例如，在某一交通事故案件中，受害人被车辆撞到后，又受到后面几辆车连续碾压以致身死，应当尽可能查明查清案件发生前后历程，以查明死者的真正死因和确定责任归属。

4. 复杂性。世界是普遍联系的，任何一种事物(包含现象)内部和外部都存在着多种联系，共同推动着事物的发展，而任何一种事物的变动，也会引发多种关系的变化。因此，从因果关系的角度考察，就会出现"多因一果"或"一因多果"的情况。如现实生活中一些犯罪的发生，往往是多种原因导致；而犯罪人的一个行为，也会导致多种结果。在司法实务中，需要考虑到这种复杂的情况，分清主次，分清必要因素和条件因素，合理地予以处理。

5. 条件性和具体性。任何一个事物的发展变化，都发生在一定时空和普遍联系中，都有一定的条件性和具体性。因此，对因果关系的分析，应当考虑具体的条件、时间和地点，它们实际上都参与了危害结果的发生。对行为人的行为与结果进行分析，必须考虑现有的一些条件因素，才能准确地评价二者之间的联系。

在认识因果关系一般属性的基础上，才能进一步认识刑法上的因果关系。

(二) 特殊属性

1. 规范性。在传统犯罪构成理论框架中，刑法因果关系是刑法所规定的危害行为与危害结果之间可以归责的因果关系，它以客观事实上的因果关系为基本，但同时也是规范意义上的，即在刑法立场上可以将危害结果归责于危害行为的因果关系，是刑法认可意义上的。

2. 双层次性。刑法因果关系是建立在事实因果关系基础上的规范因果关系。首先，它是客观存在的因果联系，这是事实基础；其次，它被评价为刑法中的因果联系，是从刑事责任追究的角度，对危害行为与危害结果之间的因果联系进行规范评价的结果。一个事实因果联系只有经过两次评价，才能成立刑法因果关系。

3. 归责性。刑法因果关系的认定，在相当程度上也是刑事责任的归责问题。要从刑事责任追究的角度，在诸多原因、条件和结果之间的因果联系中，评估行为人的危害行为与危害结果之间是否存在可归责性。例如，一个歹徒劫持少女在一个房间内，意图暴力侵害或强奸少女，少女跳窗逃跑，结果摔残。这里，歹徒的侵害或强奸行为与少女伤残的危害结果的因果关系的评价问题，实质就是少女伤残的危害结果是否应当归责于歹徒的危害行为。

三、刑法因果关系的地位和意义

危害结果只存在于部分犯罪构成中，因此，对因果关系的考察也仅对认定某些犯罪具有意义。正如哲学上的因果律是世界万物普遍联系的特征一样，刑法中的因果关系也是危害行为与危害结果之间的重要特征，可将其视作部分犯罪构成的重要条件。它也具有重要的实践意义：一是有助于认定罪与非罪；二是确定真正的犯罪人；三是有助于准确定罪量刑。

四、刑法因果关系的几个疑难情形

刑法因果关系以客观存在的因果关系为基础，同时具有规范或价值评价和归责的内涵。因此，刑法因果关系的确定不是单纯认定因果关系的有无问题，还需要在一定价值、规范指导下对因果关系进行评价和归责。这种评价和归责对于简单的因果关系是容易把握的，但对一些复杂的或特殊的因果关系，则容易发生争议。这里主要提出几种疑难情形进行讨论。

1. 不作为的因果关系问题。不作为是一种未履行某种作为义务的危害行为。从现象学的角度看，危害结果的出现是行为人以外的其他因素直接造成，似乎与行为人的行动没有关系，至少不像作为导致危害结果发生那么直观。但是，不作为与危害结果之间的因果联系也是客观存在、能够辨识的，即行为人虽然不是通过实施积极的身体动作直接导致危害结果发生，但是因为他（她）应当作为而没有作为，使原本正常因果链条中“作为要素”缺位而导致危害结果发生。不作为实际上和作为一样，都是行为人有意或过失地对外部世界的一般规律、环境条件的“控制”或“利用”。例如，某个母亲拒绝给刚出生后不久的婴儿喂食，任由其饿死；铁道十字道口的值班人员忘记火车来时放下栏杆阻挡行人，结果导致火车将行人撞死，等等，这些不作为和作为一样都有意或过失地破坏了原来的因果链条，使事物的发展走向灾难性的后果。

2. 因果关系的断截。如果前行为对结果的出现尚未发生作用，与此无关的后行为却导致了结果的发生，那么前行为对结果的发生不存在因果关系。例如，甲在乙杯中放了足以致死的毒药，乙喝了下去，但毒性尚未发作，被丙开枪打死，甲的行为与乙的死亡后果就不存在因果关系。

3. 假定的因果关系。所谓假定的因果关系，是指某行为事实上造成了危害结果的发生，但即使没有这个行为，其他原因也会导致危害结果发生，即便如此，该行为与危害结果之间仍然应当认定为存在因果关系。例如，美国某州在对一罪犯执行死刑时，在司法官按动电钮前5分钟，情绪激动的被害人父亲甲，冲过去按动了电椅的电钮，导致被执行人乙提前被电死。在这种情况下，甲的行为与乙的死亡是存在刑法上的因果关系的。

4. 二重的因果关系。所谓二重的因果关系，是指两人以上的危害行为分别都能导致危害结果的发生，但在行为人彼此之间没有意思联络的情况下，汇合在一起导致了危害结果的发生。例如，甲与乙在没有意思联络的情况下，先后向丙的水杯中各自投放足以致死的毒药，丙喝下后被毒死。甲、乙的行为与丙死亡结果都有因果联系，都是丙死亡的原因。

5. 重叠的因果关系。所谓重叠的因果关系，是指同时具有两个以上彼此无关的行为因素，但每个因素单独不能发生作用，偶然地被合在一起便能够发生作用，每个因素与结果都存在因果关系。例如，甲、乙都试图毒死丙，在无意思联络的情况下，分别向丙喝水的杯子里投毒，每个人的投毒剂量都不足以毒杀丙，但是二人的剂量合在一起，就毒杀了丙。在这种情况下，应当认定甲、乙对丙的死亡都有因果关系，彼此的行为成为对方的条件。

第四节　犯罪客观方面的其他选择性要素

任何犯罪都是在一定时空中进行，并采取各种各样的手段、方法实施，许多还有犯罪对象，刑法总则没有也不可能对其做出一致规定。在刑法分则中，对一些犯罪，立法将某种方法、手段、时间、地点、对象、一定严重程度等，也作为这些犯罪成立的构成要素。它们对认定这些犯罪的成立、区分此罪与彼罪、量刑轻重等都具有意义。由于这些客观条件并非所有犯罪所要求，因此，它们被称为一般的犯罪构成客观方面的选择要素

（一）时间、地点。例如，根据刑法第340条、第341条规定的非法捕捞水产品罪和非法狩猎罪规定，非法捕捞水产品、非法狩猎行为只有分别发生在“禁渔期”、“禁猎期”、“禁渔区”、“禁猎区”，情节严重，才可以构成非法捕捞水产品罪、非法狩猎罪。刑法第305条、第306条规定的伪证罪、辩护人、诉讼代理人毁灭证据、伪造证据、妨害作证罪，都要求必须发生在“刑事诉讼中”，不是发生在刑事诉讼中的上述行为，就不构成上述犯罪。

（二）方法、手段。例如，根据刑法第340条、第341条规定的非法捕捞水产品罪和非法狩猎罪规定，非法捕捞水产品、非法狩猎行为只有在使用的是“禁用的工具、方法”、情节严重的情况下，才可以构成非法捕捞水产品罪、非法狩猎罪。抢劫罪、强奸罪都要求“暴力、胁迫和其他方法”的条件，才能构成二罪。

（三）对象、危害程度。例如，故意杀人罪针对的只能是他人；盗窃枪支罪的犯罪对象是枪支；贩卖毒品罪的贩卖对象是毒品。此外，根据我国刑法第13条“但书”规定，非法行为只有达到一定的社会危害程度才能构成犯罪，而对于“情节显著轻微危害不大的，不认为是犯罪。”因此，社会危害程度也是我国犯罪构成的要素。这是我国刑法中犯罪构成较为特殊的地方。

第六章 犯罪客体

我国刑法中的犯罪，不仅是符合刑法规定的客观方面要件、应受刑罚惩罚的行为，还要在社会(或政治)本质上是侵犯社会主义社会关系的行为。这一点在刑法第13条的犯罪概念中有明确规定。因此，我国主流犯罪构成理论认为，评价一个行为成立犯罪必须要有受行为侵害的犯罪客体，犯罪客体因而成为四要件犯罪构成体系的相对独立的一个要件。

一、犯罪客体的概念

一般认为，犯罪客体是指我国刑法所保护的、为犯罪行为所侵害的社会主义社会关系，它是所有犯罪成立的必要条件之一。一个行为，如果没有对任何一种刑法所保护的社会关系造成侵害(或威胁)，就不存在犯罪客体，那也就不能成立犯罪。

人类是以群居的形态存在的。社会关系就是在国家或社会群体中的人与人之间的相互关系，主要包括在共同生产和生活中所形成的经济关系、政治关系、家庭关系、法律关系、思想关系等等，可以表现为物质性的，如公私财产的所有权；也可以表现为非物质性的，如公民的人格或名誉。在一定的社会中，这种人与人之间的相互关系构成整个社会秩序的内容，是人们从事一切政治、经济、思想、道德、文化活动的实质，在阶级社会里它们具有鲜明的阶级性。犯罪是对各种各样的正当合法的社会关系的侵害或威胁。社会关系遍布于社会生活的各个方面和角落，并不都是由刑法来保护和调整的。刑法只保护和规范其中最重要的领域。根据我国刑法总则和分则规定，这些领域主要包括政治安全、公共安全、经济制度、公民人身和民主权利、国防军事安全、国家廉政制度和社会正常管理秩序等。还有一些社会关系如伦理关系、友谊关系、情感关系、干群关系等，主要由道德规范或者纪律规范来调整，或由一般法律规范如民法、婚姻法、经济法、行政法等进行调整。在刑法调整的社会领域，刑法也只在行为严重侵犯这些社会关系时才予以保护和调整。相对于一般法律部门调整的局部领域而言，刑法调整的范围遍布整个社会生活领域。犯罪客体即是那些被犯罪行为所严重侵害的、刑法所保护的重要社会领域中的社会关系。

二、犯罪客体的功能与意义

犯罪客体作为犯罪构成的重要条件，能体现刑法中犯罪的社会或政治实质，具有重要的理论和实践的功能和意义，它在四要件犯罪构成评价体系中应当处于仅次于犯罪客观方面的逻辑地位。

（一）有助于评价和认定犯罪

首先，有助于正确评价和认定犯罪。任何犯罪都是对刑法所保护的一定社会关系的侵犯，这一命题深刻地揭示了犯罪的社会（或政治）实质，对正确评价和认定犯罪具有重要作用。如果没有任何刑法所保护的社会关系遭受侵犯，或者被侵犯的某种社会关系未被纳入刑法的保护范围，那么行为肯定不能构成犯罪。西方国家刑法理论把犯罪理解为对“法所保护的利益（即法益）”的侵害或对“社会共同道德”等的侵犯，在许多场合很难令人信服地解释和评价犯罪。[①]

其次，有助于认定此罪与彼罪。由于不同类型的犯罪通常侵犯的是不同的社会关系，通过对犯罪的具体客体分析，在一些情况下能够区分此罪与彼罪。例如，行为人甲深夜去公交公司院内，从一辆停在院内场地上的公交汽车上，卸下一个零部件拿回家，意图据为己有。第二天，公交司机未发现汽车的零件被盗，仍照常开出营运，结果造成车毁人亡的结果。

① 详见第4章什么是犯罪的概念。

从表面上看，甲偷走财物的盗窃行为，侵害的是他人的财产所有权，但是实际上甲的行为还进一步危害了公共安全。也就是说，甲不仅侵害了他人的财产所有权，也侵害了社会公共安全，因此，对甲的行为就不能以盗窃罪处罚了，而应以破坏交通工具罪定罪量刑。

此外，通过分析犯罪客体，结合其他相关法律规定和理论，还可以确定犯罪罪数。

（二）有助于对犯罪进行分类

刑法所保护的、为犯罪行为所侵犯的各种具体社会关系（即具体的犯罪客体）具有不同的性质，分属于不同的领域，可以根据犯罪客体的同类性或相似性，对各种犯罪进行分类，建立系统的罪名体系。例如，我国刑法分则就是根据同类客体的原理，确立了分则体系的基本框架，将各种各样的犯罪分为危害国家安全罪、危害公共安全罪等十大类（分则十章），在一些罪名多的章中又根据犯罪客体的同类性或相似性，分为不同的节。这种分类有助于将刑法分则建设成为一个结构清楚、逻辑清晰、引用方便的罪名体系，也有助于分则的理论研究和司法适用。

（三）有助于准确地量刑

犯罪的客体不仅决定了犯罪的性质，也在根本上说明了犯罪的危害程度。比如危害国家安全罪的犯罪客体是国家安全，包括国家领土、主权、人民民主专政政权和社会主义制度等政治安全，危害公共安全罪的犯罪客体是不特定或多数人的生命、健康和公私财产的安全，前者的严重程度或者危害程度总体上大于后者。因而，危害国家安全罪的法定刑总体重于危害公共安全罪的法定刑。每一个犯罪都是对特定的社会关系的侵犯，这是就其性质而言的，同时，它也能相当程度上说明各个具体犯罪的严重程度，它可以为量刑提供根本依据，使罪责刑相适应原则得以落实。

三、犯罪客体的分类

犯罪客体可以根据抽象或具体的程度以及分类目的，从宏观、中观和微观三个层次，分为一般客体、同类客体和直接客体。它们彼此之间是共性与个性、一般与特殊、抽象与具体的关系。一般客体是从宏观上对所有直接客体或同类客体的高度抽象和概括，同类客体是从中观层次在将直接客体进行分类的基础上进行的概括，直接客体直接对应的是某具体犯罪的客体，属于微观层次的观察。对犯罪客体进行不同层次的划分，既有助于对犯罪整体及其一般规律的认识和把握，也有助于对刑法中的犯罪进行同类观察和具体观察，丰富刑法理论，方便刑事司法和政策实践。

（一）一般客体

一般客体，是对刑法中所有的犯罪所侵犯的客体（直接客体）的抽象和概括，是刑法中一切犯罪侵犯的共同客体。对我国而言，就是刑法所保护的社会主义社会关系。它是一切犯罪侵害的客体的共同内涵，反映了社会主义制度下犯罪的共同属性和社会本质，体现出我国刑法打击犯罪的社会政治意义。一般客体揭示出犯罪的本质，不是犯罪人与被害对象之间的矛盾，而是与整个统治秩序、统治关系的冲突。

（二）同类客体

同类客体，是指我国刑法所保护的、由犯罪行为所侵害的某一社会生活领域社会关系的抽象。同类客体的划分，主要是根据犯罪行为侵害的刑法所保护的社会关系的相同性或相似性及所属领域。例如，刑法分则第四章中各具体犯罪，主要侵犯的是与人身有关的生命权、健康权、人身自由权、人格权、名誉权、参与国家管理等权利，统称为侵犯公民人身权利、民主权利罪。依据同类客体的不同，可以对各种各样犯罪进行梳理和分类，分别进行理论研究，采取不同的刑事政策，确立系统、全面的刑法分则体系，方便罪名的实践掌握和适用。前文已提到，我国刑法分则就是根据同类客体的原理，将犯罪分为十章。而对于罪名较多的破坏社会主义市场经济秩序罪、妨害社会管理秩序罪两章，刑法根据次一级的同类客体又各自分出若干节。比如，第三章破坏社会主义市场经济秩序罪的同类客体是社会主义市场经济秩序，在此下又根据次一级同类客体分为生产、销售伪劣商品罪、走私罪、妨害对公司、企业的管理秩序罪等八节罪名。

这种做法有利于开展更加细致的理论研究，确立不同的刑事政策，指导司法适用。

（三）直接客体

直接客体，是指某一具体的犯罪行为所直接侵害的我国刑法所保护的社会关系。犯罪客体是每一种犯罪所不可缺少的构成要素，每一个犯罪都有其具体的直接客体。如盗窃罪的直接客体是公私财产所有权；诽谤罪的直接客体是公民的人格尊严和名誉权；故意杀人罪的直接客体是他人的生命权，等等。

犯罪的直接客体是决定犯罪性质的最重要因素。一种行为之所以被认定为这种犯罪或那种犯罪，归根结底或主要是由犯罪的直接客体决定的。在司法实践中，直接客体是区分罪与非罪、此罪与彼罪、一罪或数罪的主要依据，同时犯罪的直接客体也揭示了该犯罪的社会危害程度，为科学的量刑提供根据。很显然，直接客体是犯罪客体、犯罪构成研究的基本内容，是同类客体、一般客体研究的基础。

对于直接客体，传统理论根据客体的单复性分为简单客体与复杂客体，根据是否具有物质性分为物质性客体与非物质性客体。

1. 简单客体与复杂客体

简单客体，或称单一客体，是指某一具体犯罪的犯罪客体只有一种刑法所保护的社会关系。例如，颠覆国家政权罪只侵害国家政权安全，诈骗罪、盗窃罪、抢夺罪等只侵害公私财产所有权，故意杀人罪只侵害公民的生命权。刑法分则中许多犯罪是简单客体。

复杂客体，是指某一具体犯罪的犯罪客体包括两种以上刑法所保护的社会关系。例如，生产、销售有毒、有害食品罪，不仅侵犯了食品质量管理秩序，也直接侵犯不特定多数人的生命、健康和财产安全即公共安全；接送不合格兵员罪，不仅直接侵犯我国兵役制度，也同时侵犯部队兵员素质体系；私分国有资产罪，既侵犯了国家的廉政制度，也同时侵犯了国有资产所有权。

在复杂客体中，不同客体有主次之分。根据刑法保护的主要目的、不同客体在犯罪成立中的地位，可将复杂客体中的不同客体，分为主要客体、次要客体和选择客体。主要客体，是指某一具体犯罪所侵害的复杂客体中刑法予以主要保护的客体。主要客体通常决定该具体犯罪的性质，影响该犯罪在刑法分则体系中章节归属及其位置。例如，刑法分则将敲诈勒索罪列入了侵犯财产罪，把绑架罪列入侵犯公民人身权利、民主权利罪，都是根据二罪侵犯的主要社会关系确定的：前者主要侵犯是公私财产所有权，也同时侵犯受害人的人身权利；后者主要侵犯的是公民的人身权，所侵犯的公私财产所有权处于次要的保护地位。司法实务中，对侵犯多个客体的犯罪，主要根据主要客体来认定犯罪的性质，也根据主要客体是否被侵害，确定既遂与未遂。主要客体一旦确定，犯罪的性质也大体明确，主要客体是否受到现实危害，可以据此判定犯罪既遂与未遂。次要客体，是指某一具体犯罪所侵害的复杂客体中被次要侵害的、刑法予以一般保护的社会关系，也称辅助客体。次要客体也是犯罪构成的必要要件，对于定罪量刑也具有重要作用，有助于区分罪与非罪、此罪与彼罪、罪轻与罪重。例如，敲诈勒索罪与诈骗罪的区别在于：敲诈勒索罪既侵害他人财产权利，也侵害人身权利；而诈骗罪只侵害他人的财产权利，并不侵害人身权利。选择客体，也称随机客体，是指在某一具体犯罪侵害的复杂客体中可能由于某种原因而偶然出现的被侵害客体。从我国刑法分则规定来看，选择客体出现时，一般意味着要加重刑事处罚。例如非法组织卖血罪，侵害的主要是国家对血液的管理采集制度，但如果非法组织他人卖血行为导致他人重伤、死亡，就危害到他人的健康权利等人身权利，要以故意伤害罪处理。

2. 物质性客体与非物质性客体

这是根据犯罪客体是否具有物质性进行的分类。物质性客体主要指社会关系调整的对象或标的是某种物，包括经济关系、财产关系、人身的健康、生命权利等物质性的客体。非物质性犯罪客体，是指以政治制度、社会秩序、人格、名誉等思想、精神层面事物为保护对象的客体。例如，损害商业信誉、商品荣誉罪就是典型。[①]

① 刑法第221条："捏造并散布虚伪事实，损害他人的商业信誉、商品声誉，给他人造成重大损失或者有其他严重情节的，处二年以下有期徒刑或者拘役，并处或者单处罚金。"

四、犯罪客体与犯罪对象

（一）犯罪对象的概念

犯罪对象是指刑法分则中部分犯罪的危害行为所直接作用的具体人或者具体物。例如，强奸罪、故意伤害罪的犯罪对象是受害人；盗窃罪的犯罪对象是特定的物品或财产性权益。犯罪对象属于犯罪客观方面的选择要件，由于它与犯罪客体存在紧密联系，是犯罪客体的重要表征，因此理论上经常把犯罪对象和犯罪客体放在一起讨论。

（二）犯罪对象与犯罪客体的关系

二者是一对既相互联系又相互区别的范畴，都属于犯罪构成的要件。作为犯罪对象的具体物是具体犯罪客体的物质载体，作为犯罪对象的具体人是具体犯罪客体的主体。犯罪行为所作用的犯罪对象，能够体现犯罪行为所侵犯的犯罪客体。但二者也存在明显的区别：

1. 犯罪客体决定犯罪的性质，而犯罪对象则未必决定犯罪性质。仅根据犯罪对象，不一定能辨明犯罪性质，但通过分析犯罪侵犯的社会关系即犯罪客体，一般能够辨明犯罪性质。如同样是盗窃电缆线，盗窃商店中的电缆，构成盗窃罪，因为犯罪侵犯的是公私财物所有权，而盗窃正在使用中的输电电缆，则构成破坏电力设备罪，因为它侵犯的是公共安全。而二罪的犯罪对象是一致的，即电缆线，但侵害的客体不同导致二罪性质不同。

2. 犯罪客体是所有犯罪成立的必要要件，但犯罪对象仅仅是某些犯罪的必要构成要件。例如，持有枪支罪必须持有真的枪支，才能构成该罪，枪支是该罪成立的必要条件。但有些犯罪，如脱逃罪、聚众淫乱罪等，很难说有犯罪对象，但这些犯罪都有犯罪客体。

3. 任何犯罪都会使犯罪客体受到侵犯，但犯罪对象未必会受到侵犯。如盗窃枪支罪，犯罪人将枪支完好无损地偷走，并没有给犯罪对象枪支造成损害，但它侵害了犯罪客体；在故意伤害罪中，犯罪人将人打成重伤，犯罪客体和犯罪对象都受到侵害。

4. 犯罪客体是犯罪分类的基础，犯罪对象则不具有这种功能。根据侵犯的直接客体不同，我国刑法将严重侵犯社会秩序的行为规定为各种不同的犯罪；根据同类客体，我国刑法将所有犯罪分成10类。犯罪对象则起不到这样的作用。但是，在一定的小的范围内，犯罪对象可以进行此罪与彼罪的分类。例如，根据持有特定对象的不同，枪支、弹药、毒品、假币等，可以将犯罪分成非法持有枪支弹药罪、非法持有毒品罪、持有假币罪等。

第七章 犯罪主体要件

行为符合刑法规定的某个犯罪的客观方面，也严重侵犯了刑法所保护的某种犯罪客体，但是如果行为人年龄幼小或者虽然年龄足够大，但不具有足够健康的精神状态，那么行为人的行为也不能成立犯罪，不能追究行为人的刑事责任。也就是说，一个行为要成立犯罪，还需要具有一定主体条件，这是通说犯罪理论中犯罪主体要件存在的理论逻辑。

第一节 犯罪主体要件概述

一、犯罪主体要件的概念

所谓犯罪主体要件，简单地说，就是指行为构成犯罪并且依法应当负刑事责任的自然人主体和单位主体所需具备的要素条件。这里的犯罪主体是我国刑法规定的、实施了危害社会的行为，应当负刑事责任的自然人或单位。其中，自然人是各国刑法中普遍存在的、主要的犯罪主体，单位是部分国家刑法认可的犯罪主体。在我国，单位是相当一部分犯罪的主体，[①]有时是某个犯罪的唯一主体，有时与自然人一起是某个犯罪的犯罪主体。我国刑法总则第 17、18 条规定了自然人犯罪的一般主体条件，第 30 条规定了单位犯罪，其中有单位主体的规定。

---

① 我国刑法中规定了数量不少的单位犯罪，大约 150 多个，约占全部罪名的三分之一。

（一）自然人主体

自然人主体是特指具有刑事责任能力，实施了一定的危害行为，依法应当承担刑事责任的自然人。自然人主体应具有以下要素或特征：

1. 必须是有生命的人类个体

所谓自然人，就是有生命的人类个体，始于出生，终于死亡。[①] 古代社会曾把人之外的禽兽、山石土木等作为犯罪主体来予以惩罚，这主要是一种权威的宣示和蒙昧活动，是专制主义、威慑主义和蒙昧主义的混合表现。近代以来刑法逐渐将刑罚的适用对象限定于人，并逐渐树立起罪及个人、行为原则、罪责原则等责任主义原则，普遍摒弃了把自然现象、动植物、物品和尸体作为犯罪主体的主张和做法。

2. 必须具有刑事责任能力

所谓刑事责任能力是指自然人主体具有的辨认和控制自己行为的能力，具体表现为自然人达到了刑事责任年龄且精神健全。只有自然人主体具备辨认和控制自己行为的能力（主要指理性能力），才能够在一定条件下能够选择实施某种行为，在“有罪过地”（故意或过失）选择某种危害行为并导致某种严重危害结果发生的情况下，自然人才具有道义或法律上的可谴责性，才具有刑事责任承担的可能性。反之，如果自然人不具有这种刑事责任能力，那么，即使自然人的行为导致某种危害结果发生，也无法对其进行责难和执行刑事责任。

3. 实施了刑法规定的某种危害社会的行为

自然人主体还必须是实施了某种刑法规定的危害社会的行为的人。只有实施了某种刑法规定的危害社会的行为的人，刑法才会追究其刑事责任，自然人才会成为犯罪主体。否则，仅满足上述两个条件的人只能是普通公民，不能成为犯罪主体。换言之，犯罪主体与刑法规定的某种危害社会的行为具有关联性，即一有俱有，一无俱无。

---

① 对于人的出生或生命的开始，国内学界一般采取离开母体、能够独立呼吸的“独立呼吸说”。对于人的死亡，一般采取心脏停止跳动、人停止呼吸等的综合标准，近些年来，医学界有力的观点认为应当采取“脑死亡”标准。

此外，还需注意的是，我国刑法规定的一些罪名的自然人主体，除了具备上述一般要素或特征外，还有特定的身份要求。例如，第八章规定的大多数贪污贿赂犯罪、第九章的渎职犯罪和第十章的军人违反职责罪，分别要求自然人主体额外具有“国家工作人员”身份、“国家机关工作人员”身份和“军人”身份。其他各章各节中也有类似的零散规定。例如，刑法第108条规定的“投敌叛变罪”，犯罪主体只限于中国公民。理论上，对于前面不需要特定身份的自然人犯罪主体称为一般主体，而将那些要求特定身份的自然人犯罪主体称为特殊主体。

（二）单位主体

所谓单位，一般来说，是指具有一定数量的资产、人员并具有一定社会功能的社会组织，比如政府机构、事业单位、企业单位、民间团体等。大多数单位都是为了增进社会进步和人民的福利而依法依规成立的，是现代社会生产力、经济社会文化发展的重要产物。但是，有些单位却利用这种合法身份实施危害社会的行为，而且因为其自身的组织性、人力和物力，通常比“孤立的个人”会给社会带来更大的危害。为了解决这种问题，我国立法从实际出发，借鉴国际经验，将单位纳入犯罪主体的范围，在1987年出台的《中华人民共和国海关法》中首次规定了单位犯罪。该法第47条第4款规定：“企业事业单位、国家机关、社会团体犯走私罪的，由司法机关对其主管人员和直接责任人员依法追究刑事责任；对单位判处罚金，判处没收走私财物、物品、走私运输工具和违法所得。”随后不久，我国最高立法机关又在《关于惩治走私罪的补充规定》《关于惩治贪污罪贿赂罪的补充规定》等单行刑法、附属刑法中陆续规定了多个以单位为主体的犯罪罪名。1997年刑法修订时，国家立法机关在总结了近十年来同单位犯罪做斗争的经验基础上，充分吸收了我国刑法理论界在单位犯罪（或法人犯罪）问题上的学术研究成果，进一步借鉴了国外法人犯罪立法的经验，在刑法总则和分则中对单位犯罪都进行了明确系统的规定。据粗略统计，迄今为止，我国刑法中的单位犯罪约150个。[①]

① 截止刑法修正案十一出台时的统计，分布在第二、三、四、五、六、七、八章中。

所谓单位主体，是指由我国刑法规定的、实施了某种危害社会的行为，应当依法承担刑事责任的单位。把握这一概念，主要应注意以下几点：

1. 单位主体的资格性

单位主体与团伙犯罪主体、集团犯罪主体是不同的，后二者虽然也是“多人”的组合形态，甚至有严密的组织结构和一定的财产，但是它们本身都不是合法的存在，单位主体则首先表现为合法的组织形态存在。刑法第30条规定划定了单位主体的范围，即“公司、企业、事业单位、机关、团体实施的危害社会的行为，法律规定为单位犯罪的，应当负刑事责任。”这里的“公司、企业、事业单位”，既包括国有、集体所有的公司、企业、事业单位，也包括依法设立的合资经营、合作经营企业和具有法人资格的独资、私营等公司、企业、事业单位。[①] 但是，如果个人为了进行违法犯罪活动而设立的公司、企业、事业单位实施犯罪的，则不以单位犯罪论处，即以自然人犯罪论处。盗用单位的名义实施犯罪，违法所得由实施犯罪的个人私分的，也不以单位犯罪论处，而以自然人犯罪论处。这里的“机关”是指国家行政机关、立法机关、司法机关、军事机关、监察机关以及其他机关。这里的“团体”，[②]主要是指为了一定的宗旨组成的进行某种社会活动的合法组织，包括依法登记，取得社会团体法人资格的团体，也包括依法不需要办理法人登记的，自成立时起具有社会团体法人资格的团体。此外，从实践来看，基金会、农村专业合作组织、农村集体经济组织、供销合作社等机构也属于“团体”的范围。

2. 单位主体适用罪名的法定性

不仅单位主体的资格是法定的，而且刑法也明确规定了单位主体可以适用的罪名，即以“法律规定为单位犯罪的”为限。我国刑法分则中，除了刑法分则第一、九、十章没有规定单位犯罪外，单位犯罪在其他各章都有不同程度的规定，第三章破坏社会主义经济秩序罪、第六章妨害社会管理秩

① 参见1996年6月18日最高人民法院《关于审理单位犯罪案件具体应用法律有关问题的解释》。

② 参见黄永. 中华人民共和国刑法立法背景与条文解读. 北京：中国法制出版社：2021：58。

序罪中的单位犯罪最多。如果刑法没有规定某罪的犯罪主体可以是单位，那么即使事实上是单位组织实施的犯罪，也要按照自然人犯罪处理。例如，某厂长指示电工利用全市停电的机会，偷偷将经过厂区的高压电用电线导入厂房内，用于生产作业和厂区照明，这是单位组织的盗窃行为，但由于盗窃罪的犯罪主体只能是自然人，因此，这种事实上的单位犯罪不能追究单位的刑事责任，只能追究厂长和电工个人犯盗窃罪的刑事责任。[①]

二、犯罪主体要件的意义

犯罪主体要件作为四要件犯罪构成体系的基本要件之一，主要具有两方面意义：

（一）定罪

一是认定罪与非罪。犯罪是人在主观意识引导下实施的行为。每一个犯罪都要有一定的犯罪主体存在。实施了刑法规定的危害行为的自然人或单位，是否满足刑法规定的犯罪主体要件要求，是认定犯罪是否成立的关键。二是不同的犯罪主体也有助于区分此罪与彼罪。如贪污罪和职务侵占罪，在行为方式、主观方面等基本一致，只是因身份不同而构成不同犯罪。

（二）量刑

犯罪主体的情况不同，也能够影响量刑。例如，根据刑法规定，如果是不满十八周岁的人犯罪，就应当从轻或者减轻处罚。在缓刑制度、死刑的适用制度等方面，刑法都对不满十八周岁的人做出特别的规定。再如，对一些犯罪，具有国家工作人员、司法工作人员、军人等身份的，通常要比一般主体量刑更重。

---

① 2014 年第 12 届全国人大常委会第 8 次会议通过了《全国人民代表大会常务委员会关于〈中华人民共和国刑法〉第三十条的解释》规定："公司、企业、事业单位、机关、团体等单位实施刑法规定的危害社会的行为，刑法分则和其他法律未规定追究单位的刑事责任的，对组织、策划、实施该危害社会行为的人依法追究刑事责任。"

第二节 刑事责任能力

无论是自然人主体，还是单位主体，都需要一定的资格条件，根本的问题是具有刑事责任能力。自然人主体自不必说，单位主体除了单位本身符合单位成立的条件外，其主要负责人和起主要作用的成员，也必须具有自然人主体的刑事责任能力。刑事责任能力是犯罪主体的根本要素。

一、刑事责任能力的概念

刑法理论中所说的刑事责任能力，是指行为人实施犯罪和承担刑事责任所必需具备的能力，这种能力在实践中主要表现为一定的认知能力（或辨认能力）和意志决定能力（或控制能力），本质上是一种理性能力，或者说是一种自由意志能力。这种自由意志能力使得行为人在一定的条件下，能够认识自己的行为，相对自由地做出自己的选择并实施某种特定行为。如果行为人不具备刑事责任能力，那么他（她）就不是合格的犯罪主体，其行为就不能构成犯罪。具有刑事责任能力，也意味着行为人具有承担刑事责任的能力，能够成为刑罚执行的对象，能够对其实现刑罚执行的目的和效能。例如，对精神病人进行惩罚教育是不能达到刑罚目的、体现刑罚效果的。刑事责任能力是认识能力和控制能力的辩证统一，也是行为人犯罪能力和承担刑事责任能力的辩证统一。

二、刑事责任能力的内容

从内容上看，刑事责任能力包括了辨认能力和控制能力。辨认能力，是指行为人具有认识自己行为的客观属性和社会价值意义及其后果等的分辨能力。控制能力，是指行为人在对行为、性质及其社会后果认知的基础上，决定自己是否实施某种危害社会行为的能力。辨认能力是刑事责任能力的基础，也是控制能力的前提，无辨认能力，控制能力也就无所凭依，也就不可能存在刑事责任能力；控制能力是刑事责任能力的关键，仅有辨认能力，无控制能力，也不存在刑事责任能力。刑事责任能力的存在，是辨认能力和控制能力的统一，二者缺一不可。

一般来说，自然人成长到一定年龄，且智力发育、生活环境、社会化进程等情况正常的情况下，就会自然具备刑事责任能力。反过来说，人的刑事责任能力会因年龄尚小或精神状况不佳、生理功能缺陷等原因而不具备、完全丧失或者部分减弱。也就是说，在现实生活中，人的刑事责任能力如何与人的年龄、精神状况、生理功能情况等一些因素的影响有关。评估行为主体是否具有刑事责任能力，需要考察这些影响刑事责任能力的因素。我国刑法第17(包括17条之一)、18、19条规定了影响刑事责任能力的基本因素。

三、影响刑事责任能力的基本因素

(一) 刑事责任年龄

刑事责任年龄，是指刑法规定的、行为人对自己实施的危害社会行为应当负刑事责任所必须达到的年龄。

犯罪是由具有一定刑事责任能力的行为人实施的危害社会的行为。刑事责任年龄是行为人的刑事责任能力高低的重要表征，也是评估行为人刑事责任能力的基础性因素。一般来说，年幼的儿童往往因为心智不健全，不能全面认识周围环境、复杂社会生活和个人的行为性质，缺乏成人所具有的控制能力，因而不具有独立的认识和判断能力，受周围环境和人员影响较大，但同时也具有较大的可塑性，对其实施刑罚惩罚缺乏正当性和必要性。只有达到一定年龄，身心智识发展到一定程度，能够相对独立地辨认和控制自己的行为，也能够接受刑罚的惩罚和教育功能的人，才有必要追究其刑事责任。因此，各国普遍在刑法中规定了刑事责任年龄制度。

所谓刑事责任年龄制度，就是从年龄上界分行为人是否承担或多大程度上承担刑事责任的制度。关于刑事责任年龄的法律规定，各个国家刑事立法往往根据本国的政治、经济、文化教育、历史传统和人口学特征等不同情况，划分为若干时期。概括起来，主要有以下几种划分：(1)四分法，即把刑事责任年龄分为绝对无责任、相对无责任、减轻责任，以及完全责任四个时期；(2)三分法，即把刑事责任年龄分为绝对无责任、相对无责任或减轻责任，以及完全责任三个时期；(3)二分法，这种分法有相对无责任和刑事成年或者绝对无责任和刑事成年等。

我国刑法立足中国实际，参考国外刑事立法的有益做法，在总结新中国成立以来同犯罪作斗争的历史经验的基础上，规定了具有本国特色的刑事责任年龄制度：

1. 完全不负刑事责任年龄阶段

根据刑法第 17 条规定，对于不满 12 周岁的人，无论实施了怎样的危害社会的行为，无论主观上是否具有辨认和控制能力，完全不需负刑事责任。根据有关司法解释，不满 12 周岁是指在 12 周岁生日之前的时间段(包含 12 周岁生日当天)。

2. 相对负刑事责任年龄阶段

这里又具体分两种情况：

一是刑法第 17 条第 3 款规定："已满 12 周岁不满 14 周岁的人，犯故意杀人、故意伤害罪，致人死亡或者以特别残忍手段致人重伤造成严重残疾，情节恶劣，经最高人民检察院核准追诉的，应当负刑事责任。"这是 2020 年刑法修正案(十一)增加的一款，主要是对近年来低龄未成年人实施严重的特定犯罪时有发生的现实情况的回应。

二是刑法第 17 条第 2 款规定："已满 14 周岁不满 16 周岁的人，只对犯故意杀人、故意伤害致人重伤或者死亡、强奸、抢劫、贩卖毒品、放火、爆炸、投放危险物质罪，应当负刑事责任。"对于已满 14 周岁不满 16 周岁的人来说，实施故意杀人、故意伤害致人重伤或者死亡等上述 8 种严重犯罪行为，在具有相当的认知的情况下，仍顽固地实施，说明其危害社会的及社会人格已经需要通过追究刑事责任才能消除。因此，刑法对这个年龄段的未成年人，规定了一定的范围内犯罪的刑事责任，这也是许多国家的通常做法。

把握该款还需要注意以下几点：

一是2002年两高司法解释《关于罪名的补充规定》取消了奸淫幼女罪的罪名，将其纳入强奸罪中，因此，此年龄段的人涉嫌奸淫幼女行为也适用该款。

二是根据全国人大常委会的立法解释，"现行《刑法》第17条第2款规定的8种犯罪，指的是具体犯罪行为而不是具体罪名"。[①] 例如，一个14周岁不满16周岁的未成年人和一个成年人，对被害人实施了绑架后进而"撕票"，虽然二人共同实施的是绑架罪（或绑架行为）——不在上述8种犯罪范围内，但是，该绑架行为中包含了杀人行为，因此，对该未成年人也要追究刑事责任。显然，这种处理精神也适用于第一种情况即年满12周岁到不满14周岁的年龄阶段的刑事责任追究。

三是刑法第17条第5款规定："因不满十六周岁不予刑罚处罚的，责令其父母或者其他监护人加以管教；在必要的时候，依法进行专门矫治教育"。除了上述两个刑事责任年龄阶段应负刑事责任的犯罪外，不满十六周岁的未成年人对大部分犯罪不承担刑事责任，不给予刑罚处罚。但这不意味着放任不管，而是要责令其父母或者其他监护人对其严加管教，防止其继续危害社会。"在必要的时候，依法进行专门矫治教育"。[②]

3. 完全负刑事责任年龄阶段

刑法第17条第1款规定："已满16周岁的人犯罪，应当负刑事责任。"据此，行为人从年满16周岁（从16周岁生日当日的后一天）开始，对所有的犯罪都应负刑事责任。

4. 减轻刑事责任年龄阶段

刑法第17条第4款规定："对依照前三款规定追究刑事责任的不满十八周岁的人，应当从轻或者减轻处罚。"这意味着，对于行为已构成犯罪

① 2002年8月22日全国人大常务委员会《对最高人民检察院关于年满14周岁不满16周岁的人承担刑事责任的范围问题的答复意见》。

② 我国2020年12月修改的《中华人民共和国预防未成年犯罪法》第45条对此有进一步的明确："未成年人实施刑法规定的行为、因不满法定刑事责任年龄不予刑事处罚的，经专门教育指导委员会评估同意，教育行政部门会同公安机关可以决定对其进行专门矫治教育。省级人民政府应当结合本地的实际情况，至少确定一所专门学校按照分校区、分班级等方式设置专门场所，对前款规定的未成年人进行专门矫治教育。前款规定的专门场所实行闭环管理，公安机关、司法行政部门负责未成年人的矫治工作，教育行政部门承担未成年人的教育工作。"

的已满 12 周岁不满 18 周岁的人，虽然依法应当追究刑事责任，但是同时应当给予从轻或者减轻处罚。

此外，我国刑法还有针对特定事项的刑事责任年龄的规定。[①] 即刑法第 17 条之一："已满七十五周岁的人故意犯罪的，可以从轻或者减轻处罚；过失犯罪的，应当从轻或者减轻处罚。"刑法第 49 条规定："犯罪的时候不满十八周岁的人和审判的时候怀孕的妇女，不适用死刑。审判的时候已满七十五周岁的人，不适用死刑，但以特别残忍手段致人死亡的除外。"

（二）精神健康程度

一般而言，在社会中正常成长和生活的人，达到一定的刑事责任年龄，就会具备相应的刑事责任能力，最终在成年时（年满 18 周岁）具备完全的刑事责任能力。刑法对于达到刑事责任年龄的人，一般推定他（她）具有刑事责任能力，但是，同时也考虑到，人的个体在孕育、成长和发展过程中，可能由于各种主客观原因导致精神能力受到损害（伤），他（她）的刑事责任能力就会因此减弱甚至消失。因精神疾病而导致刑事责任能力减弱或消失的人实施了危害社会的行为，显然不能像对待正常的自然人那样同等追究刑事责任。刑法第 18 条第 1、2、3 款主要考虑精神病因素对行为人的刑事责任能力及其刑事责任的影响：

1. 完全精神病人

刑法第 18 条第 1 款规定："精神病人在不能辨认或者不能控制自己行为的时候造成危害结果，经法定程序鉴定确认的，不负刑事责任，但是应当责令他的家属或者监护人严加看管和医疗；在必要的时候，由政府强制医疗。"本款是关于完全精神病人刑事责任问题的规定。行为人具有完全精神病，意味着他（她）在实施危害社会的行为时，是在不能辨认或者控制自己行为的情况下进行的，即处于完全无刑事责任能力的状态，在经过法定医疗鉴定确证的情况下，行为人既不能成为犯罪主体，也就不能追究其刑事责任。但是，从防卫社会的需要，不能因此放任不管。对此，对于

① 不少著述将它们放在特殊人群的刑事责任的问题下说明。

实施了危害社会行为并造成危害社会结果的完全精神病人，刑法规定有两种处理方式：一是责令精神病人的家属或者监护人采取适当措施严加看管和医疗，避免精神病人再次危害社会；二是在“必要的时候”，由政府强制医疗。所谓“在必要的时候”，主要是指精神病人无家属或监护人；有家属或监护人，但是无力实行监护；有家属或监护人进行监护，但是难以防止精神病人进一步危害社会。对于“由政府强制医疗”，我国刑事诉讼法第五编第五章专门规定了“依法不负刑事责任的精神病人的强制医疗程序”。

2. 间歇性精神病人

间歇性精神病人是指并非持续性地处于完全丧失认识能力或控制能力状态的精神病人，其病情时好时坏。刑法第 18 条第 2 款规定：“间歇性精神病人在精神正常的时候犯罪，应当负刑事责任。”这意味着，间歇性精神病人在发作期间犯罪，不具有辨认能力或不具有控制能力，处于完全无刑事责任能力状态，就无需承担刑事责任。反过来，如果间歇性精神病人在精神正常的时候犯罪，则需要承担刑事责任。至于间歇性精神病人犯罪时是否在发作期间，也需经过法定程序鉴定确认。

3. 限制精神病人

刑法第 18 条第 3 款规定“尚未完全丧失辨认或者控制自己行为能力的精神病人犯罪的，应当负刑事责任，但是可以从轻或者减轻处罚。”尚未完全丧失辨认或者控制自己行为能力的精神病人，通常被称为减弱精神病人或限制精神病人。他们具有一定的辨认能力和控制能力，即具有一定刑事责任能力，他们实施犯罪，应当负刑事责任，但是，对他们“可以从轻或者减轻处罚”，当然，在某些情况下，也可以不从轻或者减轻处罚。

从以上三款规定还可以看出，刑法上认定一个人（已达到刑事责任年龄）具有怎样的刑事责任能力，需要根据两个标准进行判断：一是医学标准或生物学标准，即从医学或生物学的角度看，行为人是否属于精神病人。我国刑法中的“精神病”，是指由于疾病原因或生理原因导致的精神病诊断结果的情况，它符合世界卫生组织的定义。“精神病”本来是一个医学中的概念，被刑法采纳作为一种排除全部或部分刑事责任能力的事由。精神病作为一种由于人体脑功能紊乱而导致在感知、思维、情感和行为等方面出现异常的现象，需要由医学加以判断与确定。二是法学或心理学标准，即从法学或心理学的角度看，患有精神病的行为人在实施危害社会的行为时，是否部分丧失或完全丧失辨认或者控制自己危害社会的能力，或者是在精神正常情况还是发作的情况下，实施了危害社会的行为。根据这两个标准，可对行为时行为人是否具有刑事责任能力、具有完全刑事责任能力还是部分刑事责任能力进行认定。

(三) 其他影响刑事责任能力的因素

1. 生理功能丧失

人在成长发育过程中的一些重要生理功能的丧失，例如听能、视能、语能等，将影响其学习、交流、智力开发等个体发展完善和社会化进程，可能造成认知上的障碍和控制行为能力减弱，进而减少其刑事责任能力。刑法规定了几种影响刑事责任能力的生理功能性因素，并规定了相应的从宽处理原则。即刑法第 19 条规定："又聋又哑的人或者盲人犯罪，可以从轻、减轻或者免除处罚。"这里包含三层意思：一是又聋又哑的人或者盲人犯罪，尽管他们的刑事责任能力可能会因自身聋哑或眼盲而受到影响，但不影响其成为犯罪主体，仍要追究他们的刑事责任；二是又聋又哑的人或盲人犯罪，可以从轻、减轻或者免除处罚，但不是必须；三是只聋不哑或只哑不聋的人犯罪，不适用该条规定。

2. 醉酒

醉酒可以暂时性地削弱甚至完全摧毁人的刑事责任能力，这是基本的生活常识。但对醉酒的人实施犯罪追究刑事责任，是世界各国的普遍做法。我国刑法第 18 条第 5 款规定"醉酒的人犯罪，应当负刑事责任。"

在医学上，醉酒大体包括生理醉酒和病理性醉酒两种情况。病理性醉酒被认为属于精神病的范围，可按照精神病因素对刑事责任能力的影响处理。这里主要指的是生理性醉酒。生理性醉酒，又称普通性醉酒，是生活中常见多发的一种急性酒精中毒，一般发生在行为人超量饮酒之后。普通人在醉酒之后，认识能力和控制能力都会降低甚至完全丧失。有不少人平时表现不错，但醉酒后却做出违法犯罪行为，是生活实践中常有的事情。有的醉酒后乱性，头脑发热，无视法律，一时冲动酿成后果。有的醉酒以后失态、鲁莽，矛盾由口角逐渐升级引发犯罪。对这种案例，司法上基本都会追究其刑事责任，而不会因为其平时表现较好和醉酒而免予刑事处罚。

但是，人在醉酒情况下犯罪要承担刑事责任，理论上还是有些麻烦。这主要体现在两方面：一是对主客观相统一原则存在一定的冲抵。在醉酒状态下，特别是丧失意识和控制能力的情况下（如俗语中的“醉烂如泥”）实施危害社会行为，行为人主观思维和客观行动很难说能做到统一的，但仍然要追究行为人刑事责任。二是对刑事责任能力理论的冲抵。在醉酒状态下，特别是在丧失意识或控制能力的情况下，行为人很难说具有完全的刑事责任能力，甚至是完全丧失了刑事责任能力，很难符合犯罪主体的要求。那么，为什么世界各国仍然坚持追究醉酒的人刑事责任呢？本书认为：一是对大部分醉酒的人，除了所谓“醉烂如泥”的情况，尽管认识能力和控制能力降低，但是仍然有一定的刑事责任能力，而且，如果真正处于烂醉如泥、完全丧失意识的情况下，行为人是无法通过积极的身体动作实施犯罪的。二是因醉酒小部分完全丧失认识能力和控制能力的情况，也与精神病导致的行为人无刑事责任能力的原理不同，后者是不可抵抗的，而醉酒却是因为不良习性和故意或过失导致的，行为人通常清楚醉酒是一种不良行为并存在一定危害风险，却自愿创设这种风险，应为醉后实施的危害行为负责。三是刑事政策权衡的结果。饮酒几乎是世界各国共有的文化和习俗，醉酒后实施违法犯罪行为的事件并不鲜见，如果对饮酒的人不追究刑事责任，那么可能会导致出现大量地利用醉酒来实施犯罪的情况，或因借口醉酒而导致有些犯罪无法惩治，最终使社会秩序受到破坏，影响社会稳定。四是醉酒犯罪的人往往平时品行不良，存在心理偏执、道德败坏、脾气暴躁等不良心理和性格基础，在一些外因的刺激下，就可能唤醒一些不良的思想和行为，不计后果地实施危害社会的行为。

第三节　特殊主体

自然人主体适用于刑法中绝大多数犯罪。但有的自然人犯罪主体除了要具有自然人主体的一般要素外，还需要特定的身份。对这种需要特殊身份的自然人犯罪主体，理论上称之为特殊主体，而将仅具有一般要素特征的自然人犯罪主体，称之为一般主体。例如，《刑法》第399条之一规定的枉法仲裁罪的犯罪主体只能是依法承担仲裁职责的人员，[①]贪污罪、受贿罪主体只能是国家工作人员。自然人主体具有特殊的法定身份，是认定特殊主体的根据。区分一般主体与特殊主体对于划清罪与非罪、此罪与彼罪、一罪与数罪以及量刑轻重，都具有重要意义。

一、特殊身份的概念

一般来说，身份是指人的出身、社会地位和资格，实质是人在一定的社会关系中的位置。马克思曾指出，人的本质，就其现实性而言，是社会关系的总和。每一个人都有其不同的社会关系，也就意味着具有不同的身份。一定的社会身份意味着一定的权利和义务或职责与权力，具有一定身份的人会在相关社会领域做出违背其职责和义务的行为，在危害严重的情况下，就可能成立特定领域中的犯罪，按照某种身份犯处理。

所谓犯罪主体的特殊身份，是指刑法所保护的某些特定社会关系领域中的犯罪的主体应具有的特定地位或资格。例如，渎职罪的犯罪主体需具有国家机关工作人员的身份；军人违反职责罪的犯罪主体必须是军人；强奸普通妇女和奸淫幼女的犯罪主体是男性等。把握特殊身份这一概念需注意以下两点：一是相对性。每一个人其实都有多重的社会身份，有着多重的社会角色，称一个人具有特殊身份，是相对特定的社会领域而言的，离开了这个领域，他（她）就不再具有这个身份。二是仅适用于刑法规定的特定犯罪。

① 该条规定："依法承担仲裁职责的人员，在仲裁活动中故意违背事实和法律作枉法裁决，情节严重的，处三年以下有期徒刑或者拘役；情节特别严重的，处三年以上七年以下有期徒刑。"

二、特殊身份的类型

人是社会的产物，自一出生就具有一定的社会联系，在社会中具有一定的“身份”。而随着人的成长和社会活动的深入，人参与到更多的社会关系中，并在这些社会关系中处于各种各样的地位，体现为不同的社会身份。对刑法中的特殊身份，从不同角度可分为不同类型。

（一）自然身份和法定身份

以是否自然形成为标准，特殊身份可分为自然身份和法定身份。所谓自然身份，是指基于自然的原因，一个人自动获得的身份。例如，依据性别、血缘，人因此具有男性或女性身份或获得父母子女、兄弟姐妹等身份。法定身份是指基于法律所赋予的身份。如学生、夫妻、军人、国家司法人员等身份的获得，需要经历一定的法定程序。在我国刑法中，有的特殊主体要求具有自然身份，例如，强奸罪的犯罪主体只能是男性。[①] 更多的特殊主体要求具有特定的法定身份，例如，刑法第 316 条规定的脱逃罪的犯罪主体要求是“依法被关押的罪犯、被告人、犯罪嫌疑人”，第八章贪污贿赂罪的绝大多数犯罪主体要求具有“国家工作人员”身份。

（二）定罪身份与量刑身份

以特定身份对刑事责任的影响后果为标准，可分为定罪身份和量刑身份。定罪身份是指犯罪成立所必须具有的身份。具体又分为两种情形：一是犯罪主体身份，它是犯罪主体要件所要求的身份。例如虚假广告罪的犯罪主体是广告主、广告经营者、广告发布者。二是犯罪对象身份，它是某些犯罪的犯罪对象的身份特征。例如，刑法第 240 条拐卖妇女儿童罪的犯罪对象是妇女儿童；第 391 条对单位行贿罪的犯罪对象必须是单位。量刑身份是指不是作为犯罪构成要件内容，只是对刑事责任大小具有影响的身份。例如，前述刑法第 17 条第 3 款规定，不满 18 周岁

---

① 这里指的是单独犯。

（即未成年人）的人犯罪，应当从轻或者减轻处罚。此外，审判时怀孕的妇女、年满 75 周岁的老年人等，刑法在一些制度中也给予特殊的量刑对待。

三、身份犯

犯罪主体具有特殊身份的犯罪，理论上称为身份犯。有的身份犯的特殊身份是犯罪行为的客观属性所决定的，例如强奸罪，在单独犯的情况下，该罪的犯罪主体只能是男子。有的是法律规定的身份，例如投敌叛变罪的犯罪主体是中国公民，铁路运营安全事故罪的犯罪主体是铁路职工。还有的既可以是基于血缘的身份，也包括法定的身份，例如，遗弃罪的犯罪主体是具有扶养义务的人，它包括具有血缘关系的父母子女、兄弟姐妹等，也包括夫妻、形成收养关系等其他法定的具有扶养义务的人。

从身份的影响后果看，身份犯有真正（或纯正）身份犯与不真正（或不纯正）身份犯之分。前者是指以特殊身份作为主体要件的身份犯，如果没有此特殊身份，那么该犯罪就不能成立。后者是指刑法规定的不以特殊身份为必要——即犯罪构成主体是一般主体，但又规定具有特殊身份的主体实施将影响量刑的犯罪。例如，刑法第 349 条第 1 款规定的包庇毒品犯罪分子罪，犯罪主体是一般自然人主体，但是如果是“缉毒人员或者其他国家机关工作人员”，那么就要“从重处罚。”

对身份犯还需要注意以下两点：一是行为人的特殊身份应是在行为人开始实施犯罪时就已经具有，行为人实施犯罪以后才具有某种特殊身份，不是身份犯。二是犯罪主体的特殊身份仅仅是针对实行犯而言的，帮助犯和教唆犯并不受身份限制。这一点对认定共同犯罪的性质十分重要。

四、其他一些特殊自然身份群体的刑事处遇

特殊自然身份群体是指因自然因素具有特定身份的群体。常见的有未成年人、老年人、怀孕的妇女、精神病人、聋哑人、盲人等。同一般主体相比，这些群体因生理因素等原因存在一定的可宽宥性，例如，审判时怀孕的

妇女和犯罪时不满十八周岁的人,出于人道的考虑,刑法禁止判处死刑。

(一) 未成年人。一是,根据刑法第 17 条规定,对于未满 12 周岁的未成年人,刑法明确规定不需要负刑事责任。对于年满 12 周岁不满 18 周岁的未成年人,应当从轻或减轻刑事责任。二是,不适用死刑。刑法第 49 条规定,犯罪的时候不满 18 周岁的人不适用死刑。"不适用死刑"意味着宣告刑最高不超过无期徒刑。三是,不适用累犯制度。累犯是一种严厉的刑罚制度,对于累犯应当从重处罚,且不能被适用缓刑和假释。刑法第 65 条明确将"不满 18 周岁的人"排除在累犯制度之外。四是,从宽适用缓刑。对于被判处拘役、3 年以下有期徒刑的犯罪分子,如果犯罪情节较轻、有悔罪表现、没有再犯罪的危险并且宣告缓刑对所居住社区没有重大不良影响的,根据刑法第 72 条,可以宣告缓刑,其中不满 18 周岁的人,应当宣告缓刑。这里"不满 18 周岁"指的是宣告缓刑的时候不满 18 周岁。五是,免除前科报告义务。即"犯罪的时候不满 18 周岁被判处 5 年有期徒刑以下刑罚的人,免除在入伍、就业时候,如实向有关单位报告自己曾受过刑事处罚的义务。"①

(二) 老年人。刑法对老年人的宽宥主要体现在两方面:一是量刑从宽原则。刑法第 17 条之一规定,年满 75 周岁的人故意犯罪的,可以从轻或者减轻处罚;过失犯罪的,应当从轻或者减轻处罚。二是,死刑适用仅限于特定情况下犯罪。"审判的时候已满七十五周岁的人,不适用死刑,但以特别残忍手段致人死亡的除外。"②

(三) 怀孕的妇女。一是不适用死刑。从人道主义出发,刑法第 49 条第 1 款规定,对于审判时怀孕的妇女,不适用死刑。二是缓刑优待适用。根据刑法第 72 条,对于被判处拘役、3 年以下有期徒刑的怀孕的妇女,如果犯罪情节较轻、有悔罪表现、没有再犯罪的危险并且宣告缓刑对所居住社区没有重大不良影响的,应当宣告缓刑。

此外,对于限制精神病人、聋哑人、盲人等犯罪主体,刑法都规定了从宽量刑的原则,这些上文已经提到,这里不再赘述。

---

① 刑法第 100 条第 1 款。

② 刑法第 49 条第 2 款规定。

第八章　犯罪主观方面

人的行为是受精神意识支配的。一些不良的主观心理意识是犯罪行为发生的内驱因素，[①]现代刑法普遍将这类主观心理意识作为评价行为人的行为构成犯罪的内在根据或主观根据，犯罪构成理论称之为犯罪的主观方面。刑法第14、15条是关于犯罪的主观方面的一般规定，分则中的一些具体罪名还有一些特殊的主观方面内容。

第一节　犯罪主观方面概述

一、犯罪主观方面的概念

根据我国刑法，犯罪主观方面是指犯罪主体对自己所实施的危害社会的行为及其可能造成的社会危害后果所抱有的主观心理态度。它主要包括罪过（即在政治上、道义上应受否定的故意或过失）和犯罪的目的、动机。[②] 其中，罪过是最基本的、可以单独完整地表现犯罪的主观方面，是所有犯罪构成都必须具备的主观要件。[③] 犯罪的目的和动机，能体现行

① 本书这里的“不良的主观心理意识”，是基于统治阶级意识形态（或意志）立场的评价，或者说是在政治上或统治阶级道德上的评价。

② 不同法系具体划分犯罪主观方面的种类有所不同，但是它们合在一起涵盖的范围可以说是基本一致的。

③ 值得注意的是，对于持有型犯罪，主观上仅限于“明知”即可，因为此类犯罪客观上不需要行为的展开过程，相应地，主观上也就不需要故意或过失的意志因素。另外，在国外刑法立法中，存在不需要主观罪过的严格责任（绝对责任）或可以反证罪过不存在的相对严格责任。

为人的主观罪责严重程度，也是犯罪主观方面常见内容。但犯罪目的只是部分故意犯罪成立的要件，影响这些犯罪的成立与否，犯罪动机则不是犯罪构成必备的要件，它不影响犯罪的成立与否，但能体现行为人主观罪责程度，可以影响量刑。

把握犯罪构成的主观方面，需强调以下几点：

（一）犯罪主观方面是刑法规定的刑事责任追究的主观根据

把犯罪主观方面作为认定犯罪和追究刑事责任的主观根据，既是对犯罪现象的客观反映，也是刑法坚持主客观相统一原则的重要体现。刑法第14、15条明确把故意和过失作为一切刑事责任追究的主观根据或犯罪成立的主观条件。刑法第16条从相反的角度肯定了这一原则，即如果行为人的行为在客观上造成损害结果，但不是由于行为人有意为之（故意），也不是由于行为人存在过失，而是由于行为人意想不到的原因或者超出了行为人的把控能力（不可抗力），那么，就不成立犯罪。我国刑法反对客观归罪、结果论罪。

那么，为什么认定犯罪或刑事责任应当以主观罪责为根据呢？或者说为什么刑法要坚持主客观相统一原则，反对客观归罪、结果论罪呢？说到底是实现刑罚目的或完成刑法的任务的要求。犯罪是“孤立的个人”反抗统治关系的斗争，而刑法（刑罚）不外乎是国家为防卫侵害自己生存条件的行为（犯罪）而做出的反应，它必须准确、有效地确定刑罚对象。近代以来的哲学思想认为，人类是具有理性的高级动物，任何正常的人都有自由意志。马克思主义经典作家发展了这一观点，指出人的意志是相对的自由意志。行为（包括犯罪行为）不过是一定条件下人的自由意志选择、支配的结果。实施或不实施犯罪行为，关键在人的主观意志的选择和支配。因此主观意志是犯罪的内在根源，也是主要内驱力，能反映对现有的统治关系的反对态度。也就是说，在一定环境下，行为人明知或应知自己的行为会导致危害社会的结果发生，在能够做出其他合法或正当的选择时，却选择实施这种危害行为，导致危害社会的结果发生，是犯罪发生的关键性动因。只有针对具有这种自由意志的选择行为进行惩治和阻遏，才能真正有效地实现刑罚目的、完成刑法的任务。相反，尽管行为人的行为与危害社会的损害后果发生相关联，但是超出了行为人的认识或意志选择，在本质上只能算是一种客观事件，对其惩治既缺乏合理性、正当性和必要性，也达不到刑罚的目的，反而会伤及无辜。因此，在相对意志自由的基础上产生的危害社会的故意或过失的心理态度，应当成为追究行为人刑事责任的主观根据。

（二）犯罪主观方面是与犯罪客观方面并列且对应的犯罪构成要件

首先，任何犯罪行为都是在一定的主观心理态度支配下实施的，犯罪客观方面需要犯罪主观方面的指导，犯罪主观方面需要犯罪客观方面的呈现，二者之间相互融合，相辅相成，具有统一性。没有犯罪的主观方面，就不会有犯罪的客观方面，如果没有故意或过失，危害行为及其结果也就不会发生；仅有行为人单纯的心理态度，而没有一定的行为表现出来，就不会有犯罪，行为人单纯的心理态度也不会转化为犯罪的客观方面，行为人主观上的认识和意志以行为人的行为及其结果为内容。马克思说："对象不同，作用于这些对象的行为就不同，因而意图也就一定有所不同，除了行为的内容和形式而外，试问还有什么客观标准来衡量意图呢？"[①]在司法实践中，司法人员需要通过全面系统深入地分析和把握案件的各种具体事实情况，来查明行为人是否具有主观罪过，是故意还是过失，是何种故意或过失，有无特定的犯罪目的，犯罪动机如何，从而对行为人的主观方面做出全面客观准确的判断。

其次，主观方面的心理态度和客观行为、结果之间具有相对的独立性，不能互相取代。二者这种关系反映在犯罪构成体系中，是相对独立且并列的关系。也就是，行为人客观方面具有刑法所禁止的危害社会行为，是行为人行为构成犯罪并承担刑事责任的客观基础；而支配危害行为发生的犯罪主观方面，是行为人行为构成犯罪并承担刑事责任的主观基础。如果仅有危害社会的主观心理和意图而无危害行为，这里不存在犯罪；反过来，仅有危害行为、危害结果等犯罪客观方面，而没有犯罪主观方面，行

① 马克思恩格斯全集：第一卷，北京：人民出版社，1956：138。

为也不被能认定为犯罪。

（三）犯罪主观方面存在两种不同的基本罪过形式

犯罪主观方面主要有两种基本的罪过形式：故意或过失。据此，在犯罪类型上，有故意犯罪或过失犯罪之分。故意犯罪具有明显的法敌对性，对社会危害往往更大，因而是刑法主要惩治的主要对象。过失犯罪，只有“法律有规定的才负刑事责任。”二者的量刑一般具有较大的差别。每个犯罪要么是故意犯罪，要么是过失犯罪，二者必居其一。但在分则中，有的犯罪的主观方面内容存在不少分歧。例如，丢失枪支不报罪，行为人丢失枪支后不及时报告，对造成严重后果的心理态度，就很难单纯用过失或故意来界定。此外，个别刑法条文把故意犯罪与过失犯罪规定了相同的法定刑，例如刑法第 398 条规定的故意泄露国家秘密罪和过失泄露国家秘密罪：“国家机关工作人员违反保守国家秘密法的规定，故意或过失泄露国家秘密，情节严重的，处三年以下有期徒刑或者拘役；情节特别严重的，处三年以上七年以下有期徒刑。”这是较为特殊的情况。

二、犯罪主观方面的基本构成

犯罪主观方面通常具有一定的主观心理进程，在对这种经验现象进行分析总结的基础上，理论上把它从结构上区分为犯罪的认识因素和意志因素两部分，我国刑法第 14、15 条也基本是按照这个结构对犯罪主观方面进行规定的。

（一）认识因素

所谓犯罪主观方面的认识因素，是指行为人对自己实施的行为的事实、性质、时空环境、对象、结果及其可能危害社会程度等方面的认识情况。例如，我国刑法第 14 条中的行为人“明知自己的行为会发生危害社会的结果”、第 15 条规定中的行为人“应当预见自己的行为可能发生危害社会的结果，由于疏忽大意没有预见”，以及刑法第 259 条中“明知是现役军人的配偶”等规定，都属于犯罪主观方面的认识要素结构和内容。这主要包括：

1. *行为人对犯罪的基本事实情况的认识*。所谓犯罪的基本构成事实情况，是指刑法规定的、说明行为的性质、成立犯罪所必须具备的构成事实情况。主要包括行为人的行为、结果及二者之间的因果关系。例如，故意伤害罪要求行为人认识到自己的行为是故意伤害他人的行为，这种行为会造成他人身体伤害的结果。如果没有认识或不能认识到自己的行为是伤害他人行为，或者不认为行为会产生他人身体伤害的结果，那么，就不能成立故意。① 此外，对于一些犯罪，行为人除了要认识行为的性质、结果及其因果关系，还要清楚行为的时间、地点、方法或行为对象等事实。例如，刑法第 340 条规定："违反保护水产资源法规，在禁渔区、禁渔期或者使用禁用的工具、方法捕捞水产品，情节严重的，处三年以下有期徒刑。"根据该规定，非法捕捞水产品罪的成立，要求行为人能够认识到他在禁渔区、禁渔期或者使用禁用的工具、方法进行捕捞，如果没有认识或者不能认识就不能成立非法捕捞水产品罪的故意，而按照事实认识错误的原则处理②。前述破坏军婚罪，行为人除了认识到自己的行为外，还必须认识到对方是军人的配偶，否则，不成立该罪的故意。

2. *行为人对自己行为及其结果的社会危害性认识*。这是行为人在对自己的行为等客观事实认识的基础上，进而对行为的规范性或价值性认识或评价，认识到或应当认识到自己的行为具有社会危害性，是一种不良的违反秩序的行为。犯罪是对社会有害的行为，它的成立要求行为人对自己的行为具有或应当具有社会危害性认识，能够说明犯罪的法敌对性，把犯罪的心理状态和一般行为的心理状态区别开来。一般来说，只要是达到刑事责任年龄、精神健康、社会化进程正常的公民，都能够根据自己的知识、经验和认知能力，通过对行为、犯罪对象、行为时各种客观事实情况的分析，对行为的是非善恶、是否具有社会危害性做出恰当评价。如果因为某种原因，行为人由于认识错误，没有认识到行为的危害性质，那么就可能影响罪过成立乃至犯罪的成立。例如，一个偏远地区的农村猎

---

① 没有认识或不能认识的情况下，可能属于事实认识错误的情形，如何处理下文将有具体讨论。
② 见本章第五节"犯罪主观方面的认识错误"。

户，因为传统上有狩猎的习俗，加上普法宣传有漏洞，并不清楚近年来其周边区域的某种动物已被国务院列为保护动物品种，继续上山狩猎该种动物。该猎户尽管清楚到自己的行为是狩猎，认识到狩猎对象的动物种类，但囿于环境封闭和知识匮乏，并不能认识到自己行为和结果的社会危害性，这就会阻却故意的成立。

除了上述两点刑法明确规定的基本内容外，还有一个问题学界争论颇大：故意和过失的成立，是否要求行为人具有或应当具有违法性认识，甚至是刑事违法性认识？刑法中的社会危害性认识可否理解为违法性认识甚至刑事违法性认识？从刑法第14、15条规定来看，立法并没有要求行为人认识或应当认识到自己的行为具有违法性，而只是要求行为人具有或应当具有对行为的社会危害性认识。也就是说，从字面上看，上述规定只要求行为人认识到自己的行为对社会是不良的或有危害的，不要求行为人认识到自己的行为具有违法性甚至触犯刑律。这是符合我国法治现实的，因为对大多数公民来说，尽管通过普法和日常生活中的学习，懂得一些法律知识，但是，认为他们能够确定、清楚地了解法律是不现实的。我们不能因为他们口称"不懂法"，就认为他们是无辜或过错较小，许多罪犯不仅不懂法，而且拒绝自觉学习法律规范，甚至敌视法律，只要他们对正常社会有着"恶意"的行为，知道或应当知道行为对他人或社会具有危害性，就可以成立犯罪主观方面。因为犯罪的社会学本质就是对社会关系的侵犯，而不是对法律条文的侵犯。

进一步的问题在于，行为人的这种危害性认识评价的规范或价值标准是什么？是以行为人头脑中的价值体系或规范体系为标准，还是以社会主导性的价值体系或规范体系为标准？本书认为，达到刑事责任年龄、具有刑事责任能力、正常社会化的自然人，应当普遍具有对社会主导性价值体系的认识，能够据此进行行为的社会危害性认识判断，社会主导性的价值体系就是社会危害的判断标准。当然，由于个别行为人生活环境的局限、封闭和文化落后，行为人在主流价值规则认识上存在缺陷或漏洞，认识不到某种行为的社会危害性，就不能成立犯罪的主观方面。但是，如果尽管没有社会危害性认识，但能够认识到行为是违法的（例如信仰犯），即具有违法性认识，在这种情况下，也应当成立犯罪主观方面，因为这时行为人直接表现出法敌对性。

根据行为人的认识程度和罪过类型，刑法把犯罪主观方面的认识要素又分为两种情况：一是对故意而言，认识要素就是明知，即“明知自己的行为会发生危害社会的结果”。二是对过失而言，认识因素是应当预见，但“因为疏忽大意而没有预见”，或者虽“已经预见，但轻信能够避免”——实际上是没有做到足够预见。

（二）意志因素

所谓犯罪主观方面的意志因素，是指行为人在对自己的行为、结果及其社会意义等认识的基础上，选择和控制自己行为的心理内容。例如，刑法第 14 条规定中的“希望或放任”危害社会结果发生的心理内容，第 15 条中“疏忽大意没有预见”、“轻信能够避免”，以及刑法分则第 243 条“诬告陷害罪”中的“意图使他人受刑事追究”，等等，都属于犯罪主观方面的意志因素。

我国刑法规定，行为人对自己的行为及其危害结果的意志形式，分为四种情况：希望、放任、疏忽和轻信。“希望”是指行为人积极主动地实施危害行为，以期危害结果发生的心理态度。在实践中，通常表现为行为人事前积极谋划、准备，事中努力排除障碍、克服困难，想方设法实现行为目标。“放任”是指行为人对自己的行为可能会引起的某种危害社会的后果，采取一种顺其自然，任其发展，既不干涉，也不专门推动的心理态度。“疏忽”是指行为人本不希望出现危害社会的后果，但由于精神意志散漫、行动麻痹松懈，没有预见本来加以必要注意即可预见的危害结果，以致其发生的意志状态。“轻信”是指行为人本不希望出现危害社会的后果，但由于盲目自信，轻率地选择和支配自己的行为，以致发生危害结果的意志状态。

我国刑法规定的犯罪主观方面，都是由有着具体内容的认识因素和意志因素结合而成，总体上分为犯罪故意和犯罪过失两种类型，每一种类型下又分为两种具体类型，即直接故意和间接故意、疏忽大意过失和过于自信过失。行为人的主观方面缺乏认识因素或意志因素的任一方面，都不能构成犯罪主观方面。例如，我国《刑法》第 16 条规定：“行为人在客观上虽然造成了损害结果，但是不是出于故意或者过失，而是由于不能抗拒或不能预见的原因所引起的，不是犯罪。”这里“不能抗拒”意味着行为人不能把控自己的行为，主观上缺乏意志因素；“不能预见”意味着自己行为后果的出现超出了行为人的认识能力，行为人的主观上缺乏认识因素，因此，这两种情况下，行为人的主观方面既不成立故意，也不成立过失。

第二节　犯罪故意

一、犯罪故意的概念与构成

犯罪故意是我国刑法确定的两种罪过形式之一，故意犯罪则是刑法打击的主要犯罪类型。根据《刑法》第14条，犯罪故意是指行为人明知自己的行为会发生危害社会的结果，希望或者放任这种结果发生的主观心理态度。它包括两方面因素：一是在认识因素上，行为人明知自己的行为会发生危害社会的结果；二是，在意志因素上，行为人对危害结果的发生抱有希望或放任的态度。只有这两方面因素都存在时，才能存在犯罪故意。①

① 关于犯罪故意的学说，实质是如何界定犯罪故意的学说，或者是区别故意与过失的学说。刑法理论上起初有希望主义与认识主义之争：前者认为，只有当行为人意欲实现构成要件的内容时，或者希望发生危害结果时，才成立故意；后者认为，只要行为人对构成要件的事实有认识或认识到可能发生危害结果时，就成立故意。这两种学说均被认为是从一方面去区分故意与过失，前者缩小了故意的范围，后者则扩大了故意的范围，都具有片面性。随后出现了立足于希望主义的“容认说”与立足于认识主义的“盖然性说”：前者认为，行为人只有在有实现构成要件的意思时，才成立故意，而这里的故意，并不以意欲、目的、希望为必要，只要行为人容忍或放任危害结果的发生，就成立故意。后者主张，对于故意只能依据行为人对构成要件事实的认识来确定，即行为人认识到危害结果发生具有盖然性（可能性很大），仍实施该行为，就足以表明行为人是容认或放任危害结果的发生的；行为人仅认识到危害结果发生的可能性时，就表明行为人没有容忍或放任危害结果发生的，结果发生的原因是过失。我国采用了“容认说”。首先，在行为人认识到危害行为和危害结果时，还放任危害结果的发生，就表明行为人不只是消极地不保护社会关系，而且还有表现出主动否认社会关系的意识，与希望结果发生没有本质上区别。其次，“容认说”将主观恶性明显小得过于自信的过失，排除在故意之外，将间接故意归入故意之中，做到了宽窄适度。再次，“盖然性说”存在缺陷。认识因（转下页）

（一）认识因素

犯罪故意中的认识因素是指行为人认识到自己的行为会发生危害社会的后果。展开一点说，它包括：第一，行为人对自身的行为、结果的认识。要认识到自己的行动内容、性质、作用、结果等。第二，行为人对行为的社会危害性的认识。认识到自己的行为具有危害社会的性质，即在政治或伦理意义上具有否定性的评价。行为人对行为具有社会危害性认识，并决意为之，反映了对社会主义社会关系敌视的态度。第三，行为人认识到自己的行为有导致危害社会结果发生的可能性，即明知自己的行为"会发生"危害社会的结果，包括必然发生和可能发生。第四，行为人对与危害行为相关联的其他客观方面因素的认识。如认识到杀人行为的对象是人，认识到盗窃的是他人的财物，以及一些犯罪所必需的时间、地点等。如果对此不具有认识，将影响行为人对行为性质、社会危害性等的规范性判断，进而影响故意的成立。

（二）意志因素

犯罪故意中的意志因素，是指行为人在认识到自己的行为会发生危害社会的结果后，所抱有的希望或放任其发生的心理态度。希望的心理态度，就是行为人对危害社会结果的发生积极追求的意志态度。例如，甲为了杀害乙，事先认真谋划实施的时机、地点和方式，实施过程中奋力将乙制伏并杀害，表现出积极追求的意志态度。放任的心理态度，是行为人在认识到自己的行为可能造成危害社会的结果时，并不打算进行干涉，而是任其自然发展的意志态度，虽然不是积极追求，但也不阻碍、反对和防止。

（接上页）素的有无可以左右意志因素的有无，这表现在没有前者就没有后者。但是，认识因素的内容并不能决定意志因素的内容，行为人认识到结果发生的可能性大小，并不能直接说明他是希望或放任结果的发生，还是希望结果不发生。在有些情况下，虽然行为人自己觉得危害结果发生的机会渺茫，但即使有一线希望，仍积极追求结果的发生，表现出强烈的法敌对性，如果根据"盖然性说"，将其排除在故意之外，是不妥当的。参见高铭暄、马克昌等. 刑法学：第 9 版. 北京：北京大学出版社、高等教育出版社，2019：103。

认识因素和意志因素共同构成犯罪故意的内容，二者相对独立，相互联系，彼此相依。认识因素是意志因素的前提和基础，无认识因素就不会有意志因素。意志因素是认识因素的发展，只有认识因素，而无意志因素，不能成为犯罪故意的认识因素。值得注意的是，在刑法分则的持有型犯罪的罪名中，行为人只需要具有认识因素（明知）即可，也就是行为人认识到自己控制、支配特定的物品是宣扬恐怖主义、极端主义物品、伪造或他人的信用卡、枪支、假币、假发票、毒品等即可，因为这里的持有不需要积极的身体行动因素，不需要意志的选择、支配；还有一些罪名的犯罪故意中的认识因素，除了“明知行为会发生危害社会后果的认识”外，还特别提出要对犯罪对象具有认识，如刑法第 258 条重婚罪中的“明知他人有配偶”的规定。此外，在一些罪名的犯罪故意中的意志因素，除了犯罪故意的一般目的外（即达到危害社会的后果），还要求“额外”的目的要素，例如，刑法第 152 条走私淫秽物品罪要求以“传播或牟利为目的”，等等。这些都是我国刑法中的犯罪故意的特殊情况。

二、犯罪故意的类型

犯罪故意在认识因素上基本是一致的，但在意志因素上存在希望或放任的区分，理论上据此把犯罪故意又分为两种情况：

（一）直接故意

直接故意是指行为人认识到自己的行为会发生危害社会的结果，并且希望这种结果发生的心理态度。例如，诈骗罪、盗窃罪、抢夺罪、绑架罪等的犯罪主观方面，都只能是直接故意，都包含了行为人明知自己的行为会发生危害社会的后果，并且希冀通过实施积极主动的行动来实现犯罪的意图。

根据行为人对危害行为导致危害社会结果发生的认识上的差别，直接故意又可分为两种情况：一是行为人认识到自己的行为必然会发生危害社会的结果，并且希望这种结果发生的心理态度。例如，甲用刀捅刺乙的身体，致使其严重受伤，这里，甲明知自己的行为必然会导致乙严重受伤，但仍决意为之，是典型的直接故意。二是认识到自己的行为可能会发生危害社会的结果，也可能不会发生，希望这种结果发生的心理态度。例如，甲从远处隐蔽向乙射击，可能打中，也可能打不中，但甲努力争取能成功打中，这也是直接故意常见的一种情况。对这两种情况进行区分，有助于司法上评估两种不同的直接故意犯罪在社会危害方面的些许差别。

（二）间接故意

间接故意是指行为人认识到自己的行为可能会发生危害社会的结果，并且放任这种结果发生的心理态度。其特点是：一是认识因素上，行为人认为自己的行为只是“可能”会发生危害社会的结果，即行为人根据对自身、环境、犯罪工具、行为手段、犯罪对象等的了解，认为自己的行动实现危害结果只具有或然性甚至盖然性，不具有必然性。这为间接故意的意志因素即放任心理提供了前提和基础。二是意志因素上，行为人对危害结果的发生采取放任不干涉的心理态度。这里的放任不是希望，不是积极的追求，并不把危害结果的出现作为目标，也不制止、干涉，行为人只是在认识到自己的行为可能会发生危害社会结果的情况下，为了达到自己行为的原有目的，仍然决意实施原来设定的行为，结果导致一种非目的的、附随性的危害结果发生。行为人对阻碍危害结果发生的障碍不去排除，但也不设法阻止危害结果的发生。理论一般强调，间接故意的行为人对危害结果发生的认识只能是“可能发生”，不能是必然发生。如果是必然发生，在意志因素上称“放任发生”是不符合逻辑的。

从间接故意在现实表现来看，可分为四种情况：

1. 意在通过某种行为实现一个犯罪目的而放任另一犯罪结果发生。例如，甲为了在路上炸死乙，事先在乙的车下放置了遥控炸弹。当乙驾驶车在道路上行使时，甲通过遥控炸弹爆炸，导致乙车毁人亡，同时也炸伤了恰巧从路边经过的路人丙和丁，对路人丙和丁的受伤，甲持的是放任的态度。

2. 追求一个非犯罪目的而放任某种危害结果的发生。甲对村委书记乙怀恨在心，为了吓唬他一下，就利用大年三十夜里众人放爆竹的时候,向乙家院子里扔了一个自制爆炸装置,威力不大,企图制造声响,结果导致一个正在院里放鞭炮的孩子右眼被碎物击瞎。

3. 突发性事件,冲动之下,不计后果,对他人或物等实施侵害,放任严重的结果的发生。甲乘公共汽车,与一位老人发生争执,老人将甲扭住不放,甲急于摆脱,冲动之下,一拳将老人打倒,致其死亡。

4. 行为人基于流氓心态,藐视法纪,追求刺激,实施某种具有危险性或危害性的行为,放任不确定危害结果的发生。例如,往人群中扔点燃的成串鞭炮取乐,导致有人轻伤以上。

(三) 间接故意与直接故意的比较

1. 共同点

二者是构成犯罪故意的两种基本类型,都展现出对现行秩序的敌对或蔑视态度。在认识因素上,二者都要求行为人对行为本身、结果及其社会危害性具有认识,在意志因素上都容忍或不阻碍危害结果的发生。

2. 区别

(1) 在认识内容上,直接故意既可以是行为人认识到危害社会结果必然发生,也可以是行为人认识到危害社会结果可能发生,有两种情况;间接故意只能是行为人认识到自己的行为可能导致危害社会结果的发生。如果行为人明知自己的行为必然发生危害社会的结果,就不再存在行为人"放任"这种结果的发生的问题。

(2) 在意志因素上,直接故意对危害社会的结果是积极追求、力图发生,在这种心理支配下,行为人往往想方设法,创造条件,排除障碍,积极努力地去达到犯罪目的,造成犯罪结果。间接故意则对危害结果的发生不是希望,也不阻挠,而是放任出现,不予干涉,发生不发生都可接受。

(3) 直接故意蕴含在行为人实施的危害行为及其产生的结果之中,主观直接引导客观,因此,有直接性的特点。间接故意不是行为人引导危害行为的主观心态,引导行为人行为的主观心理是以追求其他某种目的为内容,或以行为人的其他某种心理为内容,因此,具有伴随性的特点。换言之,间接故意不能单独存在的。

(4) 特定危害结果发生与否,对二者各自支配下的犯罪成立的意义不同。对直接故意犯罪来说，特定危害结果发生与否不影响犯罪成立，只是对那些以犯罪结果为既遂要件的犯罪来说，是区分既遂与未遂形态的标志。例如，诈骗罪尽管以非法骗取他人财物为目的，但是否真正实现这一危害结果，不影响诈骗罪的成立，只影响既遂或未遂。但对间接故意犯罪而言，特定结果发生与否决定间接故意犯罪成立与否。因为间接故意中，行为人本来就追求另外一个主要目的或另有一个主要的心理状态，如果间接故意意指中的危害结果没有发生，间接故意实际上只停留在精神领域范围，客观上也无从体现，不能成立间接故意犯罪，不存在未遂、中止、预备的问题。

刑法第 14 条第 2 款规定："故意犯罪，应当负刑事责任"。通过比较直接故意与间接故意的不同，可以看出，在其他方面要件相同的情况下，直接故意支配下的犯罪通常要比间接故意支配下的犯罪更具有危害性和危险性，因此，一般要承担更重的刑事责任。

第三节　犯罪过失

一、犯罪过失概述

犯罪过失是我国刑法规定的另一种重要罪过形式。根据刑法第 15 条第 1 款规定，犯罪过失是指行为人应当预见自己的行为会发生危害社会的结果，因为疏忽大意而没有预见，或者虽然已经预见但轻信能够避免的一种心理态度。犯罪过失是过失犯罪负刑事责任的主观根据。过失犯罪，法律有规定的才追究刑事责任。

从罪过内容上看，犯罪过失具有两方面特征：其一，在认识因素上，行为人应当预见自己的行为可能发生危害社会的结果，但是由于疏忽大意而没有预见，或者虽然已经预见但轻信能够避免。亦即两种情况对危害结果的发生都没有准确的预见。其二，在意志因素上，行为人对危害结果的发生不存在希望或放任的心理态度，而是持否定的态度，一种是疏忽大意没有预见，一种是虽然预见了但轻信能够避免。据此，刑法理论上把过失分为疏忽大意的过失和过于自信的过失。深入分析两种犯罪过失，不难看出，犯罪过失的本质，或者说过失犯罪负刑事责任的主观根据，在于行为人违背了足够的注意义务（违背了结果预见义务或结果避免义务），即行为人本来应当正确地认识自己的行为与危害社会结果之间的客观联系，并进而正确选择自己的行为，以避免危害社会结果的发生，但却由于粗心大意、轻率麻痹，或过于自信，违背了这种结果预见义务或结果避免义务，从而导致危害社会的结果发生。

犯罪过失与犯罪故意同属于犯罪主观方面，都是刑法规定的对犯罪追究刑事责任的主观根据。但二者的区别也很明显：

从认识因素来看，犯罪故意是行为人对自己的行为会发生危害社会的后果具有明确的认知即明知，包括可能发生或者必然发生，主观认识与事物发展规律是吻合的；而犯罪过失则是应当预见自己的行为会发生危害社会的后果，但由于疏忽大意没有预见，或虽有预见，但轻信能够避免（认为可能性不会转化为现实性），即没有达到正确认识，主观认识和事物发展规律并不一致。后者行为人没有尽到足够的注意义务。

从意志因素来看，犯罪故意是行为人希望或者放任危害结果发生，表现出对社会和秩序具有明确的敌意和蔑视；而犯罪过失是行为人对危害结果的发生持反对、拒斥的态度，只是由于疏忽大意或过于自信，才导致结果的发生。简言之，犯罪故意是一种明知故犯的心理态度，主观罪过强烈；犯罪过失是一种缺乏必要的谨慎的心理态度，主观罪过较轻。

二、犯罪过失的类型

根据刑法规定，犯罪过失可分为疏忽大意的过失和过于自信的过失两种类型。

（一）疏忽大意的过失

在日常生活中，因疏忽大意导致自己、他人和社会整体利益受到损害的事件并不鲜见。因此，每一个社会成员在社会生活中都具有一定的谨慎行为的义务，以避免危害事件发生。疏忽大意的过失是指行为人应当认识到自己的行为会发生危害社会的结果，因为疏忽大意而没有预见，以致发生这种结果的主观心理态度。例如，新兵甲用装着子弹的枪对人比划，结果走火将他人打伤；乙在住宅附近倒车时，不小心将一边玩耍的儿童压成重伤，等等，都是比较常见的疏忽大意的过失。疏忽大意的过失，因为对危害结果没有认识，故还可称为“无认识的过失”或“疏忽的过失”。

疏忽大意的过失有两个主要特征：

一是“应当预见”。所谓“应当预见”，是指行为人有义务注意到自己的行为可能发生危害社会的结果，即结果预见义务。这是犯罪过失成立的前提。如果没有这一预见义务，也就不存在所谓的过失。“应当预见”是疏忽大意的过失与意外事件的区别所在，后者是不能预见，也无预见义务。由此也可以看出，疏忽大意的过失是一种违背了注意（或预见）义务的过失。

一般来说，这种注意义务来自于法律的规定，或者职务、业务的要求，或是公共生活的准则等，它与预见的可能性联系在一起。那么，怎么判断行为人应否预见？或者说是否具有预见义务呢？刑法理论上见解不一，主要存在“客观标准说”、[①]“主观标准说”[②]和“折中说”等不同主张。我国采取较为通行的“折中说”，认为行为人是否应当预见，应当根据行为人的教育程度、年龄大小、职业经历、智力技能、工作能力等个人情况进行判断（“主观标准说”），同时参考一般人的预见可能性（“客观标准说”）。

二是“没有预见”。所谓“没有预见”，是指行为人在行为当时没有预见到自己的行为会发生危害社会的结果。这是疏忽大意的过失的关键特征。这一特征将疏忽大意的过失与其他三种罪过形式（直接故意、间接故意和过于自信的过失）的区别开来。行为人之所以实施了相关行为，并且未采取避免危害结果发生的必要措施，以致发生危害结果，是因为他根本

---

① “客观标准说”主张以社会上一般人的能力和水平来衡量，凡是一般人能够预见的，行为人就应当预见。“客观标准说”的缺陷有两个：一是标准不明确，不能从法律上为“一般人的一般水平”提供一个明确的根据，这个所谓的“一般人的一般水平”实际上是虚妄的。二是以一般代替个别，这必然导致智识较高的罪犯逃避惩罚，而使智识水平低的人承担不必要的责任。

② “主观标准说”认为，应根据行为人本身的能力和水平来衡量，包括知识程度、智力状况、工作能力、业务水平等，看行为人是否应当预见，是否具有预见义务。其缺陷在于没有考虑事件发生时具体的情况和条件，过于迁就行为人个人情况，可能有失公平公正。

没有预见到自己的行为可能发生这种危害结果。而行为人之所以没有预见，是因为行为人违背预见义务，疏忽大意。正是由于疏忽大意，导致行为人在应当预见也能够预见到自己行为会发生危害结果的情况下实际上并没有预见，实施了危害社会的行为，导致危害社会的结果。法律规定惩罚这种过失犯罪，从客观上看，是因为行为给社会造成了实际危害后果；从主观上看，就是要惩罚和儆戒这种对他人、社会利益严重不负责任的粗心大意、轻率浮躁的心理，提醒人们在社会生活中要具备必要的谨慎态度。

此外，疏忽大意的过失的两个特征背后，隐含了行为人对危害结果的出现是持反对态度的，这也是疏忽大意的过失的重要特征。

(二) 过于自信的过失

过于自信的过失，是指行为人已经认识到自己的行为可能发生危害社会的结果，但是基于对自己能力、经验的自信和对客观因素的预判，认为能够避免这一结果，以致结果发生的心理态度。过于自信的过失，又可称为“有认识的过失”。

对于过于自信的过失，也从两方面进行把握：

一是“已经认识”。行为人已经认识到自己的行为可能发生危害社会的结果——在这点上，与故意的认识因素类似，也与疏忽大意的过失相区别。如果行为人没有预见到自己的行为会发生危害社会的结果，则不能成立过于自信的过失，而可能是意外事件(超出行为人的认识能力)或疏忽大意的过失(没有足够的注意)。

二是“轻信能够避免”。尽管已经认识到自己的行为可能发生危害社会的后果，但是行为人基于对个人能力、经验和环境等因素的分析预判，最终认为实际上不会发生这种危害结果。正是由于行为人这种“轻信”指导着行为人实施了错误的行为，导致危害结果的发生。这里所谓的“轻信”，是指行为人过高地估计了可以避免危害结果发生的其自身的和客观的有利因素，而过低地估计了自己的行为导致危害结果发生的可能程度，显然是有过失的。同时，我们也可以看出，在过于自信的过失的心理状态下，行为人并不希望危害结果发生，通常还会采取措施尽量避免，但仍由于轻信冒进，导致结果发生。在此点上，可将过于自信的过失与故意（直接故意、间接故意）和不可抗力情形下的主观心理态度区别开来。

过于自信的过失的例子，在生活中也比比皆是。例如，渡船、车辆超载；一些不严格遵守施工纪律的矿难；在街道上高速行驶、闯红灯、酒驾等。在这些例子中，行为人比较清楚自己的行为会发生危害社会的结果，但是，往往又对即将到来的风险估计不足，认为实际上不可能发生，迷信经验、轻信冒进，最终导致危害社会结果的发生。

（三）过于自信的过失与间接故意的区别

过于自信的过失和间接故意二者有共同之处，比如，在认识因素上都预见到行为可能会发生危害社会的结果，在意志因素上都不是“希望”危害结果发生，因而在司法实践中比较容易混淆。但是，二者是性质截然不同的两种罪过形式，即一种具有明显的敌视或蔑视法秩序的心理特征，而另一种则不具有这种对法秩序敌视或蔑视的心理特征，在刑事责任的承担上也相差很大。因此，在理论上有必要给予准确厘定。

第一，认识因素的不同。二者虽然都预见到行为发生危害结果的可能性，但它们对这种可能性是否会转化为现实性即实际上发生危害结果的主观估计是不同的。间接故意的心理始终认为可能性会转化为现实性，不会认为这种可能性不再会转化为现实性，因而当危害结果实际发生时，行为人的主观认识与客观结果之间并不存在错误或偏差。过于自信的过失则与此不同，行为人虽然起始也认为自己的行为有导致危害结果发生的可能，但行为人在进一步对主客观因素（包括行为人采取一定的措施）进行分析评估后认为，这种危害结果将得以避免。所以，当危害结果发生时，行为人的主观认识与客观实际不相符合，存在一个从肯定到否定的心理变化进程。

第二，意志因素的不同。二者虽然都不是“希望”危害结果发生，但间接故意的行为人也不反对危害结果发生，也未想采取措施或方法去避免结果发生，对结果的出现是接受或容忍的态度，表现出对法秩序、他人和社会利益的“蔑视”。过于自信的过失，对结果的出现是反对的态度，虽然认识到结果可能发生，但是主观上相信凭借其技术、经验、知识、体力等因素，将会避免结果的发生。

还需要说明的是，过于自信的过失的本质是行为人对自己注意义务（结果避免义务）的违反——肯定自己的注意义务，但没有履行足够的注意义务。行为人“轻信”或“过于自信”是相对于行为人履行注意义务是否符合要求而言的，这种注意义务是对行为人自身主观认识和行动的要求，而不能把这种轻信或自信建立在他人的注意义务要求上。在实践中许多案例行为人所谓的“轻信”是建立在他人的注意义务要求的发生可能性上，其实是行为人借以推脱自己注意义务、掩饰自己罪过和推卸责任的一种借口，其所谓“轻信”实质是间接故意。例如，甲经常驾驶大卡车冲过收费站以逃避过路费。一天，收费员乙发现“惯犯”甲又要冲卡后，就站在路中间拦截，甲不顾一切冲过去，结果把乙撞死。甲事后辩称，当时认为只要冲过去，乙就会害怕躲开，没想把乙撞死，结果乙没有躲开，因此，自己是过于自信的过失。甲的行为时的心理状态不是对自己的注意义务的违反，而根本心中没有或拒绝履行注意义务，他这种所谓“轻信”建立在无法预断的他人行动上，实际是对乙的死亡采取了一种轻率放任的态度。因此，甲的心理态度应是间接故意。

第四节　犯罪的目的和动机

直接故意犯罪是一种有意识、有目的的行动。它存在一个心理过程：通常因为一定的犯罪动机所推动，产生犯意，计划一定的行为，确定一定的目标，支配犯罪行为的实施与完成。因此，直接故意犯罪实际上都有其动机和目的。但在刑法中，犯罪目的和动机只是部分犯罪成立的主观方面条件。对大多数直接故意犯罪而言，动机和目的尽管不是犯罪构成要件，但是也能体现犯罪人的罪过程度差异，能够影响量刑。

一、犯罪动机

心理学上，动机是指推动行为人通过一定行为实现某种目的的心理动因。它来自人的生理、价值和尊严等需要，刺激人思考采取一定行动，并确定行动的目的和目标，将内心的愿望变成现实。犯罪动机在心理学上与人的动机没有什么不同，只是它促使行为人选择了一种危害社会的方式去实现自己的目的，即是指推动行为人通过实施犯罪行为以达到犯罪目的的内在心理因素。例如，欲望、嫉妒、虚荣等心理动机，有时会促使某些人努力提高自己，来实现自己的目的，但有时也会让某人产生以犯罪行为来实现自己的目的的意图，当行为人选择了以实施犯罪行为来达到自己的目的，这种动机就成为了犯罪动机。所以，犯罪动机和普通动机在心理学上并无区别，它在某种意义上是人之“常情”，一般不会影响犯罪的成立。

但是，人的动机本身有良善和卑劣之分，例如，同情、爱心、要强、大义等是较为良善的动机，而嫉妒、怨恨、虚荣等动机，是较为卑劣的动机，不同的动机成为犯罪动机的话，能够体现行为人的主观罪责大小，可以影响行为人的量刑。

二、犯罪目的

目的是指在一定动机支配下行为人希望通过行为来实现某个结果。犯罪目的就是指行为人希望通过实施危害社会的行为以达到某个结果，它是危害结果在行为人主观罪过中的表现。例如，盗窃罪的犯罪目的，是希望通过盗窃行为取走并非法占有公私财物；故意杀人罪的犯罪目的是通过杀人手段非法剥夺他人生命；诬告陷害罪的犯罪目的是使受诬告者受到错误的刑事责任追究。犯罪目的使犯罪行为具有了直接指向性，指导犯罪行为的实施方向、方法、措施和力度，显示了犯罪行为的积极追求性，因此，有犯罪目的的心理态度只能是直接故意。对于间接故意而言，犯罪结果的出现不是行为人的目的或目标，它只是一种伴随性的心理态度，因此，间接故意不具有犯罪目的。犯罪过失不认为危害结果能够实际发生，对危害结果的出现采取根本否定的态度，当然不具有犯罪目的。只有直接故意才具有犯罪目的。

直接故意的心理态度都包含了犯罪目的的内容，也就是行为人明知自己的行为会发生危害社会的后果，但仍决意实施犯罪行为，并且希望某种危害结果的出现，这种危害结果就是直接故意中的犯罪目的。在立法上，刑法有时对犯罪目的并不明确规定。例如，故意杀人罪，刑法不需要说该罪的目的是杀害他人，但从故意本身就可以确定其犯罪目的。有些犯罪，刑法明确规定了犯罪目的，也就是将行为追求的危害结果明确规定出来。例如，对集资诈骗罪，刑法第192条规定“以非法占有为目的，使用诈骗的方法非法集资，数额较大的”行为。非法占有就是集资诈骗罪的犯罪目的，也是集资诈骗罪主观故意中追求的危害结果内容。

但是，现实生活中行为人的主观方面是复杂的，除了直接故意中的直接目的，行为人可能还有更深远的目的。对某些犯罪，刑法条文明确规定了除了这种直接故意中的犯罪目的之外进一步的犯罪目的。例如，1979年刑法分则第一章规定的许多反革命罪（反革命杀人、反革命破坏罪、反革命伤人罪等），这些杀人、破坏和伤人等行为，本身具有直接故意中的固有犯罪目的——危害结果在主观中的体现，还要求另外具有反革命的目的，如果不具有反革命的目的，这些行为只能构成普通杀人罪、破坏某物罪伤害罪。现行刑法中的走私淫秽物品罪（第152条），特别载明应以“牟利或者传播为目的”，这种“牟利或者传播的目的”并不是走私行为的直接目标，也不需要客观的危害结果与其对应。它是危害行为要达成的危害结果之外的目的。这种特定的目的，影响这些犯罪的成立、此罪与彼罪，但不影响犯罪既遂与未遂的认定。

三、犯罪目的与犯罪动机的联系与区别

犯罪目的和犯罪动机作为直接故意犯罪主观方面的重要内容和因素，都能一定程度上体现行为人的罪过程度和社会危害程度，相互之间既密切联系，又彼此区分。其联系体现在：二者都是犯罪人实施犯罪过程中的主观心理活动内容，犯罪目的以犯罪动机为前提和基础，犯罪动机推动犯罪目的形成；二者一般表现为线性联系，但有时动机也会直接转化为目的。如行为人基于性满足的动机，实施强奸或猥亵。

二者不同之处在于：

(1)犯罪动机是行为人更深层次的心理因素，是推动行为人产生犯意、确定目的和目标、实施犯罪的更深层次的力量；而犯罪目的则是犯罪人希冀通过犯罪行为达到的犯罪结果，是犯意的特定化和危害结果在主观上的反映，它起到引导犯罪行为实施与实现的作用。(2)对同一种犯罪而言，犯罪目的只能是一致的，一般体现为追求特定的危害结果(复杂客体除外)，侵害同种的犯罪客体。但行为人的犯罪动机则可以是多种多样的。例如：同样是故意杀人罪，犯罪动机可以是出于仇恨、嫉妒、荣誉、贪财、安全等等。(3)同一种犯罪动机可以导致不同的犯罪目的。例如，出于嫉妒，可以导致杀人、诽谤、伤害等不同犯罪目的，而一个犯罪目的可以基于不同动机所产生，有时甚至可以由多种动机同时推动。(4)犯罪动机与犯罪目的有时不一致，例如，图财害命；有时可以一致，例如，图财而引发盗窃。(5)作为犯罪构成的选择要件，犯罪目的偏重影响定罪，也可以影响量刑，而犯罪动机只能影响量刑。

第五节　犯罪主观方面的认识错误问题

一、犯罪主观方面的认识错误概念

犯罪主观方面的认识错误，又称刑法上的认识错误，是指行为人对自己行为的有关事实情况及其规范评价(主要是法律评价)的不正确认识。这是司法实践中较为常见的现象。由于认识错误在许多时候影响行为人对自己行为的社会意义的准确判断，进而影响罪过是否成立、成立何种罪过形式以及罪过程度大小等问题，最终会影响定罪或量刑，因此，在理论上应当对此认真考察。对于认识错误，我国现行刑法没有专门的规定。[①] 我国主流理论一般把刑法上的认识错误分为两种情况：法律认识

① 过失实际上就是一种认识错误，因为它是行为人应当认识到自己的行为会发生危害社会的后果，但由于疏忽大意没有认识或者虽然已经预见但轻信能够避免，以致发生某种危害结果。不过，过失只是认识错误中一种(主要是事实认识错误)。

错误和事实认识错误。

二、法律认识错误

所谓法律认识错误，是指行为人对自己的行为、后果等事实方面存在正确的认识，但是对自己的行为在法律上的意义存在不正确的理解。即对是否成立犯罪、成立何种犯罪以及应当受到怎样的刑事处罚存在错误认识。一般分以下情况：

(一) 假想的犯罪

假想的犯罪是指行为人误认为自己的行为成立犯罪，但其实不成立犯罪的情况。对于假想的犯罪，因为行为本身不是犯罪，没有对犯罪客体造成实质危害或没有达到犯罪所要求的程度，当然不能按犯罪处理。例如，乙攻击甲，甲防卫将乙打伤住院，甲以为自己的行为构成犯罪，到附近的派出所“自首”，派出所经过核实后，发现乙虽然受伤严重，但综合案件事实，认为甲的行为属于正当防卫，并不构成犯罪，遂让甲回家。

(二) 假想的不犯罪

假想的不犯罪是指行为人的行为已经成立犯罪，但行为人并不认为成立犯罪的情况。假想的不犯罪问题大体与前文已论的罪过是否应当包括具有违法性认识问题是一体两面，即如果罪过的成立应以行为人对自己的行为具有违法性认识为条件，那么，在假想的不犯罪情况下（也就是行为人不认为自己的行为具有违法性的情况下），就不能成立故意。此时，还要看行为人是否对此存在过失，如果没有过失，就按意外事件处理；如果存在过失，就按过失犯罪处理。但是，从我国刑法第 14、15 条规定以及前文有关罪过认识因素的讨论来看，罪过的成立一般只要求行为人应当具有社会危害性认识，并不要求行为人具有违法性认识，因此，只要行为人具有社会危害性认识即可，行为人的假想的不犯罪就不影响行为人故意的成立。事实上，一般来说，行为人只要是达到刑事责任年龄、具有刑事责任能力，就可推定其具有社会危害性认识。除非在特殊的情况下，行为人不可能具有社会危害性认识，也不可能具有违法性认识，才按无罪处理。也就是，假想的不犯罪除个别特殊情形下，一般不影响犯罪的成立。

（三）对行为触犯的罪名和应受到的刑罚惩罚的不正确认识

这里是指行为人对自己的行为是否成立犯罪已有正确的认识，但是对行为成立何种罪名，以及应当判处怎样的刑罚具有不正确认识的情况。这种情况不影响对行为人定罪量刑。例如，甲乙发生争执，甲随手用木棒将乙打倒，乙受伤严重被送往医院后当晚死去。甲认为自己打死人，因此成立故意杀人罪，遂到公安机关自首。但实际上甲的行为属于故意伤害罪（致人死亡），尽管甲误认为是故意杀人罪，司法机关仍以故意伤害罪定罪量刑。再如，甲过失杀了人，认为自己要被判处死刑，但实际上过失致人死亡罪的法定最高刑只有 7 年有期徒刑，人民法院对甲的量刑不能超过 7 年。

三、事实认识错误

所谓事实认识错误，是指由于某种原因，行为人对自己的行为、结果、行为对象以及时间、地点等构成要件客观事实要素存在错误认识。因为行为人对自己的行为等客观事实要素存在认识错误，难免会影响本人对行为性质的规范评价（或价值判断），影响行为人的罪过是否成立，最终会影响行为人的刑事责任。一般来说，亦是国内理论通说，如果事实认识错误是对犯罪构成要件的事实情况存在的根本性的或“质”的错误认识，就要影响行为人的刑事责任；如果属于对犯罪构成要件事实以外的事实情况，即非构成要件的事实认识错误，则不影响行为人的刑事责任。

（一）行为性质的错误

对行为性质的认识错误，是指行为人对自己行为的性质发生了错误的认识。例如假想防卫，行为人把他人的正常行为误认为是不法侵害而实施防卫，结果导致伤害他人的损害后果。在这种情况下，由于行为人是在错误的认识为基础，进而认为自己的行为是一种正当防卫行为，这就是行为性质认识错误。行为性质的认识错误，能够阻却犯罪故意的成立，但这里还需要看行为人的这种错误认识，是否存在过失，如果存在过失，判定为过失犯罪；如果不存在过失，即意味着超出了行为人认识之外，只能按意外事件处理。

（二）行为对象的错误

对行为对象的认识错误，理论上存在四种情况：一是行为对象并不存在，但行为人误以为存在而实施了犯罪行为，致使犯罪未得逞。在这种情况下，犯罪主观方面、犯罪主体、犯罪客体和犯罪客观方面要素都存在，行为人对自己的行为也没有认识错误，只是因为犯罪对象实际上不存在，未能达到目的，依然应成立犯罪，但应定为犯罪未遂。如行为人误将麦田里的稻草人当作仇人射杀，犯罪依然成立，但应负故意杀人罪未遂的刑事责任。二是行为对象实际存在，但行为人误认为其不存在而实施某种行为导致危害结果发生。这种情况不能成立故意，但应根据具体情况来认定是否存在过失。如果存在过失，则按照过失犯罪处理；如果不存在过失，那么就以意外事件处理。三是对行为对象的非根本性认识错误，不应影响定罪量刑。例如，甲意图杀害乙。一日晚上，甲埋伏在乙家附近，一会乙的儿子丙出门，由于丙与乙长得很像，又是晚上，甲误认为丙就是乙，冲出将其杀害。在这种情况下，丙虽然不是乙，但是两人都是故意杀人罪中的“人”，行为人对犯罪构成的行为对象认识没有根本性错误，仍符合故意杀人罪的特征。四是对行为对象的根本性认识错误，可能会影响犯罪的定性或罪与非罪。例如，甲意图非法捕猎野猪，结果把草丛里捡蘑菇的孩子误当作野猪射杀，孩子和野猪完全不是同类，社会危害大小也不同，在这种情况下，甲的行为构成非法猎捕濒危野生动物罪（未遂）和过失致人死亡罪竞合。

（三）工具错误

行为人实施危害行为时，对实施行为所使用的工具存在错误认识。例如，误把味精、石灰粉末等当作砒霜、把仿真枪当作真枪去实施作案等。在这种情况下，行为人具备犯罪的主客观一切条件，只是由于对犯罪工具的性质、效能的存在误解，致使犯罪未得逞，其行为本身仍存在很大的社会危害性，不影响犯罪的性质认定，但以犯罪未遂追究刑事责任。

（四）行为的时间、地点认识错误

这里的时间、地点，指的是作为犯罪构成要件的时间、地点，如非法捕捞水产品罪的成立要求行为人必须在禁渔区、禁渔期或使用禁用工具、方法实施。如果行为人对上述时间、地点发生根本性认识错误，会影响定罪。例如，不是在禁渔区范围内捕捞水产品，却误认为在禁渔期里捕鱼，这种情况下已影响了行为的法律性质判断，属于假想的犯罪，不追究刑事责任；如果在禁渔期内捕捞水产品，但误认为不在禁渔期内捕捞水产品，应看是否存在过失，有过失的可考虑按过失犯罪处理，没有过失的视为意外事件。如果行为人对时间、地点发生非根本性认识错误，例如，误将甲禁渔区当作乙禁渔区，在其中捕捞，就不会对行为人的罪过产生影响。

（五）结果认识错误

主要有两种情况：一是危害结果实际上未实现，而误认为其实现，构成犯罪的，应当按照犯罪未遂认定。二是危害结果已实现，误认为没有实现，此时如果行为的其他主客观要件都齐备，不影响犯罪的成立。

第九章 阻却犯罪性的行为

社会生活中，通常有一些行为在客观上导致他人人身财产或社会整体利益的损失，甚至是重大损失，且不比犯罪行为造成的损失少，但是从立法者的价值立场和刑罚的目的和任务出发，它们不应当被看作犯罪。事实上，这些行为的实施者并不包含敌意或轻视法秩序、公民个人和社会整体利益的意图和过失，甚至有的行为本身就是在维护法秩序、公民个人和社会整体利益(如正当防卫、紧急避险)。为了防止实务中把它们与犯罪行为相混淆因而受到不当的刑事责任追究，鼓励人们积极维护法秩序、公民个人与社会整体利益，各国刑法选择一些情况纳入刑法的规定范围，对它们进行主客观描述，确立了相关制度。这些特殊的行为，可概括为阻却犯罪性行为，也可称为“有损害的非犯罪行为”。

所谓阻却犯罪性行为，是指客观上虽然造成一定严重损害结果，但在刑法的立场上不应当评价为犯罪的行为。对于阻却犯罪性行为，各国立法规定的种类、方式和范围不一，常见的主要有正当防卫、紧急避险、依照法令行为、义务冲突行为、正当业务行为、基于权利人承诺或自愿的损害、不可抗力和意外事件等。

我国刑法规定了正当防卫、紧急避险、不可抗力和意外事件。这些阻却犯罪性行为的规定，有利于界分刑罚的行为适用边界，区分罪与非罪，保障人权；有利于充分保障公民行使权利，维护个人自由、社会利益和法律秩序，填补公权力保护的临时“缺位”；有利于支持广大人民群众勇敢地与违法犯罪行为、自然灾害等作斗争，有助于弘扬社会主义道德和正气，维护、巩固和发展社会主义社会关系和法律秩序。

第一节　正当防卫

一、正当防卫概述

根据我国刑法20条规定，正当防卫是指为了使国家、公共利益、本人或者他人的人身、财产和其他权利免受正在进行的不法侵害，针对不法侵害人实施的制止其不法侵害、未明显超过必要限度造成重大损害的行为。正当防卫是为了遏制那些破坏现有法秩序、侵犯国家、社会和个人利益的不法行为，因此不仅不具有社会危害性，而且是对国家、社会和公民整体上有益的行为，当然不能被规定为犯罪。

为保护合法秩序和正当社会关系而反击不法侵害行为的正当防卫制度，在中外刑法史中有着长久的历史，[①]在近现代各国刑法中也普遍有专门的规定。但是各国的正当防卫制度的内容、成立条件和范围等往往存在相当的不同。例如，韩国《刑法典》第21条规定了该国的正当防卫制度："（一）为了防卫自己或者他人的法益，对正在进行的不正当侵害而采取的行为，如有相当理由，不予处罚。（二）防卫过当的，依其情况可免除或者减轻处罚。（三）前项情形下，如其过当行为系在夜间或者其他不安的状况下，由于恐怖、惊愕、兴奋或者慌张而引起的，不予处罚"。该国正当防卫制度只能维护"自己或者他人的法益"，国家、公共利益不是防卫人维护对象；正当防卫成立的条件宽松，只笼统规定"有相当理由"，而对于在夜间或其他不安的状况下，由于恐怖、惊愕、兴奋或者慌张而引起的防卫过当，则"不予处罚"。德国刑法典第34条把正当防卫包含在"正当的紧急状态"中，并与紧急避险紧密联结在一起："在现时的、别无他法可以避免的对生命、身体或者他人的危险而实施行为者，不是违法地在行动，如果在冲突的利益、特别是相关的法益和

---

① 例如，我国古籍《周礼·秋官·司寇》就有规定："凡盗贼军乡邑及家人，杀之无罪。"这其实就是正当防卫的规定。

威胁法益的危险的程度的衡量中所保护的利益明显地超过所损害的利益。但是，这只在该行为是避免该危险的适当的方法的限度内才适用。”

相对于国外的刑法规定，我国的正当防卫制度具有以下特点：

（一）它是刑法规定的鼓励公民勇敢与不法侵害作斗争的制度。根据我国刑法对正当防卫的规定，任何公民在面对国家、公共利益和公民个人利益遭受正在进行的不法侵害时，均有权采取必要的制止和反击不法侵害行为，即使造成不法侵害人伤亡，只要未明确超过必要限度造成重大损害，均受到法律的支持甚至鼓励。它不要求公民需事先进行躲避，即使在公民有条件进行躲避或者可能求助于司法机关的情况下，公民仍有权针对不法侵害人实施制止和打击行为，因此，它不仅肯定公民有自我防卫的权利，而且鼓励公民勇敢与不法侵害斗争。

（二）它维护的利益范围广泛。不仅包括个人的各种合法权益，也保护公共利益和国家利益，实际上涵盖了整个国家、社会和个人利益。相形之下，国外许多国家的正当防卫制度可以保护的利益，大多限于个人权益或一定范围内的他人权益。从这点来看，我国的正当防卫制度，在根本上是赋予公民同各种不法侵害行为做斗争的一项权利。

（三）它体现了专门机关与群众路线相结合的方针。在充分发挥公检法等专门机关的职能作用的基础上，也鼓励广大群众参与到与违法犯罪做斗争中去。这是对国家专门机关打击犯罪职能的有益补充，尤其是在国家、公共利益和公民个人合法权益受到了不法侵害，且难以得到国家公力的及时救济时，我国的正当防卫制度可以及时发挥作用，使国家、公共利益和公民个人合法权益得到及时保护。在实质意义上，它是国家在特定紧急情境下把一部分刑罚权赋予公民个人。

可见，我国的正当防卫制度不仅是维护国家、社会和公民个人利益、惩治各种不法犯罪分子的锐利武器，也是涵养人民群众的主人翁思想和集体主义精神，弘扬正气，鼓励广大人民群众树立守望相助、见义勇为等良好社会风尚的法律机制。

二、正当防卫的成立条件

正当防卫在现象学意义上会给特定公民的人身或财产等权益造成损害，这种客观上造成他人损害的行为要成立正当防卫，[①]在法律上就需要满足一定的条件。正当防卫的成立条件，就是刑法规定的能够说明某种行为是正当防卫的各种主客观要素的统一。

根据我国刑法第 20 条规定，我国正当防卫的成立条件可概括为五个方面：

（一）起因条件：必须有不法侵害存在

这是认定行为成立正当防卫的前提性条件。起因条件是指行为人的防卫行为必须有客观的不法侵害的实际发生为前提。如果没有不法侵害存在，行为人的“防卫”行为就没有存在的理由和必要性。对这里的不法侵害，应从两个方面进行把握：

1. *必须是不法侵害*。正当防卫之所以正当，在于行为是对不法侵害行为的遏制，是为了制止不法侵害行为对现有法秩序、对国家、社会和个人合法权益的侵犯。如果不存在不法侵害，而是合法的行为，那么，行为人就不能进行所谓的“防卫”。例如，依照法院裁决对被执行财产进行扣押的行为是合法行为，被执行人无权对执行人员实施所谓“防卫”；正当防卫是合法行为，遭到正当防卫反击的不法侵害者不能借口自身利益受到损害而对正当防卫进行反防卫；紧急避险也是合法行为，紧急避险中受到损害的一方，也不能借口自己的权益受到侵害而对紧急避险者进行反击。

这里的不法侵害，本书认为，不仅包括主观上存在过错或罪过、客观上具有社会危害性的违法犯罪行为，也应包括不具有主观违法意识或责任能力前提，只是客观上危害社会和法秩序的不法行为。对于前者，不能仅限于严重违法行为（犯罪），对一般违法行为也可以进行防卫，因为面对不法侵害，不能要求精神紧张、情绪激动甚至恐惧的防卫人能够准确区分

① 正当防卫不仅是刑法中的制度，也是民法中的制度。这里指刑法中的制度。

不法侵害是一般违法行为，还是严重违法行为(犯罪)。后者实际上是指未成年人或精神病人实施的不法行为，对于这些不法侵害，原则上也可以进行正当防卫(例如，在不清楚不法侵害人的年龄大小、精神健康情况下)，但是，如果行为人知道对方是未成年人或精神病人，应当尽量避免对其进行防卫或者尽量避免造成伤害，只能在不得已的情况下，才能进行防卫。

2. 不法侵害是现实存在的。不法侵害不能是行为人主观臆想或主观猜测的。如果行为人反击了本不存在的不法侵害，那他的行为就是假想防卫。所谓假想防卫是指本来不存在不法侵害，但行为人误认为不法侵害存在，并对臆测中的不法侵害人实施了防卫行为。假想防卫不是正当防卫，而是属于行为人因为事实认识错误而实施的不法侵害行为，可以事实认识错误原则进行处理：如果行为人对错误的产生，主观上具有过失，那么按照过失行为处理；如果行为人在当时不可能认识对方的行为是合法行为，那么行为人主观上就没有过错，应当按照意外事件处理，不能追究刑事责任。

3. 不法侵害应具有一定的紧迫性。需要进行正当防卫的不法侵害，应当是那些具有一定紧迫性的不法侵害。有一些不法侵害，正当防卫未必适合，也没有必要。例如，贪污贿赂罪，尽管发现贪污分子在收受贿赂或贪污公款，但可能没有必要对其进行正当防卫，因为可以通过举报或控告挽回损失。换言之，并非所有的不法侵害，都值得正当防卫。

(二) 时间条件：不法侵害正在进行

这是正当防卫成立的时间条件。所谓"不法侵害正在进行"是指不法侵害已经开始但尚未结束。正当防卫是法律赋予公民在遭受不法侵害、不能寻求公权力救济的紧迫情况下，为避免即将发生的危害或更大的危害，才可以进行防卫的权利。不法侵害尚未发生或不法侵害已经结束，行为人可以寻求国家公力救济，就没有必要实施正当防卫或者正当防卫不再具有意义。

所谓"不法侵害已经开始"，一般是指不法侵害人已经着手实施不法侵害行为，已经开始产生现实危害或已造成现实而紧迫的危险。例如，盗窃犯已经开始翻墙入室；抢劫犯已经动手实施暴力；放火犯已经开始划火点燃物品等等。但有时，行为人虽然尚未着手实行不法侵害，但一旦着手实施不法侵害，就会造成难以挽回的损失，丧失正当防卫的时机，在这种情况下，也可以实施防卫。“不法侵害尚未结束”，是指不法侵害行为或其造成的危害状态尚在继续中：可以是不法侵害行为本身尚未结束，例如，歹徒将受害人打倒在地，动手翻受害人口袋，以寻求财物，不法侵害正在进行中；也可以是行为已经结束而其导致的危险状态尚在继续中，例如，歹徒将受害人打倒在地，拿到受害人包里的钱，没有马上逃走，而是在现场数钱，这种情况下，歹徒造成的危险状态仍未消除，行为人仍可以实施正当防卫。

在刑法理论上，防卫行为如果不符合正当防卫的时间条件，就不是正当防卫，而被称为防卫不适时。这分为两种情况：一是事前防卫。即在不法侵害尚未开始着手，尚处于预备阶段或犯意表示阶段，就对不法侵害人采取损害其某种权益的行为。二是事后防卫。即在不法侵害行为已经结束、危险状态已经消除的情况下，对侵害人采取损害其某种权益的行为。从司法实践来看，一般有以下四种情况：①(1)侵害者自动中止不法侵害的行为；(2)不法侵害者已经被制服；(3)不法侵害者已经丧失侵害能力；(4)侵害行为已经实施完毕、危险状态已经消除。事前防卫和事后防卫都不成立正当防卫，应当分情况依法处理(故意犯罪、过失犯罪和意外事件)。

(三) 主观条件：具有正当的防卫意图

正当防卫的成立要求行为人具有正当的目的或意图。这就是行为人主观上必须是为了使国家、公共利益、本人或他人的人身、财产和其他权利免受正在进行的不法侵害。如果行为人对不法侵害人进行防卫，并非为了国家、公共利益、本人或他人的人身、财产和其他权利免受正在进行的不法侵害，而是基于其他非法意图，行为人行为就不能成立正当防卫。

---

① 参见 1983 年最高法、最高检、公安部、安全部、司法部 1983 年《关于人民警察执行职务中实行正当防卫的具体规定》。

例如，甲长期对乙怀恨在心，伺机报复乙。一日，甲见乙正在与丙发生厮打，甲见有机可乘，遂拿起一根木棒朝乙腰部打去，导致乙重伤。尽管甲的行为起到了制止乙侵害丙的作用，但是甲并不是为了保护丙的利益，而是出于伤害他人的犯罪目的，不能成立正当防卫。

防卫意图也包括认识因素和意志因素。防卫认识是指防卫人认识到不法侵害行为的存在并正在进行，认识到自己的行为具有防卫性质。防卫意志是指防卫人希望通过防卫行为来达到制止不法侵害，捍卫国家、社会和个人权利和利益。如果不具有上述防卫意图，行为就不能认定为正当防卫，应按照正常的不法侵害处理。在司法实践中，有以下几种情况值得注意：(1)防卫引诱、挑拨。指行为人出于侵害的目的，以故意挑衅、引诱等方法促使对方进行不法侵害，尔后借口防卫加害对方。这种防卫引诱、挑拨，实际是故意的、有预谋的不法侵害行为，应当根据实际情况追究相应的法律责任。(2)相互侵害行为。双方都出于侵害对方的非法意图而发生的相互侵害行为，如相互斗殴，双方都不具有防卫意图，都属于不法侵害行为。(3)为保护非法利益而实施防卫。这类行为保护的不是合法利益，行为人所谓防卫不具有正当意图，显然不能成立正当防卫。例如，甲是赌徒，一次甲在赌博中赢了钱，赌徒乙对此眼红甲，动手抢甲面前的钱，甲为了保护赢来的钱，将乙打伤，不属于正当防卫。

（四）对象条件：针对不法侵害人。

正当防卫只能针对不法侵害人实施。这里的不法侵害人，包括不法侵害人本人，也包括其财产，但不能是第三者。这主要是因为不法侵害人的不法侵害行为是行为人对其进行反击的正当化根据，对无辜的第三者实施损害行为，不具有正当性。而且，对正在实施不法侵害的不法侵害人（包括其人身、财产等权益）采取制止行为，往往是最有效的，符合正当防卫的目的，能够尽早避免更大的危害。

对于遭受共同犯罪侵害的防卫人，可否对其中一个暂时被控制的侵害人进行防卫？例如，甲、乙、丙共同追砍丁，丁乘甲不小心滑倒，按倒甲并将其手中的刀夺下，对乙、丙说，如果他们继续攻击的话，丁就砍甲。乙、丙为了解救甲更猛烈攻击丁，丁遂砍倒甲，继续与乙、丙搏斗，在这种情况下，丁是否构成正当防卫。本书认为，对共同犯罪而言，一人行为应由整体负责，应把其中每人的不法侵害看作整体的不法侵害，上例中，共同犯罪的个别罪犯甲虽然被控制，但其他人不法侵害仍在进行，其实丁只有先消除甲的威胁才能对乙、丙进一步防卫，因此，在该案中，丁的行为应认定为正当防卫。

（五）限度条件：防卫损失不能明显超过必要限度造成重大损害

刑法第 20 条第 2 款规定："正当防卫明显超过必要限度造成重大损害的，应当负刑事责任，但是应当减轻或者免除处罚"。是否明显超过必要限度并造成重大损害，是评价防卫是否成立正当防卫的最实质的条件，也是较难把握的条件，它没有固定的标准，而且蕴含着立法者的政策导向。

在我国刑法理论和司法实践中，前后大体有以下几种主张：

1. 基本相适应说。认为行为人的防卫行为应当与侵害行为基本相适应，这种基本相适应，是指防卫行为的手段、强度、方法和后果，要与不法侵害行为的手段、强度、方法和后果基本相一致或对等。如果防卫行为超过侵害行为，彼此不相对应，就是超过正当防卫的必要限度。基本相适应说既肯定公民依法行使其正当防卫的权利，又主张防止其滥用防卫权，以避免不必要的损害或损失，这在愿望上是可以理解的；其为防卫行为的必要限度提供了一个参照衡量标准，对实践也有一定的参考价值。但是，如果贯彻该说，防卫人防卫时需要根据侵害行为的手段、强度、方法和后果等客观特征来大体确定自己行为的反击手段、强度、方法和后果，这实际是以不法侵害行为来限制防卫行为，防卫人的防卫都是在被动情况下做出的反应，这不利于防卫人对不法侵害行为进行防卫，往往不能有效保护国家、社会和个人的合法权益。尤其他要求防卫人在防卫时要能够准确权衡自己的防卫行为的手段、强度、方法和后果与不法侵害行为的手段、强度、方法和后果等，这也是不现实的，于情理也不合，因为有许多情况下，只有防卫行为能够有效压制不法侵害行为，才可能达到防卫效果，毕竟正当防卫的本质是有效制止不法侵害，而根据基本相适应说，防卫行为超过了不法侵害行为的限度，就属于防卫过当了。因此，"基本相适应说”很容易挫伤公民正当防卫的积极性，也不能满足实践的需要，有违正当防卫制度的目的。

2. *必需说*。该说认为防卫行为的必要限度，不应当以不法侵害行为的情况为标准，而应当以制止不法侵害行为所必需为标准。认为只要防卫行为是制止不法侵害所必需，即使防卫行为造成损害超过不法侵害可能造成的损害，也不能认为是超过了必要限度。该说以制止不法侵害所必需的限度为标准，有利于鼓励公民实行正当防卫的积极性，而且在多数情况下是适当的。但该说片面考虑防卫人的防卫需要，忽略不法侵害行为的性质、手段、强度和可能造成的损害后果，在实践中可能使防卫行为没有限制，可能会为一个较小的合法权益，而给对方造成不应有的重大损害，从而任意扩大防卫限度，导致防卫权的滥用。

3. *必需与基本相适应统一说*。该说认为正当防卫的限度条件，原则上应以制止不法侵害所必需为标准——这是正当防卫制度确立的本质要求，但具体确定这一标准还要参考不法侵害行为在性质、强度、侵害的权益和可能后果等方面情况，二者不应存在过于悬殊的差异。前者解决正当防卫必要限度的基本原则问题，即以制止不法侵害所必需，后者解决具体判断标准问题，因此是必需说和基本相适应说的统一。该说既抓住了正当防卫制度的本质，有利于发挥正当防卫的效能，又对防卫人进行必要的约束，防止防卫权被滥用导致不必要的损害。

我国刑法第 20 条第 2 款的规定总体上采纳了第 3 种立场，同时对正当防卫的必要限度做了较为宽泛的规定。从立法精神上看，它将制止不法侵害说所必需的价值原则放在了首位，放宽对防卫行为的限度要求，只要不是“明显超过必要限度造成重大损害”，就可认定为正当防卫。同时也包含了防卫行为将以不法侵害行为的性质和后果等作为参照。防卫行为在确保制止不法侵害所必需的前提下，只有“明显”地超过必要限度和造成“重大”损害后果，才算是防卫过当。这样规定，一方面，有利于鼓励公民根据防卫的需要实施正当防卫行为，另一方面也考虑了对防卫行为的限制。

值得一提的是，我国刑法为了鼓励和保障公民积极主动地同某些特定的严重暴力型犯罪作斗争，还在第 20 条第 3 款规定了特别的正当防卫:"对正在进行行凶、杀人、抢劫、强奸、绑架以及其他严重危及人身安全的暴力犯罪,采取防卫行为,造成不法侵害人伤亡的,不属于防卫过当,不负刑事责任。"对该款规定的理解应当把握两点:一是从适用的对象即罪行上看,针对的是"正在行凶、杀人、抢劫、强奸、绑架以及其他严重危及人身安全的暴力犯罪"。二是尽管从立法精神来看,对这些犯罪的防卫行为,应当采取比普通正当防卫更为宽泛的标准,不少学者甚至称之为"无限防卫"或者"无过当防卫"的观点,但是,本书认为,特殊的正当防卫的必要限度,也应受到一定程度上的规制,比方说,该款规定这种特殊的防卫仅适用于"严重危及人身安全"的暴力犯罪情形,同时也要遵循刑法第 20 条第 2 款精神,因此,称特别的正当防卫是"无限防卫"或"无过当防卫",是不准确的。

三、防卫过当及其刑事责任

(一)防卫过当的概念

我国刑法第 20 条第 2 款是关于防卫过当的规定:"正当防卫明显超过必要限度造成重大损害的,应当负刑事责任,但是应当减轻或者免除处罚"。

把握防卫过当,应当注意以下几点:首先,防卫过当是一种具有防卫性质的行为。它与正当防卫具有许多共同的特性,即都以不法侵害的存在为前提,且不法侵害正在进行,针对不法侵害人实施,并有防卫意图,这是防卫过当与正当防卫重合之处和联系点。其次,防卫过当除了防卫意图外,还存在主观罪过,并在主观罪过的支配下,实施了明显超过必要限度、造成重大损害后果的行为,因而在本质上是一种违法的、有害于社会的行为。这是它有别于正当防卫的地方。

(二)防卫过当的成立条件

1. *在主观上,防卫过当除了防卫意图外,还要有主观罪过。*这里的"罪过",可以是过失,即应当预见到自己的防卫行为可能超过必要限度造成重大损害的严重后果,由于疏忽大意没有预见,或者虽有预见,但轻信能够避免，结果导致严重后果的发生；也可以是间接故意，即在追求防卫的过程中，放任行为超过必要限度造成不应有的严重后果发生，但不可能是同时存在防卫意图和直接故意，因为防卫目的和犯罪目的，不可能同时存在于一个主观意识支配的外在行为中。

2. 防卫过当也需符合正当防卫成立除限度条件外的其他条件。即现实存在不法侵害、不法侵害正在进行、防卫实施的对象是不法侵害人以及具有防卫意图。如果不具有这些条件之一，所谓的防卫行为，既不成立防卫过当，也不成立正当防卫。

3. 防卫行为客观上明显超过必要限度造成重大损害。这是防卫过当的根本特征，是防卫过当区分于正当防卫的标志。

（三）防卫过当的刑事责任

1. 防卫过当的定罪。在客观上，防卫行为针对的是不法侵害人本人或其财产，明显超过必要限度、造成重大损害；主观上防卫人有间接故意、疏忽大意的过失或过于自信的过失等不同心理态度。因此，防卫过当的性质，可能是故意杀人罪、故意伤害罪、过失致人死亡罪、过失致人重伤罪、故意毁坏财物罪等罪名。

2. 防卫过当的量刑。根据前述规定，防卫过当“应当负刑事责任，但应当减轻或免除处罚。”防卫过当虽然具有社会危害性，但其动机是出于正当防卫，因此具有一定的正当性，社会危害性相对于其他普通犯罪较小，而且不法侵害人侵害在先，具有过错，再加上在防卫过程中，防卫者通常精神处在紧张、惶恐状态，对防卫行为未能拿捏得当，对其处罚应当有所区别。因此，刑法规定对防卫过当应当减轻或者免除处罚。

第二节 紧急避险

一、紧急避险的概念

刑法第 21 条第 1 款规定：“为了使国家、公共利益、本人或者他人的人身、财产和其他权利免受正在发生的危险，不得已采取的紧急避险行为，造成损害的，不负刑事责任。”根据此规定，理论上一般将紧急避险定义为：“为了使国家、公共利益、本人或者他人的人身、财产和其他权利免受正在发生的危险，不得已而采取的损害另一较小合法权益的行为”。①

与正当防卫一样，紧急避险也是历史悠久的法律制度，是我国当代刑法明文规定的两项正当行为制度之一。在刑事法律中，它具有阻却犯罪性的作用。紧急避险的正当化根据在于，法律本来同等保护所有权益，在危险来临损失不可避免的情况下，牺牲较小的权益能够有助于保全较大的权益，能够使社会整体利益避免更大的损失。它不仅不是危害社会的行为，而且是一种有益于社会的行为，不仅不应承担刑事责任，还应当受到国家法律的保护、鼓励和支持。现代世界各国刑法普遍规定紧急避险制度，只是彼此之间在内涵、外延、条件标准等方面存在差异。

相对于正当防卫是“正对不正”的关系，紧急避险可谓“正对正”的关系，它是在不得已的情况下才牺牲一定的合法利益，因此，相对于正当防卫，对紧急避险的适用条件规定更为严格。

二、紧急避险的成立条件

（一）起因条件：存在真实的危险

紧急避险必须以存在正在发生的危险为前提，没有危险或危险尚未发生，就无需进行紧急避险。这里的“危险”，可以理解为某种可能对国家、社会和个人的合法权益造成损失的客观紧急状态。从实践经验来看，人们通常遭遇的危险主要有以下四类情况：

1. 自然灾害。例如：狂风、暴雪、雷电、地震、水灾、山崩、海啸、山火、泥石流等，这些由自然的力量导致的灾害，迄今仍不时威胁人们的安定生活和工作，当这些灾害来临时，必要时可以采取紧急避险。

2. 动物的侵袭。动物也常常给人们的生活带来危险，造成人、财、物

---

① 参见高铭暄、马克昌. 刑法学：第九版. 北京：北京大学出版社、高等教育出版社. ,2019：133。

上的损失。例如：野狗咬人，野象袭人，成群野猪破坏农田等。一般来说，如果是国家保护的野生动物、集体和个人等所拥有的动物，发生侵害他人人身安全和财产损失事件，在不得已的情况下，避险人可以对其进行杀伤，应当成立紧急避险。[①] 如果是无主动物（这里不包括国家保护的野生动物资源），对其直接杀伤，不构成紧急避险，但也不构成违法，因为没有合法权益被侵犯，但是，如果因为无主动物的侵袭，避险人跑到第三者院子里躲避或采取其他避险行为侵犯了第三者利益，那么也成立紧急避险，因为在这种情况下，无主动物的侵袭类似于自然灾害。

（3）人的生理、病理过程。即因生理、病理上的问题导致人的生命安全遭受威胁，是一种类似于自然灾害的客观危害风险。例如，即将饿死、渴死的人，抢走摊主的一个包子或馒头；为了挽救因疾病而濒死的患者，强行冲过红灯去医院等等，都属于紧急避险行为，无需承担刑事责任。

（4）非法侵害行为。对于他人的不法侵害行为，包括有责任能力者的违法犯罪行为以及无责任能力者的危害社会行为，都会使某种合法权益处于危险状态，不仅可以正当防卫（当侵害正在进行时。当然，这需要防卫人具有防卫能力），在不得已的情况下，也可以进行紧急避险。

紧急避险也有这样的情形，即如果危险实际上并没有发生，行为人却善意地误认为危险存在，实施了所谓的“避险”行为，致使某种合法权益造成不应有的损害，理论上称之为假想避险。假想避险是一种对现实事态的误判，属于事实认识错误，应当按照事实认识错误来解决行为人的法律责任。也就是，如果行为人主观上具有过失，构成犯罪的，按过失犯罪追究刑事责任；如果超出行为人的认识之外，则按意外事件处理，不追究刑事责任。

（二）时间条件：危险正在发生

所谓危险正在发生，是指危险已经出现或迫在眉睫或正在造成损

① 通说观点认为，在这种情况下，牺牲了国家、集体和他人的较小权益，保全了自己的较大权益。但是，对这种情况，我们也可以用正当防卫进行解释。因为国家、集体和他人既然是动物的所有者，有责任管理好所拥有的动物，如果没有管理好所拥有的动物，对他人进行侵袭，不能不说，是来自所有者的不法侵害，而对动物进行反击，实际上是针对作为不法侵害人的所有者的财产进行防卫，因此，符合正当防卫的条件。

害，直到损害、危险结束之前。如果危险是否发生还存在不确定性，或停留在或然状态，或尚未被触发，或损害、危险已经结束，都不可以进行所谓的避险行为。在这些情况下实施的所谓“避险”行为，理论上称之为避险不适时。由此造成的危害应当根据行为人行为时主观上是否有罪过或具有怎样的罪过形式，来确定是否追究刑事责任或追究怎样的刑事责任。

（三）主观条件：必须有正当的避险意图

这是紧急避险排除犯罪性的主观根据。所谓正当的避险意图，是指避险人在国家、公共利益、本人和他人的合法权益面临正在发生的危险时，不得以牺牲较小合法权益来保护较大合法权益的心理态度。理论上对这种心理态度也分为两方面内容，即避险认识和避险意志：

1. 避险认识。主要包括：(1)行为人认识到正在发生的危险的存在，并对危险的大小有较为准确的认识；(2)认识到危险的紧迫性，不实施避险行为，国家、公共利益和公民个人的合法权益将受到不可挽回的损害；(3)认识到牺牲较小的合法权益可以保全较大的合法权益；(4)认识到在当时的情境下，这是迫不得已的选择。

2. 避险意志。避险意志是指行为人在避险认识的基础上，选择通过牺牲较小的权益来保全较大的利益的心理意志。它应当主要包括两方面：(1)决定牺牲较小的合法权益来保全较大的合法权益；(2)即使是牺牲较小的利益，主观上也要有尽可能将损失降低至最小心理意志。

（四）对象条件：针对的是第三者的合法权益①

所谓“第三者的合法权益”，是相对于所要保全的较大合法权益和危险源而言的。这又包括两种情况：一是第三者的合法权益是与危险源、所保护的较大合法权益，没有任何关系，是纯粹的第三者合法权益。例

① 这里需要注意的是，刑法第 21 条并没有明确将紧急避险行为限于“损害另一较小合法权益的行为”，也没有指出牺牲的是第三者的合法权益，这一条件是理论和实务上对紧急避险进行解释的结果。

如，女工甲下夜班回家路上，遇到歹徒乙意图对其不轨，紧急之中甲看到路边有一插着钥匙的摩托车，就骑上去开走，并到派出所报案，乙被抓获后供认不讳。在本案中他人的摩托车是与女工甲、歹徒乙完全无关的第三者的合法权益。二是第三者的合法权益与被保全者的合法权益原本属于一个整体，第三者的合法权益与整体利益是局部和整体的关系。例如，轮船在海上航行，突遇风暴，船及人、货物都面临着极大的危险，为避免船只倾覆，船长下令将一部分货物扔到海中。在本案中，牺牲货主利益与保全的利益本来属于一个利益整体，这里的第三者的合法权益，实际是局部利益。

（五）限度条件：不能超过必要的限度造成不应有的损害

如果避险行为超过必要限度造成不应有的损害，那么就不是紧急避险，而是避险过当，是一种在政治和法律上应予否定的行为。这里“超过必要的限度”，是指避险人的避险行为超过了为保全合法权益免遭正在发生的危险所必需的损害限度，造成了不应有的损害。“超过必要的限度”和“造成不应有的损害”是一致的，它们说明避险行为已失去保全合法权益的意义，成为对社会有危害的行为。

那么，怎么理解超过必要的限度呢？基本公认的观点是紧急避险牺牲的合法权益必须要小于要保护的合法权益，或小于所应避免的损害，不能等于或大于。此外，它还应当受到伦理道义的约束，一是不能为经济利益，去损害一个人的健康或生命利益；二是不能因为一个人的健康权利或生命权利，而损坏另一个人的生命或健康权利。

（六）情势条件：只能在别无他法、迫不得已的情况下实施

紧急避险是以牺牲第三者合法权益作为代价，来换取更大合法利益得以保全的行为。因此，刑法规定对紧急避险只有在情势所迫、别无他法、不得已的情况才能实施，这是紧急避险的前提性条件。如果行为人有其他方法和机会可以避险，如报警求援、躲避、寻求他方救助等，就不允许紧急避险，以避免给他人和社会整体造成不必要的损害。否则，行为人行为不仅不是紧急避险，而且是一种违法犯罪行为。考察行为人是否别无

他法、迫不得已，应当综合行为人自身情况、危险的情状和其他各种客观情况（如场合、环境、时间等）等进行综合分析。

（七）例外规定：不适用于职务上、业务上负有特定责任的人

刑法第21条第3款规定："关于避免本人危险的规定，不适用于职务上、业务上负有特定责任的人"。所谓在职务上、业务上负有特定责任，是指根据法律、法令或其他条例，从事某类公务或业务的人所担负的职责或义务。例如，消防队员面对火灾时，有进行灭火的职责和义务；军人在战场上有冒着枪林弹雨冲锋陷阵的义务；航班机组成员不能因飞机发生故障可能坠毁而弃乘客于不顾自己逃走等等。他们的职责或义务就是要排除危险，与危险作斗争。当相关危险来临时，他们应当坚守职责、履行义务，不能因为职业或业务危险而放弃职责和义务。如果他们不履行自己的职责或义务，其行为不仅不构成紧急避险，而且会追究其相关法律责任。对此，刑法第十章军人违反职责罪中的规定最为明确。例如，刑法第424条临阵脱逃罪规定："战时临阵脱逃的，处3年以下有期徒刑，……。"第428条违令作战消极罪规定："指挥人员违抗命令，临阵畏缩，作战消极，造成严重后果的，处五年以下有期徒刑；……。"

但是，职务上、业务上负有特定职责的人在从事职务、业务活动时，不是一概不允许紧急避险，在一些所要保全权益较小而危险极大的场合，负有特定职责的人也可以进行避险行为。

三、避险过当的刑事责任

刑法第21条第2款规定："紧急避险超过必要限度造成不应有的损害的，应当负刑事责任，但是应当减轻或者免除处罚。"据此，避险过当是指行为人在实施避险行为时，超过了必要限度，并造成不必要的损害的情形。避险过当使避险行为从正当行为转化为非法的危害社会的行为，故应负刑事责任。

与防卫过当类似，避险过当显然既有正当避险的一面（避险性），也有

违法过当的一面(过当性),体现在以下三点:一是避险过当的成立,也要求具有正在发生的危险、避险意图、避险对象、避险条件、例外条件等多数紧急避险条件,这是避险过当与紧急避险的共同之处。二是客观上避险行为超过必要限度造成不应有的损害,具有社会危害性。三是行为人主观上具有罪过(过失或间接故意,但不能是直接故意)。

避险过当构成犯罪时,应当依据该犯罪行为具体触犯的分则规范或者说符合的具体罪名定罪量刑,但"应当减轻或免除处罚"。

第三节　不可抗力事件和意外事件

我国刑法除了规定正当防卫、紧急避险两种阻却犯罪性行为外,还规定了虽然客观上造成损害,但因缺少主观罪过(故意或过失)而阻却犯罪性的行为:不可抗力事件和意外事件,统称无罪过事件。[①]

所谓不可抗力事件,是指行为人的行为造成危害社会的结果,但是因为不可抗拒的原因引起的,行为人不具有主观罪责的事件。这里不可抗拒的原因,是指超出行为人的意志和能力、行为人无法阻挡或无法控制损害结果发生的原因。例如,物理力的控制、自然灾害的干扰、疾病来袭等原因,使得行为人无法把控行为而导致危害结果的发生。在不可抗力事件中,行为人主观上认识到自己的行为会发生危害社会的后果,在意志因素上,行为人反对和排斥这种结果的发生,但不能控制自己的行为和情势,因此,既不能成立故意,也不能成立过失,由此阻却犯罪性。

意外事件,是指行为虽然在客观上导致危害社会的后果,但是由行为人无法预见的原因造成的、行为人主观无罪责的事件。在认识方面,行为人不能预见自己的行为会发生危害社会的结果,而且事实上也没有预见。所谓不能预见,是指根据行为人行为时的主客观情况,行为人不具有预见行为结果发生的可能和能力。由于没有预见,行为人在意志方面也不存

① 刑法第 16 条规定:"行为在客观上虽然造成了损害社会的结果,但是不是出于故意或者过失,而是出于不可抗力或不能预见的原因所引起的,不是犯罪。"

在意志因素，故在意外事件中，行为人主观上不成立故意或过失，由此也阻却犯罪的成立。意外事件和疏忽大意过失有相同之处：二者都没有预见自己的行为会导致危害结果的发生。不同之处在于：前者是不可能预见而没有预见，后者是应当预见，但由于疏忽大意而没有预见。

第十章　故意犯罪的停止形态

对于过失犯罪、间接故意犯罪而言，只有犯罪构成结果出现时才成立犯罪，在结果出现之前，行为人不存在动机，也不存在有意地推动犯罪发展过程，不存在中间的发展阶段和环节，犯罪的出现多少存在一定“偶然性”，因此，只有一种犯罪成立的形态。直接故意犯罪作为一种积极追求某种犯罪结果或目的的犯罪类型，远比过失犯罪、间接故意犯罪的发生过程复杂得多。它或长或短都存在一定发展进程，要经历犯意的萌生、目的的确定、预备犯罪、着手实施犯罪、最终完成或实现犯罪等至少一个或几个环节，尽管有的犯罪过程可能非常简短。[①] 这也意味着并非所有直接故意犯罪在发展中都是“一路畅行”的，不少犯罪时常会受到种种因素的介入而被打断而永远停止，表现出不同停止形态的未完成结局。这些不同停止形态的未完成结局，加上直接故意犯罪的完成形态，理论上统称为故意犯罪停止形态。刑法分则的每一个罪名都是以犯罪的完成形态为标准规定的，我国刑法总则第22、23、24条等对故意犯罪的未完成形态及其刑事责任做了一般性的系统规定。

---

① 直接故意犯罪是一个过程，但并非所有直接故意犯罪具有所有上述环节，有的可能只有一、二个简单环节。例如，把他人财物据为己有，拒不退还的侵占罪，就没有预备、着手和完成等环节。

第一节　故意犯罪停止形态概述

一、故意犯罪的停止形态的概念

故意犯罪的停止形态，是指直接故意犯罪在其产生、发展和完成的过程中，因主客观原因而停止下来的各种犯罪形态。以停止下来时犯罪是否完成为标准，可以区分为两种基本类型：一是犯罪的完成形态，是指直接故意犯罪在其发展过程中顺利进行至终点，行为完全齐备了犯罪构成的全部要件的形态，理论上称之为犯罪既遂。二是犯罪的未完成形态，是指直接故意犯罪在其发展过程中，由于主客观原因而居中终局性停止下来、未完成犯罪的情形。根据犯罪停止下来的原因及其停止时的阶段等特征不同，立法上把未完成形态区分为犯罪预备、犯罪未遂和犯罪中止，并分别规定了各自的量刑原则。

故意犯罪的各种停止形态，都是终局性的停止形态。状态一旦形成，犯罪不会再进一步发展。例如，犯罪预备不再会发生成为未遂，未遂不再会发展成为犯罪既遂。这里要把故意犯罪的停止形态、故意犯罪的发展过程和故意犯罪的发展阶段区分开来。故意犯罪的过程是指一个完整的故意犯罪发生、发展至完成所要经过的进程、阶段、环节和活动的总和，是故意犯罪从开始、发展、演变在时间和空间上的持续表现。故意犯罪的发展阶段是指直接故意犯罪的发展过程中，所要经过的具有一定的主客观特征和先后顺序的进程阶段。刑法理论通过对故意犯罪的分析，一般把一个典型的故意犯罪的发展过程分为两个基本阶段：一是犯罪预备阶段，它从行为人开始动手准备开始，到着手实施犯罪之前；二是犯罪实行阶段，从行为人着手实施犯罪构成行为开始，到犯罪实行完毕的阶段。对于有些过程更为复杂的故意犯罪，还包括着手实行完毕到结果出现的实行后阶段，也有观点认为犯罪预备阶段之前可能会有一个犯意形成阶段。这些阶段之间相互连接、前后相继，共同组成故意犯罪的过程。故意犯罪的不同停止形态，就是分别在故意犯罪的不同发展阶段（不包括犯意形成阶段)停止下来的犯罪形态。

二、故意犯罪停止形态的意义

刑法规定和区分故意犯罪的各种不同停止形态，其意义在于：一是有助于科学认识和区分犯罪的不同停止状态的社会危害性，有助于司法上准确定罪量刑，贯彻罪刑相适应原则；二是有助于深化对故意犯罪的理解。

第二节 犯罪既遂

一、犯罪既遂的概念

犯罪既遂，又称为既遂犯，是指各具体犯罪的完成形态，即行为人的行为齐备了某种具体犯罪构成的全部要素的犯罪形态。这一概念，大多数国家刑法没有直接规定，它是理论上阐释出的一个范畴。我国刑法分则的罪名，都是以某种具体犯罪的完成形态(犯罪既遂)为标准形态规定该犯罪构成要件(罪状)的。因此，是否齐备犯罪构成所要求的全部要件，是认定犯罪既遂与否的唯一标准，这也是犯罪既遂这种停止状态的基本特征。犯罪既遂形态是刑法分则所有犯罪都具有的形态，包括直接故意犯罪、间接故意犯罪和所有过失犯。[①]

二、犯罪既遂的构成类型

不同的犯罪具有不同的犯罪构成要素，根据各种类型犯罪的犯罪既遂(或完成犯罪)所需要的结局状态不同，将所有犯罪区分为以下几种：

---

① 我国主流理论认为，既遂犯主要限于故意犯罪的完成形态。本书认为，从学界将既遂犯定义为行为人的行为齐备了所有犯罪构成要件的意义上，把它推广至过失犯并无不可，不影响理论的探讨，甚至可以借此探讨直接故意犯罪、间接故意犯罪和过失犯罪的一些共同特征。当然，这一概念的主要价值在直接故意犯罪上。

（一）实害犯。 实害犯，某些刑法教材又称为结果犯，[①]是指犯罪构成客观要件包含特定的实害结果的犯罪。对于实害犯，是否出现这种特定的实害结果是认定犯罪既遂与否的标志。这里特定的实害结果，是指在客观现实上可以测量、感觉到的物质性结果。例如，故意伤害罪的实害结果是他人身体健康遭到严重损害甚至死亡。如果行为人意图伤害他人，也实施了伤害行为，但由于某种主客观原因，行为人没有遭受身体损害，那么，就不成立故意伤害罪（既遂）；盗窃罪的实害结果是使物主的财物秘密脱离物主本人控制，并转移到盗窃分子的占有、控制之下，如果未能使财物脱离物主本人控制，是盗窃未遂；而如果实现了这一转移，就是既遂。

（二）危险犯。 指以犯罪构成客观方面包含具体的危险状态要件的犯罪。危险犯的既遂，以行为人实施的危害社会的行为是否造成这种特定的危险状态作为标志。危险犯在刑法第二章危害国家安全罪、刑法第三章第一节生产销售伪劣产品罪中较为集中。例如，我国刑法典第 114 条所规定的放火罪、决水罪、爆炸罪等罪名，[②]第 142 条之一规定的妨害药品管理罪、[③]第 143 条规定的生产、销售不符合安全标准的食品罪[④]等罪名。这些犯罪的构成要件包含了特定的危害状态，犯罪是否达到既遂状态，以危害行为是否形成特定的客观危险状态作为标志，不要求产生某

---

① 本书认为，相对于结果犯的称谓，实害犯更为恰当，因为犯罪客观方面中的危害结果这个概念，包含了具体的危险状态，而在犯罪既遂的分类类型中，危险犯是单独的分类，这样一来，结果犯中的危害结果，只剩下特定的物质性结果，即实害结果。

② 刑法第 114 条："放火、决水、爆炸以及投放毒害性、放射性、传染病原体等物质或者以其他危险方法危害公共安全，尚未造成严重后果的，处三年以上十年以下有期徒刑。"

③ 刑法第 142 条之一："违反药品管理法规，有下列情形之一，足以严重危害人体健康的，处三年以下有期徒刑或者拘役，并处或者单处罚金；对人体健康造成严重危害或者有其他严重情节的，处三年以上七年以下有期徒刑，并处罚金：（一）生产、销售国务院药品监督管理部门禁止使用的药品的；（二）未取得药品相关批准证明文件生产、进口药品或者明知是上述药品而销售的；（三）药品申请注册中提供虚假的证明、数据、资料、样品或者采用其他欺骗手段的；（四）编造生产、检验记录的。有前款行为，同时又构成本法第一百四十一条、第一百十二条规定之罪或者其他犯罪的，依照处罚较重的规定定罪处罚。"

④ 刑法第 143 条："生产、销售不符合食品安全标准的食品，足以造成严重食物中毒事故或者其他严重食源疾病的，处三年以下有期徒刑或者拘役，并处罚金；对人体健康造成严重危害或者有其他严重情节的，处三年以上七年以下有期徒刑，并处罚金；后果特别严重的，处七年以上有期徒刑或者无期徒刑，并处罚金或者没收财产。"

种实害结果。

(三)行为犯。指以某具体犯罪的客观构成行为要件是否完成作为既遂标志的犯罪。这也是刑法分则中为数不少的一种犯罪类型。这类犯罪的客观方面不包括危害结果要件(实害结果和具体的危险状态),它们的既遂,既不要求发生物质性的实害结果,也不要求形成具体的危险状态,而仅以行为完成为标志。例如,刑法第 423 条规定的投降罪,[①]第 424 条规定的战时临阵脱逃罪,[②]等等。值得注意的是,行为犯以法定的客观构成行为是否完成作为既遂标志,这里的客观构成行为通常是由持续的系列身体活动组成,且应当达到一定的严重程度,不是一着手即告完成。例如,以暴力、威胁的方法,阻碍指挥人员或者值班、执勤人员执行职务的行为,构成阻碍执行职务罪(刑法第 426 条);[③]军事指挥人员或值班、值勤人员擅离职守或者玩忽职守,构成擅离、玩忽军事职守罪(刑法第 425 条)。[④]

(四)举动犯。指着手实施刑法规定的某具体犯罪构成的实行行为即告构成既遂的犯罪。举动犯大多原本是预备行为的犯罪构成。例如,刑法第 120 条规定的参加恐怖活动组织罪、第 294 条规定的参加黑社会性质组织罪等。对这些犯罪,行为人只要一着手行动,犯罪即告既遂。根据举动犯的概念,举动犯可以是犯罪既遂形态,也可以是犯罪预备以及预备阶段的中止,但不可能是未遂状态。

由于刑法分则中各罪的犯罪形态和法定刑,都是以犯罪既遂为标准形态规定的,因而对犯罪既遂的处罚,在遵循总则规定的一般量刑原则的前提下,根据刑法分则规定的各具体犯罪的法定刑进行裁判即可。

---

① 刑法第 423 条第 1 款:“在战场上贪生怕死,自动放下武器投降敌人的,处三年以上十年以下有期徒刑;情节严重的,处十年以上有期徒刑或者无期徒刑。”

② 刑法第 424 条:“战时临阵脱逃的,处三年以上十年以下有期徒刑;致使战斗、战役遭受重大损失的,处十年以上有期徒刑、无期徒刑或者死刑。”

③ 刑法第 426 条:“以暴力、威胁方法,阻碍指挥人员或者值班、值勤人员执行职务的,处五年以下有期徒刑或者拘役;情节严重的,处五年以上十年以下有期徒刑;情节特别严重的,处十年以上有期徒刑或者无期徒刑。战时从重处罚。”

④ 刑法第 425 条:“指挥人员和值班、值勤人员擅离职守或者玩忽职守,造成严重后果的,处三年以下有期徒刑或者拘役;造成特别严重后果的,处三年以上七年以下有期徒刑。战时犯前款罪的,处五年以上有期徒刑。”

第三节 犯罪预备

一、犯罪预备的概念与特征

我国刑法第22条第1款规定:“为了犯罪,准备工具,创造条件的,是犯罪预备。”据此,通说理论普遍将犯罪预备解释为,行为人为实施犯罪而开始准备工具、创造条件,但由于行为人意志以外的原因而未能着手实行犯罪的一种犯罪停止形态。同时认为它具有以下主客观特征:

(一)行为人已进行犯罪的预备行为

所谓犯罪的预备行为,是指行为人为了顺利着手实施犯罪而事先创造各种条件、准备必要工具的行为。犯罪预备表明行为人的犯罪思想已经开始转化为犯罪行动,已经开始了积极活动。此时,行为人主观方面已具有某种罪恶目的,客观上具有犯罪行动,犯罪客体已处于被侵犯的高度危险状态,已具有一定的社会危害性。把握犯罪预备行为,要注意把犯罪预备行为、犯罪谋划和犯意表示区分开。三者都发生在着手实施犯罪之前,前二者都是着手犯罪的基础,彼此之间容易混淆。所谓犯罪谋划,是指行为人在着手实施犯罪之前,进行有目的的规划行为,它实质是为保障顺利犯罪,行为人进行的一种犯罪准备行为,应属于犯罪预备。所谓犯罪表示,是指行为人一时的犯罪意图的单纯表露,通常以话语、书写文字或其他方式表现出来,并未形成确定的犯罪意图,更未转化为有目的性的行动,仍属于犯罪思想的范畴。

犯罪预备行为主要包括两种情况:一是准备工具。所谓工具,是指行为人用来实施犯罪的各种作案工具、器材和其他物品。准备工具,包括收集、打制、购买、非法获取工具等,以满足实施犯罪需要。例如,为了实施杀人行为,而购买作案要用到的匕首、捆绑用的绳索、胶带等。但要注意这种准备行为是指“为了实行犯罪”的准备行为,而不是“为了预备犯罪”而进行的准备行为。如为了购买追杀仇人用的枪支,先去打工挣钱,就不好定为为犯罪准备工具。二是制造条件。这里是指除了准备工具外,为实行犯罪而进行的其他准备活动。例如,事先进行犯罪谋划,排除实施犯罪的障碍;事先选定犯罪对象、地点,熟悉环境并熟练犯罪实施的手段;准备逃跑工具等。

(二) 行为人未能着手实施犯罪的实行行为

行为人虽然已经开始了犯罪的准备,但也最终停留在犯罪预备阶段,未能进入犯罪的实行阶段。犯罪的实行阶段是指犯罪人着手犯罪实行行为直到行为完成的阶段,而犯罪实行行为是指实行刑法分则中具体犯罪的客观构成行为。一般来说,每个具体犯罪罪名有其具体的实行行为模式,例如,抢劫罪、盗窃罪、抢夺罪、诈骗罪,它们的主体、主观方面、客体相同或相似,但实行行为大不相同,正是因为彼此实行行为模式不同,才能够将彼此区分开来。只有着手实施了实行行为,犯罪对象或客体才会真正受到损害。犯罪预备未能着手实施犯罪的实行行为意味着,犯罪活动尚未对犯罪对象或客体构成直接的侵害。这一特征是犯罪预备与犯罪未遂状态的实质区别。

(三) 未能着手犯罪实行在于行为人意志以外的原因

这里的意志以外的原因,是指行为人最终未能着手犯罪的实行,不是因为行为人自行放弃,不是行为人不想继续下去,而是因为有了违背行为人意志以外的客观因素介入,行为人被迫停止。在这点上,它与犯罪未遂有共同之处,犯罪未遂也是被迫停止,同时,也使犯罪预备与预备阶段的犯罪中止区别开来,后者是因为个人自愿中止。

(四) 行为人主观上具有实施犯罪的目的和规划

这是追究犯罪预备刑事责任的主观根据。行为人最终虽未着手实行犯罪,但是具有实施犯罪的总的目的及规划,犯罪预备活动是其总的目的和规划指导下的一个环节,在这一环节中,行为人主观上表现为为了实施犯罪进行犯罪预备活动的意图。犯罪预备的这种意图、目的和规划,使得形式上看似与犯罪无关的行为,体现出危害社会的政治和法律实质。

二、犯罪预备的处罚原则

由于预备犯在犯罪预备阶段就被迫停止下来，尚未着手实施犯罪，未造成对社会主义社会关系现实性损害，社会危害要小于既遂犯和未遂犯。因此，根据罪刑相适应原则，预备犯的惩治也应当小于既遂犯和未遂犯。我国刑法第 22 条第 2 款规定："对于预备犯，可以比照既遂犯从轻、减轻处罚或者免除处罚。"这里主要把握两点：第一，我国刑法对预备犯的惩治，采取的是得减主义，原则上应进行减免惩治，但对于一些特殊情形下的具体犯罪，也可以不适用于减免处罚原则，既可以从宽，也可以不从宽。第二，对于预备犯的从宽处罚，是比照既遂犯从轻、减轻处罚或免除处罚。具体适用何种处罚，要根据预备犯的性质、准备的进展程度、行为人的主观恶性、犯罪后的表现等情况综合考虑。

第四节　犯罪未遂

一、犯罪未遂的概念与特征

我国刑法第 23 条第 1 款规定："已经着手实行犯罪，由于犯罪分子意志以外的原因而未得逞的，是犯罪未遂。"据此，犯罪未遂是指行为人已经着手实行犯罪，但由于其意志以外的原因，而使犯罪未达到既遂即被迫停止下来的犯罪形态。这里所谓未得逞，是指未能完成犯罪或未能达到犯罪既遂，不能理解为未实现犯罪目的。有一些国家将犯罪未遂与犯罪中止合起来规定，认为犯罪未遂是指行为人已经开始实施犯罪而未达到犯罪既遂的犯罪形态，把行为人自动中止犯罪的情况也放到犯罪未遂中，忽略主观上"被迫"和"自动"的差别，这是不科学的。

犯罪未遂具有以下主客观特征：

(一) 行为人已经着手实施犯罪

这是犯罪未遂区别于犯罪预备的主要标志。所谓着手实行犯罪,是指行为人开始实施刑法分则明确规定的某种具体犯罪的构成要件行为。例如,在放火罪中,行为人已经开始动手点燃对象物;在故意杀人罪中,行为人已经开始对受害人做出杀人举动;在抢劫罪中,行为人已经开始对受害人实施暴力、胁迫等行为,等等。其特征是:主观上,行为人的行为已经表现出实施某种犯罪的确定意志;客观上,行为人已经开始犯罪实行行为,刑法所保护的特定社会主义社会关系已经开始受到侵害,而在有犯罪对象的场合,实行行为已经指向并作用于犯罪对象。在阶段上,犯罪已经脱离预备阶段而跃进到实行阶段,行为的性质已经不再是为犯罪创造条件、准备工具,而是在着手实现犯罪,要将预备阶段形成的实行和完成犯罪的可能性转化为现实性。此时,如果没有主客观因素阻碍的话,行为人的犯罪行为将顺利完成。

着手是犯罪预备和犯罪未遂的界分点。如何认定着手,我国刑法理论通说采取所谓"形式客观说",①即将行为人开始实施刑法分则规定的某种具体犯罪客观构成行为(即实行行为)视为着手。本书赞同这一观点。

(二) 犯罪未得逞

所谓"未得逞",是指行为人在着手实行犯罪以后,最终没有完成刑法分则规定的某种具体犯罪的犯罪构成要件,或者说没有齐备某种犯罪构

① 关于着手的理论学说主要分"主观说"和"客观说"。"主观说"认为,应当以行为人内心的意思作为犯罪着手的认定标准,行为人的内心意思需要客观行为表现出来,所以,当行为人着手的意思表现出来后,就是着手。"客观说"认为,应当以客观为基础作为认定标准,"形式客观说"是它一种情况,除此之外还有"实质客观说",即认为只有行为对刑法所保护的犯罪客体具有直接的现实危险的行动时,才是着手。本书认为,"主观说"以行为人的内心意思为标准,必然导致因人而异,因行为人主观认识而不同,因此,是不足取的。"实质客观说"以行为使刑法所保护的犯罪客体陷入现实的危险为标准,实践上也难以把握,现实的危险本身是个模糊的概念。所以,以行为是否实施犯罪实行行为为标准最为可取。参见马克昌. 犯罪通论. 武汉:武汉大学出版社,2001:441—445。

成要件。这是犯罪未遂区别于犯罪既遂的主要标志。对于“未得逞”的认定，要坚持主客观相统一原则，不能仅以行为人认识为标准来判断犯罪既遂与否，必须同时考虑客观上行为人的行为是否完成某种具体犯罪的犯罪构成要件。不同犯罪类型的犯罪未遂的成立与否，标准并不相同。

对于实害犯而言，就是以法定的实害结果没有出现作为标志，例如，故意杀人罪未将受害人杀死；对于行为犯，是以具体犯罪的实行行为未能完成，例如，战时临阵脱逃被追回或没有成功；对于危险犯，以客观的危险状态尚未达到为标准，例如，有行为人实施了破坏交通设施的行为，意图报复社会，但是，经司法勘验后认为，行为人的破坏行为损害不大，未能对公共安全构成危险，只能成立破坏交通设施罪未遂。举动犯不具有犯罪未遂。

犯罪未得逞就是行为人的行为未能齐备具体犯罪的所有构成要件，核心是未能达到故意犯罪的犯罪目的，或者说没有达到犯罪既遂所要求的状态。例如，故意杀人罪中，未能将他人杀死。但是，这里不是说没有发生任何危害结果犯罪未遂可以产生构成要件以外的其他损害结果。例如，甲意图杀害乙，在乙饮水杯子里下毒，乙喝下后感到十分痛苦，后经抢救及时脱离了危险，但是从此胃肠一直不好，存在一定的器官机能损害。甲的行为属于故意杀人罪（未遂），产生了乙受伤害的损害结果。

（三）犯罪未得逞是由于犯罪分子意志以外的原因所致

犯罪未得逞（行为人着手实行犯罪以后最终未能达到既遂的未完成状态）的原因，不是因为犯罪分子自愿决定放弃犯罪，而是由于犯罪分子意志以外的原因所致，具有被迫性。这是区分犯罪未遂与实行后的犯罪中止（包括未实行终了的中止和实行终了的中止）的根本标志。这里所谓犯罪分子意志以外的原因，是指不以犯罪分子的主观意志为转移的客观因素。

那么如何区分是犯罪分子意志以外的原因，还是意志以内的原因？或者说如何认定行为人是自愿放弃还是被迫放弃？通说理论认为，应以“足以阻止犯罪意志的原因”作为认定犯罪分子“意志以外的原因”为标准：

1. 从性质上看，“意志以外的原因”是指犯罪人意志以外的、阻碍犯罪人顺利完成犯罪的外在因素。总结司法实务经验，这些因素大致可分为三类：(1)犯罪人意志以外的因素，包括被害人的反抗、第三者的介入、工具的失效、环境时机的变化等阻碍犯罪完成的各种不利因素。(2)犯罪人自身原因,包括犯罪人个人的身体状况、个人能力、心理状态、方法技巧等处于不佳情况,使犯罪未能实现。(3)犯罪人主观上对行为结果、犯罪对象、犯罪工具性能以及方法手段等存在认识错误,以为能够实现犯罪,但实际上不能实现。

2. 从程度上看,这种意志以外的原因要足以抑制犯罪分子继续实施犯罪,它使犯罪人相信自己已经无法继续实施犯罪,这是对"意志以外的原因"的"量"的要求。如果犯罪人遇到的意志以外的因素相对轻微,不足以阻止其犯罪完成,在此情况下,犯罪人放弃犯罪的完成,就不能认为是犯罪分子意志以外的原因导致犯罪未遂,而应认定为犯罪分子的自愿行为,应是犯罪中止。

二、犯罪未遂的类型

对犯罪未遂的不同情况(如发生阶段、原因)进行分析,理论上主要根据两种不同的标准,把犯罪未遂划分为不同的类型:

(一) 实行终了的未遂与未实行终了的未遂

这是以行为人自认为实行行为是否终了为标准的划分。前者是指行为人着手实施犯罪实行行为后,自认为已完成实现犯罪既遂要求的全部行为,但因意志以外的原因犯罪未得逞的情形。后者是指行为人认为他尚未完成实现犯罪既遂要求的全部行为,因意志以外的原因犯罪未得逞的情形。实行行为完成程度距离犯罪既遂越近,社会危害性越大,因此,实行终了的未遂,一般来说要处以比未实行终了的未遂更重的刑罚。

(二) 能犯未遂与不能犯未遂

这是以行为人的实行行为能否实现犯罪为标准的划分。能犯未遂,是指行为人已着手犯罪的实行行为,根据其行为的性质,其有现实可能达到既遂,但由于意志以外的原因未能达到犯罪既遂。不能犯未遂,是指行为人已经着手犯罪的实行行为,但根据其实行行为性质,犯罪不可能达到既遂，也事实上未达到既遂的情况。这主要是因为行为人对有关犯罪事实认识错误，因此根据其认识错误不同，又可具体分为工具不能犯、对象不能犯、方法不能犯等。所谓工具不能犯是指行为人实际所使用的犯罪工具，不具有达到犯罪既遂的可能性。例如，将面粉误认为砒霜用来毒害他人；使用已不能击发的锈蚀枪支对他人射击等。对象不能犯是指行为人对行为对象是否在行为作用范围以内，或者对行为对象特性等等，存在认识错误，以致不能成立犯罪既遂。例如，犯罪对象在犯罪人的枪支射程之外，误将仿真枪当作真枪进行盗窃，等等。方法不能犯是指犯罪人使用的方法不能实现犯罪目的。例如，制毒人使用错误的化学方法提炼毒品。

可见，不能犯未遂实际是建立在行为人认识错误的基础上，如果犯罪人不存在错误认识，那么其实行行为就存在犯罪既遂的可能。这是应给予不能犯未遂刑罚惩治的客观根据。这个特征也把不能犯未遂与迷信犯区别开来。所谓迷信犯又称为愚昧犯，是指行为人由于极其迷信、愚昧，采用在任何情况下都不可能实现犯罪既遂的手段、方法，意图实现犯罪的情形，当然这不可能发生。迷信犯从根本上不具有危害社会的现实性，因此，一般没有必要给予刑事处罚。

三、犯罪未遂的处罚原则

犯罪未遂，从行为人的主客观方面进行综合评价，相对于既遂犯，其社会危害性显然要轻，因此，在刑事责任追究上适当从宽。目前，各国刑法理论与实践存在同等主义（或主观主义）、[①]必减主义（或客观主义）[②]和得减主义（或折中主义）[③]三种主张。我国采取了得减主义的处罚立场。

① 同等主义，又称主观主义，强调刑罚惩治的重心是行为人的主观罪过，未遂犯没有完成犯罪，但是其主观罪过并不比既遂犯小，因此二者应当同等处罚。法国即采取这种立法立场。

② 必减主义，又称客观主义，认为刑罚的轻重应当以行为所造成的损害大小为标准，未遂犯犯罪未得逞，其社会危害明显小了很多。

③ 得减主义，又称折中主义，未遂犯与既遂犯相比，其社会危害较小，因此一般应当减轻处罚。但是，在有些情况下，尽管犯罪未完成，未遂犯与既遂犯也存在社会危害大小的差异，但基于某些原因，例如，犯罪分子主观恶性和人身危险性极大，且历来怙恶不悛，也可以判处未遂犯与既遂犯相同大小的刑罚。

现行刑法典第 23 条第 2 款规定:“对于未遂犯,可以比照既遂犯从轻或者减轻处罚。”

第五节 犯罪中止

一、犯罪中止的概念与特征

我国刑法第 24 条第 1 款规定:“在犯罪过程中,自动放弃犯罪或者自动有效地防止犯罪结果发生的,是犯罪中止。”根据这一规定,犯罪中止是指在故意犯罪过程中,行为人自动放弃犯罪,或者自动有效地防止危害结果发生的一种犯罪停止形态。它可分两种情形:一是自动放弃的犯罪中止;二是自动有效防止犯罪结果发生的犯罪中止。两种情形在特征上略有区别。

(一)自动放弃的犯罪中止

所谓自动放弃的犯罪中止,是指在故意犯罪过程中,行为人出于个人的动机和意愿,自动放弃犯罪的实施,并导致犯罪构成的危害结果未能发生的犯罪停止形态。其特征主要有以下三点:

1. *发生在犯罪开始之后,实行终了之前*

犯罪中止可以发生在犯罪既遂之前的整个犯罪过程中。但自动放弃的犯罪中止,只能发生在犯罪开始以后、实行终了之前。[①] 如果犯罪已经完成、齐备了犯罪构成要件,当然不会存在中止的问题。如果犯罪已经实行终了,如果没有主客观因素介入的话,犯罪结果就会合乎规律地发生,此时,要成立犯罪中止,就必须采取行动打断犯罪的因果进程,阻碍犯罪结果的发生,这种有效阻碍危害结果发生的中止,就不再属于自动放弃的犯罪中止,而属于自动有效防止犯罪结果发生的中止。可见,自动放弃的犯罪中止,只能发生在犯罪行为实行终了之前。从行为人开始实施犯罪

① 这里的实行终了是客观上实行行为实施终了。

到实行终了之前，故意犯罪包括两个阶段：预备阶段和实行阶段，故自动放弃的中止可以分为预备阶段的中止、实行阶段的中止即未实行终了的中止。当然，在行为人尚未准备实施犯罪时，也谈不上犯罪中止。

2. 中止具有自动性

这里“中止”的含义是指行为人自动停止，即具有自动性，这是犯罪中止区别于犯罪预备、犯罪未遂两种未完成形态的根本特征。所谓的“自动”，是指在行为人实施犯罪过程中，无论基于什么动机，主动放弃行为人本认为可以继续实施下去、能够完成的犯罪。它主要包括两方面含义：一是行为人自认为自己当时可以继续实施下去并完成犯罪，这是前提。只要行为人自认为当时他(她)能够继续实施犯罪、最终达到犯罪既遂，即使根据当时主客观情况，在别人看来持续完成犯罪已不可能，或者行为本身不可能完成犯罪，即行为人存在认识错误，只要行为人主动放弃，都不影响自动性的成立。反过来说，如果行为人本可以继续实施或完成犯罪，但他错误认为自己已无法继续实施或完成犯罪，因而放弃了犯罪，也不能成立自动中止，而是犯罪未遂(因为行为人基于事实认识错误，被迫停止)。二是行为人基于个人意志而放弃犯罪。至于行为人自动放弃犯罪的原因不管是出于真心悔罪，还是出于慑于法律的威严，抑或因为熟人的规劝等都在所不问。只要行为人在自认为可以继续实施和完成犯罪的情况下，自行决定放弃犯罪，最终避免犯罪结果发生，就成立自动性。

这里的自动停止犯罪也包含了行为人彻底放弃犯罪的内涵。也就是说，行为人不仅主客观上都放弃了继续实行犯罪，而且从思想和行动上也都彻底放弃了原来的犯罪意图和打算。彻底放弃了原来的犯罪意图有两方面含义：一是行为人不是临时放弃，不是为了等待另外一个机会再行实施，而是彻底打消了原来的犯罪意图。二是不能理解为行为人以后不再犯其他同类罪行或者其他犯罪。

3. 犯罪最终未达到既遂

也就是自动放弃的中止应当具有有效性。如果行为人虽然自动放弃了犯罪，但犯罪结果最终还是出现，这意味犯罪已达到既遂，也就不存在犯罪中止。例如，甲在砍杀乙的过程中，乙哀求甲放过自己，甲在得到乙告知的银行账户和密码后，决定放走乙后离去，但后来乙在被他人送往医院过程中还是因伤重死亡，甲仍构成故意杀人既遂，不成立犯罪中止。只有行为人放弃了实行行为，犯罪最终因为实行行为程度不够，未能产生具体犯罪构成的危害结果，即停留在未完成形态，才能成立中止。犯罪最终未完成能将犯罪中止与犯罪既遂区别开来。

（二）自动有效防止犯罪结果发生的犯罪中止

这是犯罪中止的另一种情形。所谓自动有效地防止犯罪结果发生的犯罪中止，是指在某些直接故意犯罪中，行为人已经着手实行具体犯罪构成客观要件的危害行为，或者犯罪实行终了、等待犯罪结果出现之前，行为人主动放弃犯罪，并且有效地采取措施防止结果的发生。

此种犯罪中止，除了前面提到的行为人放弃犯罪的自动性这一本质特征外，它还包括两个重要特征：

1. 发生在着手实行之后，犯罪结果出现之前

自动有效防止犯罪结果发生的犯罪中止，只可能出现在实行阶段和实行终了阶段。在犯罪预备阶段，行为人尚未着手实行犯罪，未能对犯罪保护的客体和对象造成实际性的损害或者形成损害危险，此时，行为人只要自动放弃，犯罪结果就无从发生，成立犯罪中止。所以，自动有效防止犯罪结果发生的犯罪中止，不可能发生在预备阶段。在着手实行阶段，行为人有时虽然自动彻底放弃了犯罪，但是，由于着手实行犯罪可能已到了相当的程度，也可能会出现具体犯罪构成要求的危害结果，在这种情况下，行为人就必须采取措施才能避免犯罪结果的出现，成立犯罪中止。例如，甲意图杀害乙，用刀将乙严重刺伤，后又心生悔意，没有继续捅刺乙，但此时乙如果不立即被送往医院，仍会死亡，甲仍成立故意杀人罪既遂。如果甲放弃犯罪后，又找人将乙送往医院，避免了乙死亡，此时才成立犯罪中止。至于在实行终了到结果出现阶段，行为人当然需要采取有效措施才能成立犯罪中止。

（2）行为人必须采取有效措施

如前项特征已提到，因为这种类型的犯罪中止通常是犯罪行为已经达到相当严重的程度，已经可能产生既遂状态的结果，如果仅仅是消极地放弃实施犯罪，既遂的危害结果仍可能会出现，只有行为人采取积极的有

效措施的情况下，才能成立犯罪中止。这是犯罪中止的本质决定的。在共同犯罪中，行为人的行为成立犯罪中也需根据这一原则进行判定：一是共同犯罪中部分行为人决定中止犯罪后，尚需犯罪结果能自动避免出现，或者通过积极劝说其他人主动放弃犯罪，最终有效地防止了犯罪结果的发生，那么所有人成立犯罪中止，否则，尽管部分行为人主动中止了犯罪，他们也不成立犯罪中止。二是共同犯罪中部分犯罪人决定中止犯罪后，也劝说其他犯罪人中止犯罪但未果，他们主动采取措施防止结果的发生，也成立犯罪中止。

二、犯罪中止的理论类型

现实生活中的犯罪中止是多种多样的，除了前述立法规定的两种不同类型外，理论上也从不同的角度或标准将犯罪中止区分为不同类型，这有助于更深刻地认识犯罪中止的本质、特征和样态，有助于从不同的侧面分析不同的犯罪中止的危害程度，为司法上定罪量刑提供根据。这里主要讨论两种常见的分类：

（一）预备中止、未实行终了的中止与实行终了的中止

根据犯罪中止发生的故意犯罪发展阶段，可将犯罪中止分为预备中止、未实行终了的中止和实行终了的中止。

1. 预备中止。预备中止是指发生在预备阶段的中止，即行为人在进行犯罪预备活动过程中，自动中止预备行为，彻底放弃犯罪实施的停止形态。预备中止与犯罪预备存在本质的区别：前者是行为人自动放弃犯罪预备活动；后者是由于意志以外的原因而被迫在犯罪预备阶段的停止。预备中止自动、彻底放弃犯罪。

2. 未实行终了的中止。未实行终了的中止发生在行为人着手实施犯罪以后，到行为人完成实行行为之前的实行行为阶段。即行为人在着手实施犯罪的过程中，自动中止犯罪行为，导致犯罪未达既遂的状态。在此阶段，它又分为两种情况，一是自动放弃的犯罪中止，或者自动有效防止犯罪结果发生的中止。

3. 实行终了的中止。实行终了的中止发生在行为人实行终了以后、犯罪结果出现之前。即行为人着手实施犯罪行为完成以后，在等待结果出现之前，又基于个人意志，主动采取措施防止犯罪结果发生的犯罪停止形态。在此阶段，只有自动有效防止犯罪结果发生的中止。

一般说来，犯罪中止距离犯罪既遂越近，社会危害越大。因此，预备中止给社会带来的危险或危害最小，未实行终了的中止次之，实行终了的中止最大。

（二）消极中止与积极中止

根据犯罪中止是否需要采取进一步的措施防止犯罪结果的出现，可将犯罪中止分为消极中止和积极中止。

1. 消极中止。是指行为人只需要自动放弃犯罪的实施，就能避免犯罪结果出现的中止。消极中止发生在预备阶段（预备中止）和犯罪实行阶段（部分未实行终了的中止）

2. 积极中止。是指行为人不仅需要自动放弃犯罪实施，而且需要采取措施有效防止犯罪结果出现的中止。积极中止发生在犯罪实行阶段（部分未实行终了的中止）和实行终了的阶段（实行终了的中止）。

三、放弃可重复实施的侵害行为的定性问题

所谓放弃可重复实施的侵害行为，是指在一定的机会场合，行为人可以实施两次以上可重复侵害的行为以达到犯罪既遂，在实施了一次或一次以上侵害行为，因其意志以外的原因未能实现既遂后，自动放弃继续侵害的情况。例如，甲隔着一定距离向乙射击，意图杀死乙，连续开了两次枪，都没有打中，此时甲还有机会继续向乙射击，但甲没有继续射击下去，自行离开，这就是一种典型的放弃可重复实施的侵害行为的情况。对于这种情况的定性，历来存在犯罪未遂说和犯罪中止说两种观点。两种观点的争议主要聚焦在两点：一是已经实施的侵害行为是实行未了还是实行终了。如果认为是实行未了，那么认定犯罪中止的倾向性大；如果认为是实行终了，基本可以认定为犯罪未遂；二是行为人离开后能否认定为彻

底放弃。如果认为是彻底放弃，那么认定为犯罪中止倾向性大；如果认为不确定是否彻底放弃，那么，就倾向于成立犯罪未遂。

本书认为这两种观点无疑都有其合理性，但也都有其偏颇之处。第一，对于行为人已实施的侵害行为一概认定为实行终了的行为或是未实行终了的行为，可能有所偏颇，这里不仅要看客观上是否具有重复实行的可能性，也要看行为人的意图，不能排除行为人原只打算重复确定数量的侵害行为。例如，甲意图杀害乙，同时甲很迷信，作案前进行占卜，认为只射击两枪最适当，结果两枪过后没有打中乙，甲遂放弃继续射击。此时，应当认定为甲的犯罪行为实行完毕，但因为意志以外的原因而没有完成，成立犯罪未遂。第二，行为人离开现场，不能一概认定为自动彻底放弃，也不能一概认定为被迫放弃，还要看行为人后来的思想和行动表现。所以，本书认为，对于自动放弃可以重复侵害的行为，应当在既有事实的基础上，进一步查明行为人实施行为期间和放弃之后的主观意图，作进一步的判定。

四、犯罪中止的处罚原则

与犯罪预备、犯罪未遂不同，犯罪中止的行为人大多存在悔过自新、认罪服法的积极的心理人格特征，不仅客观上避免了犯罪构成危害结果发生，也意味着行为人即使成立犯罪，其改造难度相对较小，为鼓励具有这种行为、心理特征的犯罪人能及时悬崖勒马、减少对社会的损失，刑法第 24 条第 2 款规定："对于中止犯，没有造成损害的，应当免除处罚；造成损害的，应当减轻处罚。"该规定采取必减主义原则，即对于中止犯，我国刑法的处罚原则是一律从宽处罚，并根据是否存在损害后果，采取减轻或免除处罚的量刑原则。

第十一章 共同犯罪形态

前文第五章至第十章，主要是关于一人犯一罪（单独犯）的犯罪构成的理论阐述（包括完成形态和未完成形态），但现实生活中不少犯罪是多人共犯一罪的情形，即共同犯罪形态。我国现行刑法第25、26、27、28、29条是关于共同犯罪的一般规定。

第一节 共同犯罪的概述

一、共同犯罪的概念与特征

刑法第25条第1款规定："共同犯罪是指两人以上共同故意犯罪。"它就是我国刑法中的共同犯罪概念。同时，该条第2款规定："二人以上共同过失犯罪，不以共同犯罪论处；应当负刑事责任的，按照他们所犯的罪分别处罚。"

根据共同犯罪的立法规定，在单独犯的犯罪构成要件基础上，理论上概括出共同犯罪的三个基本特征：

1. 犯罪主体特征。行为主体必须是两名以上具有刑事责任能力的自然人或单位。它主要包括三种情形：(1)两个以上都是自然人主体；(2)两个以上都是单位主体；(3)两个以上是由自然人与单位组成的混合式主体。如果主体只是一个自然人或者一个单位，是无法成立共同犯罪的。两人以上自然人或单位，是共同犯罪成立的前提。

这里每个自然人主体还必须均具有相应的刑事责任能力，才能与彼此组成共同犯罪主体。例如，两个以上年满 16 周岁、精神健全的人共同实施了杀人行为，他们就是共同犯罪主体；一个年满 16 周岁、精神健全的人与一个年满 12 周岁不满 14 周岁、精神健全的人共同实施了杀人行为，手段残忍，并致人死亡的，也成立共同犯罪主体，后者具有相对刑事责任能力。但是，一个年满 16 周岁、精神健全的人与一个不满 12 周岁的人，实施任何犯罪，都不成立共同犯罪主体，因为后者不具有刑事责任能力。如果一个具有完全刑事责任能力的人，指使或教唆另一个不具有刑事责任能力的人实施某种犯罪，被指使者、被教唆者不构成犯罪，而指使者或教唆者将按照单独实行犯处理，这在西方刑法理论上称为间接正犯。[①] 此外，对那些刑法要求由特殊犯罪主体构成的犯罪，不具有特殊身份的人与具有特殊身份的人可以构成共同犯罪主体。例如，乙男在强奸丙女时，甲女对乙男提供了帮助，甲女和乙男构成强奸罪的共同主体。

单位也是我国刑法规定的犯罪主体，凡是符合资格的两个以上单位之间，或者单位与具有刑事责任能力的自然人之间，实施刑法规定的某种单位犯罪，可以组成单位共同犯罪主体。

2. 主观特征。共同犯罪的主观方面要求行为人具有共同的故意，简称共同故意。它是指共同犯罪人之间存在共同实施某一具体犯罪的意图，认识到自己和他人共同从事某种犯罪行为，并希冀或放任彼此之间的协作造成犯罪结果的发生。它是共同犯罪刑事责任的主观基础。它比单独犯的故意内涵显然更为复杂，包括：

(1) 认识因素。行为人认识到自己与他人一起实施某种犯罪，认识到自己的行为会发生危害社会的后果。

(2) 意志因素。行为人希望或放任彼此相互配合、共同实施的犯罪行为发生危害社会的结果。这里可以是共同希望、共同放任，也可以在一

① 所谓间接正犯，是指利用他人为工具实施的犯罪，此时他人要么不具有刑事责任能力，要么对行为人的利用并不知情。前者例如甲是具有刑事责任能力的成年人，乙是不满 12 岁的儿童，甲教唆乙实施了放火行为，导致人员和财产伤亡的严重后果，甲虽在形式上未亲手实施，但乙实际上相当于甲的工具，与甲亲手实施无疑，为解决甲的刑事责任问题，把甲当作实行犯追究刑事责任。后者例如甲是一名医生，乙是护士，甲利用乙的疏忽或不知情将配置好的毒剂由乙注射给仇人丙，在这种情况下，甲乙不构成共同犯罪，对甲也当作实行犯追究刑事责任。对该理论，国内也基本接受。

些情况下有的行为人是希望,有的行为人是放任。

(3) 彼此之间存在意思联络。只有共同犯罪人之间存在意思联络,共同犯罪人才能彼此认识各自和他人的行为,做到彼此配合,共同推动犯罪的发生、发展。如果行为人彼此之间不存在意思联络,即便彼此都是故意犯罪,甚至都认识到自己和他人一起在实施同一种犯罪,也不能成立共同故意犯罪。在这种情况下,实际上彼此互为条件,按单独犯处罚。

3. 犯罪客观特征。共同犯罪的成立,要求两个以上犯罪主体之间要有共同的犯罪行为,即在共同的犯罪故意引导下,行为人之间相互协作共同实施同一具体犯罪。把握共同犯罪行为的共同性需要注意以下几点:

一是这里的"共同"指的是共同实施同一犯罪,而不是说犯罪主体之间的具体实施的犯罪活动完全一样,相反,在很多情况下,共同犯罪人为了顺利有效地完成同一犯罪活动,彼此之间存在着一定分工。这种分工一般有四种行为方式:(1)实行行为。是指符合犯罪构成客观方面的危害行为。这是所有犯罪包括共同犯罪唯一都必须具有的行为分工形式,大陆法系刑法理论称之为正犯行为。(2)组织行为。是指在共同犯罪中的组织、领导、指挥等的行为。例如,黑社会性质组织罪中组织、领导、指挥等行为。(3)帮助行为。指在共同犯罪中,行为人并不亲手实施具体犯罪构成行为,但给予其他犯罪主体以各种帮助、便利的行为。例如,为入户盗窃的犯罪人望风,帮助其他犯罪人运送赃物等等。(4)教唆行为。行为人指使、煽动、说服、威胁或者以其他方法,意图促使他人产生犯意、实施犯罪的行为。共同犯罪的内部分工形式可以都是实行行为,也可以是实行行为和其他分工形式的相结合。

二是如果是仅参与共谋但未参与后来犯罪的实行,也可以构成共同犯罪。所谓共谋是指两人以上为了实施特定的犯罪而策划商议,它本身可以是组织行为、教唆行为,也可以是帮助行为,本质上是属于犯罪预备,因此参与犯罪谋议而未参与犯罪实行的共谋犯,应当认定构成共同犯罪。

三是不同共同犯罪人的行为形式可以都表现为作为、不作为抑或二者结合。

总之,在共同实行犯罪的场合,各共同犯罪人通过行为(分工或不分工)相互协作,共同实施某一具体犯罪行为,推动犯罪的发生、发展。他们每一个人的行为都应看作犯罪行为的一部分，合起来作为统一整体来看待，都对犯罪结果具有原因力。即使共同犯罪中只有一人的实行行为客观上导致危害结果的发生，其他人的实行行为不是引起危害结果的原因，也应认为他们的行为共同造成危害结果。例如，甲、乙、丙群殴丁，其中，甲一拳击中丁的要害，导致丁死亡，应看作三人共同致死丁，只是甲的作用是主要的。

二、共同犯罪的形式

共同犯罪是多人共犯一罪的形态，不仅内在结构更为复杂，形式也更为多样。对各种不同形态的共同犯罪进行分类，分析不同类型共同犯罪的特点，有助于认识不同共同犯罪的社会危害性，确定恰当的刑事政策，给予适当的刑罚惩罚；有助于认清不同共同犯罪的内部结构，对处于不同地位、具有不同分工或不同作用大小的共同犯罪人给予区别性对待。共同犯罪的形式是共同犯罪理论中一个重要的问题，刑法总则和分则也有相关规定。

根据不同的分类标准，理论上通常把共同犯罪分为以下几对形式：

（一）任意的共同犯罪和必要的共同犯罪

这是以具体犯罪构成可否任意成为共同犯罪构成为标准的区分。

所谓任意的共同犯罪，其实是大多数共同犯罪所属类型，它是指刑法分则以单独犯为标准规定的犯罪构成，实际由二人以上共同实施而形成的共同犯罪。如盗窃、抢夺、放火、贪污等犯罪，都是以单独犯为标准规定的罪状或犯罪构成，如果它们各自由两人以上实施，就是任意的共同犯罪。任意的共同犯罪以刑法总则的共同犯罪规定为立法根据。对这类共同犯罪的刑事责任追究，应当根据刑法分则规定的具体罪名的刑事责任，同时结合刑法总则的共同犯罪规定进行裁量。任意的共同犯罪有普通的共同犯罪和犯罪集团两种形式。

所谓必要的共同犯罪，是指刑法分则规定的具体犯罪构成本身，已要求行为主体必须是二人以上的犯罪，也就是这些具体犯罪本身就符合共同犯罪的特征。我国刑法分则中主要规定了以下情况：

1. 聚合性共同犯罪。是指预设了多数人的共同行为为犯罪构成要件的犯罪。也就是说，此种类型犯罪的成立，是建立在多数人共同实行行为的基础上，如果没有多数人的共同实行行为，此类犯罪就不能构成。例如：刑法第 103 条规定的分裂国家罪，①刑法第 268 条规定的聚众哄抢罪，②刑法第 290 条规定的聚众扰乱社会秩序罪、聚众冲击国家机关罪，③等等。这些犯罪，本身就是多人共同故意犯罪，人数众多，有首要分子和积极参加者之分，如果没有二人以上犯罪主体，上述犯罪就不能成立。

2. 集团性共同犯罪。指刑法分则规定的某种具体犯罪，明确要求有犯罪集团为犯罪构成要素的犯罪。主要有两个比较典型的罪名：刑法第 120 条第 1 款规定的组织、领导或参加恐怖活动组织罪，第 294 条第 1 款规定的组织、领导或参加黑社会性质组织罪。这两个犯罪本身就是共同故意犯罪，同时包含犯罪集团的要素。所谓犯罪集团，是“三人以上为共同实施犯罪而组成的较为固定的犯罪组织”。

此外，理论上还通常提到“对向性共同犯罪”。所谓对向性共同犯罪，指“基于二人以上的互相对向行为构成的犯罪”。④ 常举的例子包括重婚罪、受贿罪与行贿罪等。但严格而言，这些例子并不恰当，例如，根据我国刑法规定，重婚罪并不意味着对方也构成犯罪，许多情况下只有重婚者构成该罪，而对方是无辜的；受贿罪也不意味着行贿者一定构成犯罪，而且

---

① 刑法第 103 条：“组织、策划、实施分裂国家、破坏国家统一的，对首要分子或者罪行重大的，处无期徒刑或者十年以上有期徒刑；对积极参加的，处三年以上十年以下有期徒刑；对其他参加的，处三年以下有期徒刑、拘役、管制或者剥夺政治权利。”

② 刑法第 268 条：“聚众哄抢公私财物，数额较大或者有其他严重情节的，对首要分子和积极参加的，处三年以下有期徒刑、拘役或者管制，并处罚金；数额巨大或者有其他特别严重情节的，处三年以上十年以下有期徒刑，并处罚金。”

③ 第 290 条第一、二款：“聚众扰乱社会秩序，情节严重，致使工作、生产、营业和教学、科研无法进行，造成严重损失的，对首要分子，处三年以上七年以下有期徒刑；对其他积极参加的，处三年以下有期徒刑、拘役、管制或者剥夺政治权利。聚众冲击国家机关，致使国家机关工作无法进行，造成严重损失的，对首要分子，处五年以上十年以下有期徒刑；对其他积极参加的，处五年以下有期徒刑、拘役、管制或者剥夺政治权利。”

④ 高铭暄、马克昌. 刑法学：第九版. 北京：北京大学出版社、高等教育出版社，2019：164。

即使彼此都构成犯罪，它们也不是共同犯罪。本书认为这个理论概念目前没有实际意义。

对必要的共同犯罪，由于刑法分则已经有明确的条文规定（包括其法定刑），进行刑事责任追究，直接适用分则条文规定即可。

（二）事前通谋的共同犯罪和事中通谋的共同犯罪

这是以共同故意形成的时间划分。犯罪既遂之前无通谋的，谈不上共同犯罪，故只有事前通谋和事中通谋两种类型。

事前通谋的共同犯罪，是指两个以上犯罪主体在着手实行犯罪之前已形成共同故意的犯罪。犯罪之前有通谋，增大了犯罪完成的可能性，并易于使更多人卷入犯罪；减少了犯罪被侦破的可能性，同时增加再犯可能性，因此具有更大的社会危害性和危险性。事中通谋的共同犯罪，是指共同故意在犯罪人着手犯罪实行以后至犯罪实行完毕或犯罪结果出现之前才得以形成的共同犯罪。例如，甲正在实施盗窃，甲的朋友乙路过，见状帮忙，两人一起将赃物盗走。相对而言，后者的社会危害性或危险性较小。

（三）简单共同犯罪和复杂共同犯罪

这是根据共同犯罪人分工情况的划分。

简单共同犯罪是指共同犯罪人彼此之间不存在分工，共同实施犯罪构成实行行为的犯罪，故又叫共同正犯或共同实行犯。因此，在简单共同犯罪中，每一个犯罪人都是实行犯。虽然简单共同犯罪中犯罪人之间并无分工，但是在犯罪中的作用大小并不一定相同。在刑事责任追究时，将根据各共同犯罪人行为的社会危害程度，区别主从犯进行处罚。如果每个犯罪人都起主要作用，都按照主犯处罚，但他们不可能都是从犯。

复杂共同犯罪是指共同犯罪人之间存在某种具体犯罪构成行为内外分工的共同犯罪。也就是除了实行行为外，还有组织行为、教唆行为或帮助行为的一种或几种的分工行为，不同犯罪人可以分别成立实行犯、组织犯、教唆犯和帮助犯等。尽管存在这些区分，对于复杂共同犯罪，刑法规定也主要根据各自在共同犯罪中的作用大小进行量刑，即便是教唆行为，刑法也指出要根据“他在共同犯罪中所起的作用处罚”。

(四) 普通的共同犯罪和特殊的共同犯罪

这是根据共同犯罪人之间是否存在紧密的组织结构形式的划分。

普通的共同犯罪是指二人以上没有特殊的组织形式，只是为了实施犯罪临时纠合在一起实施的共同犯罪。其特点是共同犯罪人在实施一次或数次犯罪后，这种临时纠合便告解体。[①] 普通的共同犯罪可以是事前通谋的，也可以是事中通谋的。一般认为，部分团伙犯罪，也属于普通的共同犯罪。

特殊的共同犯罪，又称有组织的共同犯罪，[②]是指实施犯罪时存在紧密的犯罪组织结构形式的共同犯罪，也就是我国刑法典第 26 条第 2 款规定的犯罪集团：“三人以上为共同实施犯罪而组成的较为固定的犯罪组织，是犯罪集团。”它包括《中华人民共和国反有组织犯罪法》(2021 年)中的恶势力组织。

犯罪集团是共同犯罪中的一种典型的有组织共同犯罪，主要特点是其组织性。这是社会危害性最大的一种共同犯罪，历来是刑法打击的重点。从上面立法规定来看，犯罪集团的成立需具有三个基本条件：(1)必须具有三个以上的具有刑事责任能力的人组成；(2)是人员较为固定的犯罪组织；(3)犯罪组织存在的目的是共同实施犯罪。从实务认定的角度看，它还具有以下特征：(1)犯罪组织具有较为明显的首要分子；(2)经常纠集在一起进行一种或数种有预谋的犯罪活动。根据我国刑法规定，犯罪集团可以分为任意共同犯罪的犯罪集团和必要共同犯罪的犯罪集团。前者如盗窃罪、诈骗罪的犯罪集团，后者即聚合性犯罪的犯罪集团，包括组织、领导、指挥黑社会性质组织犯罪和组织、领导、指挥恐怖活动组织犯罪等。

---

① 这不妨碍下次，他们再次纠合。尽管可能多次纠合，但人员一般并不固定。

② 2021 年 12 月出台的《中华人民共和国反有组织犯罪法》第 2 条第 1 款规定：“本法所称有组织犯罪，是指《中华人民共和国刑法》第二百九十四条规定的组织、领导、参加黑社会性质组织犯罪，以及黑社会性质组织、恶势力组织实施的犯罪。”这里的有组织犯罪与理论上的有组织的共同犯罪应当区别开来，前者是特定的法定称谓，后者是更为宽泛的理论用语。

恶势力组织“是指经常纠集在一起，以暴力、威胁或者其他手段，在一定区域或者行业领域内多次实施违法犯罪活动，为非作恶，欺压群众，扰乱社会秩序、经济秩序，造成较为恶劣的社会影响，但尚未形成黑社会性质组织的犯罪组织。”①根据这一规定，恶势力组织是一种特殊的犯罪集团。

三、共同犯罪认定中的特殊问题

（一）共同犯罪中的实行过限。所谓实行过限，是指共同犯罪人在实施共同犯罪活动过程中，其中一人或几人在共同故意之外，独立实施了另外的犯罪。对于这种另外实施的犯罪，只能追究独自实施该项犯罪的人的刑事责任，而不能追究其他犯罪人的责任。例如，甲乙共谋实施盗窃，乙在屋外看风，甲入户进行盗窃，盗窃完后发现女主人在屋内睡觉，遂对其进行猥亵、奸淫。出门后，叫上乙一起逃走。甲的奸谣行为是实行过限。

（二）同时犯。所谓同时犯，是指二人以上在没有意思联络的情况下，在同一场合或针对同一对象各自实施同一种犯罪的情况。在同时犯的情况下，由于行为人彼此之间缺乏意思联络，自然也不存在相互配合的行为，因此，不能按照共同犯罪对待。在处罚上应根据各自犯罪事实、社会危害程度和情节分别追究刑事责任。

（三）片面共犯。如果一方行为人有与另一方行为人共同实施某种犯罪的意思，并在此指导下参与了犯罪的完成，但另一方对此并不知情的情况，理论上称之为片面共犯。一般来说，片面共犯限于片面帮助犯，不需要扩大到片面实行犯、片面教唆犯。② 由于片面共犯不存在意思联络，因此，不能成立一般意义上的共同犯罪，这会产生对于片面帮助犯因为没有实行行为而不好追究刑事责任的难题。为了解决片面共犯的刑事责任追究，一般把片面共犯作为特殊的共同犯罪人处理。

---

① 《反有组织犯罪法》第 2 条第 2 款。

② 片面实行犯，可以按照单独犯定罪处罚；片面教唆犯，法律明确规定了对其惩罚原则：“如果被教唆的人没有犯被教唆的罪，对于教唆犯，可以从轻或者免除处罚。”

（四）相同机会实施犯罪时故意内容不同的，不构成共同犯罪。如果不同犯罪人在同一场合或针对同一对象实施犯罪行为，尽管知道对方也在实施犯罪，但是彼此之间的故意内容不同，也不能成立共同犯罪，按照各自构成的犯罪承担刑事责任。

第二节　共同犯罪人的分类及其刑事责任

共同犯罪是二人以上共同故意实施的犯罪。在大多数情况下，不同的共同犯罪人，在实施犯罪过程中的分工、作用或多或少都存在一定的差别，彼此行为的社会危害性程度也应有所不同。依照罪刑相适应原则，各自应当承担的刑事责任也应有所区别。事实上，刑法规范共同犯罪制度的最终落脚点是区分不同犯罪人在共同犯罪中的分工和作用，给予不同的刑事责任追究。我国刑法对共同犯罪人进行了科学分类，并分别规定了适当的刑事责任追究原则。

一、共同犯罪人的分类

从各国刑法的立法规定来看，对共同犯罪人的分类主要有两种方法：

（一）分工分类法

这是以共同犯罪人在犯罪活动中的具体分工为标准，对共同犯罪人进行的分类。例如 1994 年 3 月生效的《法国刑法典》，将犯罪分为正犯和从犯。这里所谓的正犯就是实行犯，而从犯包括了教唆犯和帮助犯。有的采用三分法，例如 2008 年《土耳其刑法典》、2009 年《希腊刑法典》以及现行《日本刑法典》等，都把共同犯罪人分为实行犯、教唆犯和帮助犯。有的采用四分法，例如，1960 年《苏俄刑法典》、1996 年《俄罗斯联邦刑法典》把共同犯罪人分为实行犯、组织犯、教唆犯和帮助犯。

分工分类法可以明确显示出犯罪人在共同犯罪中的地位和从事的主要活动内容，可以较好地解决共同犯罪的定性问题。但是，分工分类法对犯罪人在犯罪中的作用大小方面，展现得不是很清楚，例如，教唆犯可以是主犯，也可以是从犯。

（二）作用分类法

这是以共同犯罪人在犯罪活动中所起的作用大小为标准，对共同犯罪人进行的分类。例如，1987 年《古巴刑法典》、现行《西班牙刑法典》、英国 1967 年《刑事法令》颁布实施以前采用这种作用分类法，将共同犯罪人分为主犯和从犯。作用分类法能清楚地说明犯罪人在共同犯罪中的作用，有助于据此进行量刑，分清主次。但是，利用作用分类法揭示犯罪人在共同犯罪中的作用时，也需要参照犯罪人在共同犯罪中的分工情况，单纯根据作用分类法进行立法和司法裁量是不可能的。

我国刑法对共同犯罪人的分类吸收了两种分类法的优点，它以作用分类法为主，分工分类法为辅[①]。按照作用分类法，我国刑法将共同犯罪人分为三类，即主犯、从犯和胁从犯，同时，专门规定了教唆犯这种分工分类的种类作为补充。不仅如此，我国刑法也实际规定了组织犯、帮助犯、实行犯，作为认定主、从犯的参考。[②]

二、共同犯罪人的类型及其刑事责任

（一）主犯

刑法典第 26 条第 1 款规定："组织、领导犯罪集团进行犯罪活动的或者在共同犯罪中起主要作用的，是主犯。"刑法第 91 条又有解释性规定："本法所称首要分子，是指在犯罪集团或者聚众犯罪中起组织、策划、指挥作用的犯罪分子。"再结合第 29 条教唆犯的规定，可以看出我国刑法中的

① 类似的还有朝鲜刑法典等。

② 例如，刑法第 26 条第 1 款将主犯规定为："组织、领导犯罪集团进行犯罪活动或者在共同犯罪中起主要作用的犯罪分子"，该条表明"组织、领导犯罪集团进行犯罪活动的"组织犯就是主犯；刑法第 26 条第 1 款将从犯规定为："在共同犯罪中起次要或者辅助作用的，是从犯"，"在共同犯罪中起辅助作用的"实际就是帮助犯，而"起次要作用的"是实行犯，它们都是从分工分类的角度说明从犯的来源。

主犯分为组织犯(犯罪集团的首要分子和聚众犯罪中的首要分子)、主要实行犯(骨干分子)和部分教唆犯。具体说明如下:

1. 组织犯。它又包括两种情况:一是在犯罪集团的犯罪活动中起组织、领导作用的犯罪分子,又称犯罪集团中的首要分子。它可以有一个以上首要分子。二是在聚众犯罪中起组织、策划和指挥的首要分子。这种组织犯与前者的区别是,聚众犯罪有可能不是犯罪集团犯罪,其首要分子在分工分类的角度上属于组织犯,在作用分类的角度上属于主犯。例如,刑法第104条中的“组织、策划”武装叛乱或暴乱的首要分子,刑法第317条中的组织越狱罪、聚众持械越狱罪中的首要分子,等等。这些犯罪未必是集团犯罪,但它们的组织犯在共同犯罪中起主要作用,因而是主犯。

值得注意的是,刑法分则中聚众犯罪的首要分子并不都成立主犯,这主要是因为聚众犯罪未必都能够成立共同犯罪。前述刑法第104条武装叛乱、暴乱罪,第317条组织越狱罪、聚众持械越狱罪,第371条聚众冲击军事禁区罪,第372条聚众扰乱军事管理区秩序罪等等,这些聚众犯罪本身就是共同犯罪,犯罪主体既有首要分子,也有积极参加者,甚至其他参加者,这些犯罪的首要分子,不能不说都能够成立主犯。但是对于另一些聚众型犯罪,仅以首要分子为犯罪构成主体要件,即只规定对首要分子进行惩治的犯罪,其他参与者不成立犯罪,例如,刑法第291条聚众扰乱公共场所秩序、交通秩序罪,第242条第2款的聚众阻碍解救被收买的妇女儿童罪,刑法只规定对首要分子的处罚,非首要分子不处罚。这种情况下,只有在首要分子存在二人以上时,才存在主犯的问题。如果首要分子只有一人,那么首要分子当然不成立主犯。

2. 主要实行犯。根据刑法总则和分则的有关规定,主要实行犯是指首要分子以外的,在实施具体犯罪构成行为中起主要作用的犯罪分子。认定实行犯是否主犯,关键在于它是否在实行犯罪构成行为中起主要作用,要考察他在共同犯罪中的地位、罪行严重程度和对犯罪的作用等。它又有以下两种情况:

(1) 犯罪集团中除组织犯之外,对犯罪的成立起主要作用的犯罪分子,即集团犯罪中的主要实行者。例如,犯罪集团中的骨干,他们不是犯罪集团的组织者、领导者,因此不属于首要分子型的主犯,但它们积极参加犯罪集团,并在犯罪集团中非常卖力,在具体犯罪的实行行为中起关键性作用。

(2) 在普通共同犯罪中起主要作用的犯罪分子(主要实行犯)。例如,在共同犯罪中积极筹划、积极行动,是主要的、核心的参与者;是直接造成严重危害结果的主要实行犯,或是其中罪恶最严重的实行犯,等等。

(3) 在一些聚众犯罪中除首要分子之外,起主要作用、罪行重大的实行犯。对多数聚众犯罪,除了首要分子之外,还有积极参与者,甚至其他参与者,有些罪行重大的积极参与者也可能是主犯。例如,《刑法》第 103 条分裂国家罪、①第 105 条颠覆国家政权罪②规定对"首要分子"和"罪行重大的"适用同一个法定刑幅度,这意味着在这些聚众犯罪中,不仅首要分子可以是主犯,罪行重大的积极参与者(实行犯),也可以成立主犯。

3. 部分教唆犯。主犯除了首要分子(组织犯)、骨干分子(主要的实行犯)外,还可能是教唆犯。因为教唆犯在共同犯罪中也可能起主要作用,"应当按照他在共同犯罪中所起的作用处罚。"

共同犯罪的社会危害性和危险性都大于单独犯罪,其中主犯是共同犯罪的核心人物,罪恶重大,情节严重,特别是犯罪集团的首要分子和聚众犯罪中的首要分子,危害更大,我国刑法对主犯刑事责任的规定体现了从严惩处的精神与原则。《刑法》第 26 条第 3 款规定:"对组织、领导犯罪集团首要分子,按照集团所犯的全部罪行处罚。"第 4 款规定:"对于第 3 款规定以外的主犯,应当按照其所参与的或者组织、指挥的全部犯罪处罚。"

(二) 从犯

刑法第 27 条第 1 款规定:"在共同犯罪中起次要作用或者辅助作用的,是从犯"。根据这一规定,结合刑法第 29 条规定,从犯应包括帮助犯、

---

① 刑法第 103 条:"组织、策划、实施分裂国家、破坏国家统一的,对首要分子或者罪行重大的,处无期徒刑或者十年以上有期徒刑;对积极参加的,处三年以上十年以下有期徒刑;对其他参加的,处三年以下有期徒刑、拘役、管制或者剥夺政治权利。"

② 刑法第 105 条第 1 款"组织、策划、实施颠覆国家政权、推翻社会主义制度的,对首要分子或者罪行重大的,处无期徒刑或者十年以上有期徒刑;对积极参加的,处三年以上十年以下有期徒刑;对其他参加的,处三年以下有期徒刑、拘役、管制或者剥夺政治权利。"

次要实行犯和部分教唆犯。总的来看，它们是共同犯罪人中除了首要分子、骨干分子（主要实行犯）和起主要作用的教唆犯之外的其他犯罪分子。

1. 帮助犯。即“在共同犯罪中起辅助作用”的犯罪分子，“起辅助作用”也意味着起次要作用，因此是从犯。而从分工分类法看，它就是帮助犯。所谓帮助犯，就是本人并不直接犯罪实行，只在他人实施犯罪过程中给予辅助的犯罪分子。例如，“望风”、“踩点”、提供作案工具、预先准备逃跑工具等等，起到便利犯罪、帮助其他犯罪分子逃匿等作用。我国刑法没有明确规定帮助犯这一概念，但在西方许多国家和旧中国刑法中，帮助犯就是从犯。帮助犯因为对犯罪结果的产生起辅助作用，从作用大小的角度看，应归属于从犯。

2. 次要实行犯。次要作用是相对于主要作用而言，意思是作用相对较小。这里所谓“在共同犯罪中起次要作用”，要做狭义的理解，不包括起辅助作用的情况，主要是指在共同犯罪活动中，部分同样实施犯罪构成实行行为的犯罪分子对犯罪结果的产生所起的作用相对较小，是次要的实行犯。例如，甲是成年人，乙是刚满 16 周岁的未成年人，二人一起将丙打成重伤，乙因为年龄小，力气不大，下手也较轻，打击部位也不是致伤处，被法院认定为从犯。

3. 起次要作用的教唆犯。在共同犯罪中，起次要作用的犯罪分子，除了帮助犯、部分实行犯外，还可以是起次要作用的教唆犯。

主犯与从犯的区分，主要根据犯罪人在共同犯罪中所处的地位、分工、参与程度、情节以及对造成危害结果所起作用大小等各方面的因素综合确定。我国刑法在主从犯的规定中也包含了共同犯罪人的可能分工形式和在共同犯罪中的地位，它们是认定主从犯的重要参考。这里还值得注意的是，在共同犯罪中，多数情况下，每个共同犯罪人的作用多少有些不同，存在主从犯的差别，但是，有不少时候，存在共同犯罪人都是主犯的情形，也就是不能区分共同犯罪人的作用大小，但是不可能存在共同犯罪人都是从犯情况。对一个共同犯罪而言，可以没有从犯，但是不可能没有主犯。

对于从犯的刑事责任，历来也有三种主张：同等主义、必减主义、得减主义。我国刑法第 27 条第 2 款规定：“对于从犯，应当从轻、减轻或者免除处罚。”可见，我国采取的是必减主义。

（三）胁从犯

刑法第 28 条规定：“对于被胁迫参加犯罪的，应当按照他的犯罪情节减轻处罚或者免除处罚”。这种被胁迫参加犯罪的，理论上称之为胁从犯。胁从犯本质上是从犯的一种，即在共同犯罪中只能起次要作用或辅助作用，因为他参与犯罪的方式比较特殊，即“被胁迫参加犯罪”，为了区别对待，立法对其专门规定。它是我国共同犯罪制度的一项创新。早在革命根据地时期的刑事法规中，就普遍规定有胁从犯。① 新中国成立后，我国正式确立了“镇压与宽大相结合”的基本刑事政策，其中就包括“胁从者不问”的内容。胁从犯是这一政策在我国刑法中的具体化。

所谓“被胁迫参加犯罪的”，是指共同犯罪人本来无意或不愿参加犯罪，但是在其他犯罪人的精神强制或暴力胁迫下，内心产生恐惧，选择参与了犯罪。胁从犯虽然是被胁迫犯罪，但其人身并未完全遭受控制，仍有相对的意志自由，其主观上是有罪过的，客观上也是造成犯罪结果发生的原因之一，因此，胁从犯应当承担相应的刑事责任。当然，由于胁从犯主观上不愿意参加犯罪活动，主观罪责相对较小，罪行也轻，所以对其惩治较轻。“应当按照他的犯罪情节减轻处罚或者免除处罚。”

在西方刑法中，一般没有胁从犯的规定。英美刑法把被胁迫作为一种合法或可得宽恕的辩护理由。大陆法系刑法一般将被胁迫作为紧急避险的一种情形，即阻却责任事由。

（四）教唆犯

教唆犯是根据分工分类法规定的共同犯罪人类型，是我国共同犯罪人按作用分类法规定的例外。它的范围与前述主犯、从犯范围存在相当

---

① 例如，1932 年 4 月 3 日，湘赣革命根据地制定的《湘赣省苏维埃政府反革命自首自新条例》第 2 条规定：“一般的工人、红军战斗员、雇农、贫农、中农与独立劳动者，只要不是坚决投降于反革命的领袖分子，而是反革命胁迫欺骗加入或附和反革命运动或组织的，在原则上一律给予自新的出路，准行自首自新。”1942 年抗日革命根据地政权适用的《刑法总分则草案》第 28 条有对“因威胁强迫或因物质上职务上立于从属地位所犯之罪”，从轻处罚的规定。

的交叉重叠。

1. 教唆犯的概念

刑法第29条规定:"教唆他人犯罪的,应当按照他在共同犯罪中所起的作用处罚"。据此,教唆犯就是故意教唆他人犯罪的犯罪分子。作为共同犯罪人的一种类型,[①]教唆犯具有以下特征:

一是主观上有教唆他人实施犯罪的故意。不应当承认过失教唆他人犯罪的情形,否则,刑法打击范围未免过宽,现实中也不可行。这里的教唆故意是指教唆人有教唆他人实施犯罪的意图,即明知自己的教唆行为会使他人产生并实施犯罪的意图,并希望其发生的心理态度。本书认为,这里的教唆故意仅限于直接故意,不包括间接故意。否则,许多犯罪小说、影视剧作品、人们的一些言论等都有被认定为教唆犯的风险,不利于倡导思想自由、言论自由和创新,教唆犯的范围会因此过于泛化。

教唆的对象只能限于具有刑事责任能力的人。如果教唆不具有刑事责任能力的人去实施犯罪,不属于共同犯罪,而是利用他人为工具进行犯罪,属于间接正犯。教唆的对象,在现实上,一般限于具体的、特定的人,如果针对不特定的多数人进行教唆,实际是煽动,只有在法律有规定时,才成立犯罪。教唆的目的是让教唆对象产生犯意,犯罪对象在被教唆之前,还没有犯罪故意,如果认识到他人已有犯罪故意,而对其进行鼓励、强化,是从犯(帮助犯),而不是教唆犯。教唆时,不要求对被教唆人传授犯罪技术和方法,如果对其传授犯罪技术和方法的,就另行构成传授犯罪方法罪,产生教唆和传授犯罪方法罪的竞合。

二是教唆人与被教唆人之间应当存在意思联络。教唆人与被教唆人二者之间应存在教唆的联络和教唆的内容,不仅教唆人知道自己教唆了被教唆人,而且被教唆人也清楚自己被教唆,无论被教唆的人是否因此产生犯意或实施被教唆的犯罪。理论上一般不承认片面教唆。

三是客观上具有故意教唆他人产生犯罪意图的行为。所谓教唆,就是行为人用口头、书面、举止或示意动作等方式,让被教唆人产生某种犯

① 教唆犯因为被教唆的人未必听从教唆,也可能不实施犯罪,所以,教唆犯未必是共同犯罪人,也可以是单独教唆犯。

罪意图，故传统上又称为造意犯。教唆的方法多样，可以是劝说、挑拨、刺激、请求、利诱、威胁等一种或多种方法。教唆只能以作为的方式实施，不可能以不作为的方式实施。教唆的内容既可以是具体的犯罪行为，也可以是不确定的犯罪行为，但不能是一般违法行为，后者不能构成教唆犯。

根据我国刑法规定，教唆犯的成立与被教唆的人是否实际实施犯罪无关，因此，教唆犯可以是共犯，也可以是单独犯。

2. 教唆犯的刑事责任

刑法第 29 条对“教唆他人实施犯罪的”规定了三个刑事责任追究原则：

（1）被教唆人被教唆后，产生了犯意，并实施了被教唆的罪。教唆犯和被教唆的人成立共同犯罪，对教唆犯“应当按照他在共同犯罪中所起的作用处罚。”这意味着教唆犯可以是主犯，也可以是从犯，可以按照主犯或从犯进行定罪量刑。

（2）“被教唆的人没有犯被教唆的罪，对于教唆犯，可以从轻或者减轻处罚。”主要有以下两种情形：一是教唆人没有引起被教唆人产生犯意，更没有使被教唆的人实施犯罪，相反，被教唆人拒绝教唆，或答应后却没有实施，教唆没有效果。二是被教唆的人实施了犯罪，但不是被教唆的犯罪，而是它罪；等等。无论哪一种情形，教唆犯都要承担刑事责任，但是“可以从轻或者减轻处罚”，当然，也可以不从轻或不减轻处罚。

（3）“教唆不满 18 周岁的人犯罪，应当从重处罚。”未成年人思想不成熟，容易被教唆走向人生歧途，教唆未成年人犯罪不仅对未成年人的人生造成危害，同时也会对社会造成损失，具有双重的危害。因此，刑法规定，对于教唆未满 18 周岁的未成年人犯罪，应当从重处罚。

第十二章　罪数形态

刑法实践中，除了单个人犯罪形态、多人共犯一罪形态（共同犯罪）外，还有一人犯多罪或者罪数不典型的形态，罪数形态就是关于这个领域的理论。

第一节　罪数形态概述

一、罪数形态的概念

犯罪现象多种多样，大体可分一罪、数罪和罪数不典型（既像一罪，又像多罪）情况。罪数，简单地说，是指犯罪的单复或个数，这里主要指数罪或者罪数不典型的情况（一罪的情形前面已经细致讨论，这里无需赘述）。所以，这里的罪数形态主要是指一人犯数罪或罪数不典型的各种犯罪形态。它的确定并不简单，有时会成为很复杂的实务认定问题。对罪数形态的研究具有重要的理论和现实意义：

1. 区分一罪、数罪，有助于司法实务中准确定罪。定罪是刑事审判活动的基础活动之一，是量刑活动的前提。定罪是对行为人的行为是否构成犯罪、构成何种犯罪以及构成一罪抑或几罪的认定。犯罪现象十分复杂，罪数的确定时常是定罪中的基本问题。研究罪数，有助于对行为人行为进行准确定罪。

2. 有助于公正量刑。一罪、数罪抑或罪数不典型的不同情况，说明了犯罪人给社会带来的危害不同，刑事责任的追究上，应当存在不同的处理。罪数形态分析有助于为公正量刑提供准确事实基础。

3. 为一些涉罪数形态的制度的适用提供准确依据。刑法的时间效力、数罪并罚、追诉时效等制度与罪数形态之间有很大的关联。准确厘定罪数问题,才有可能准确适用这些制度。例如,我国刑法第69、70、71条规定的数罪并罚制度,刑法第87、89条规定的追诉时效制度等,都与罪数问题密切相关。

4. 有助于系统地建构犯罪构成理论。罪数形态理论是刑法理论和实践发展的结果,对其研究可使刑法理论更趋完善、合理,并有助于深化对犯罪的认识。

此外,罪数形态也与刑事诉讼制度的适用具有重大的关系,例如,管辖的规定,公诉、审判的范围,都会用到罪数形态理论。

二、罪数的认定标准与基本类型

罪数的认定标准,是罪数形态理论的核心问题、首要问题。

(一) 罪数的认定标准

罪数形态的认定标准,就是用于判断行为人行为是一罪还是数罪的标准。

1. 国外刑法理论的几种主要立场

(1) 行为标准说。该说认为犯罪的实质是行为,判断行为是一罪还是数罪,应当以行为的个数为计算标准,一个行为就是一罪;多个行为就是数罪。因为对行为的理解不同,该说又分为“自然行为说”和“法律行为说”。前者认为,这里的行为,是根据日常社会生活的一般行为见解,是指一个自然的身体动作或数个举动。后者认为,不应当根据日常社会生活的一般行为见解,而应当依照法律规定来认定,一个法律上的行为可以是指一系列身体举动。例如,民营企业主甲采取多次销毁、涂改账簿的方法以达到偷税的目的。在此案中,甲实施了多个销毁、涂改行为,如果按照“自然行为说”标准,他已具有数个法律意义上的行为,应构成多个犯罪。但是根据偷税罪的“犯罪构成行为”为标准,他的系列行为实际上可以认定为一个法律上的行为,即偷税。相比较而言,“法律行为说”标准更为可取。

(2) 法益(结果)标准说。认为犯罪在本质上是侵害法益的行为,侵害一个法益就是一个犯罪,侵害数个法益,就是数罪,因此,罪数的判断应以行为人侵害法意(或危害结果)的个数为标准。一般来说,对许多犯罪,根据犯罪结果或侵害法益的数量,就可以准确断定犯罪的个数,例如,甲一刀杀死了乙,根据“法益标准说”,就是典型一罪,这是没有问题的。然而,在一些场合,这种标准可能会得出不恰当的结论。例如,甲一枪打死了乙,同时,子弹穿过乙的身体后又击中了丙。在该案中,如果根据“法益(结果)标准说”,就是实施了两个犯罪。但理论上一般认为这是一个犯罪(即想象竞合犯),因为行为人只实施了一个行为,只有一个罪过,只是产生了两个结果。

(3) 犯意标准说。该说认为犯罪实质是行为人主观意图的外在表现,行为和结果都是犯罪意图的外化,一个犯罪意图,就是一个犯罪,因此,犯罪的个数判断应以犯罪意图为标准。该标准的问题在于犯意是变动不居、外延含混的范畴,很难去厘定犯意的个数,最终不能科学厘定许多犯罪行为。例如,甲赌钱输了后,意图通过盗窃来弥补,在半年内疯狂盗窃了当地 30 多个家庭。这个案子包括一个犯罪意思,还是多个犯罪意思?一个和多个的区分标准是什么?如果不考虑客观方面的特征,很难单纯依靠犯意来认定一罪抑或多罪。

(4) 构成要件标准说。这是大陆法系刑法理论中较为全面的观点,主张罪数判断应当以刑法中规定的构成要件为标准判断,犯罪符合一个构成要件是一罪,符合数个构成要件是数罪,不齐备一个构成要件,就不能成立犯罪。“构成要件标准说”包含了行为、犯意、结果等要素,因此具有较大的合理性。但是,大陆法系的构成要件符合性只是犯罪成立条件的基础部分,不是一个完整的犯罪,也存在以偏概全的问题。

此外,大陆法系国家刑法理论还存在“因果关系标准说”、“广义的法律要件说”等观点。

2. 我国的罪数判断标准选择

与西方刑法理论中的犯罪评价体系不同,我国的犯罪评价体系采取的四要件犯罪构成体系，其特点是主客观相统一、事实评价和规范评价相统一，四要件必须同时齐备，缺一不能成立犯罪，也不能成立其他要件。因此，在认定一罪还是数罪时，理论上普遍采取犯罪构成要件标准，也就是说，根据我国刑法理论，一个行为要构成犯罪，必须满足主客观相统一的四方面犯罪构成条件，这包括了犯罪的行为、犯意、结果、犯罪客体、主体要素等。如果缺乏某一方面条件，犯罪就不能成立。同样，数罪的判断，以行为满足犯罪构成四方面要件的个数为标准进行认定。

（二）罪数形态的类型

在逻辑上，罪数形态可分为典型一罪和典型数罪，以及介乎典型一罪和典型数罪之间的罪数不典型形态。行为齐备一个完整的犯罪构成要件（包括犯意、行为、结果等）便是典型一罪；行为齐备数个完整的犯罪构成且各罪彼此独立的便是典型数罪。它们的共同特点是都完整地符合犯罪构成四要件内容，都是犯罪的标准形态。但是，除了典型一罪和典型数罪之外，还有一些难以评价为典型一罪或典型数罪的情况，即罪数不典型形态。所谓罪数不典型形态，是指以四要件犯罪构成为标准，在行为构成犯罪的情况下，行为符合犯罪构成要件的组合数不标准的形态，既非典型一罪，也非典型数罪。例如，甲朝人群中的乙开了一枪，打死了乙，同时也放任了不远处的丙受伤。在该案中，甲造成了两个结果，主观上既有针对乙的直接故意，也有放任丙受伤的间接故意。甲的行为，既多于典型一罪所要求——出现了两个结果，存在两个罪过（直接故意和间接故意），也不能够构成两罪，因为只有一个行为。

对于典型一罪，刑法分则已为每一个具体罪名明确规定了成立条件、法定刑和处罚原则；对于典型数罪，刑法规定了数罪并罚制度——此内容在刑事责任后果篇讨论。只有罪数不典型的情况，刑法没有专门规定相关制度，需要专门进行探讨。我国通说理论立足于刑法理论和司法实践，一般把罪数不典型的情况划分为实质的一罪、法定的一罪和裁判的一罪。

本章主要介绍罪数不典型的情况，随后也略加讨论典型数罪的情况。

第二节　罪数不典型形态

对于罪数不典型形态，理论上主要分三类情况：实质的一罪、法定的一罪和裁判的一罪。

一、实质的一罪

所谓实质的一罪，是指行为在形式上好像不限于一罪，但实质上仅是一罪的不典型形态。实质的一罪，也可称为本来的一罪。根据我国刑法规定和实务现状，比较常见的有结果加重犯、持续犯（或继续犯）和想象竞合犯。

（一）结果加重犯

结果加重犯，是指实施了一个犯罪行为，因此发生了基本犯罪构成以外的加重结果，刑法对其规定加重法定刑的犯罪形态。这是我国刑法分则中一种常见的犯罪现象。它具有以下特点：

1. 实施了一个基本的犯罪行为。这里的“犯罪行为”，是指刑法规定的、某具体犯罪的基本犯罪构成行为。它可以是结果犯，例如故意伤害罪，也可以是危险犯、行为犯，例如，刑法第455条规定的战时拒不救治伤病军人罪：“战时在救护治疗职位上，有条件救治而拒不救治危重伤病军人的，处五年以下有期徒刑或者拘役；造成伤病军人重残、死亡或者有其他严重情节的，处五年以上十年以下有期徒刑。”该罪属于行为犯，其基本犯罪构成的危害行为是“拒不救治危重伤病军人”，“造成伤病军人重残、死亡或者有其他严重行为”就是结果加重犯。在基本犯的主观方面，学界有不同意见，有的认为只能是故意，有的认为可以是过失，本书认为可以是过失，例如，交通肇事罪。

2. 产生了基本犯罪构成以外的加重结果。这个加重结果，必须是法律规定的基本犯罪构成要件之外的结果，同时必须是由基本犯罪构成要件行为引起的,二者之间必须存在刑法上的因果关系。否则,就不能构成结果加重犯。例如,甲实施了强奸行为,后女方羞愤自杀,受害人的死亡,不属于强奸致人死亡的加重结果,因为甲的强奸行为与受害人的死亡不能算是刑法上的因果关系——在本案中,受害人的死亡只可以作为强奸罪的严重后果看待。

3. 行为人对加重结果有罪过(过失或故意)。根据我国刑法分则的规定,有些结果加重犯只能限于过失,例如,刑法第 234 条故意伤害罪,对致人重伤、死亡的加重结果,行为人主观上只能是过失。[①] 有的结果加重犯,重结果可能出于过失,也可能出于故意,例如,刑法第 263 条规定了“抢劫致人重伤、死亡”的加重结果及其法定刑,行为人对这一加重结果既可以出于故意(图财害命),也可以出于过失。

4. 刑法规定了加重的法定刑。例如,刑法第 121 条规定的劫持航空器罪,对于基本犯,判处 10 年以上有期徒刑或者无期徒刑;而“致人重伤、死亡或者使航空器遭受严重破坏的,处死刑”。但是,如果刑法对基本犯产生的重结果并不是对其规定加重的刑罚,而是直接规定按照另一较重犯罪定罪处罚,此时就不存在结果加重犯。例如,刑法第 292 条第 2 款规定:“聚众斗殴,致人重伤、死亡的,依照本法第 234 条、第 232 条的规定定罪处罚。”依照故意伤害罪、故意杀人罪定罪处罚,就不是聚众斗殴罪的结果加重犯。

可见,结果加重犯虽然比基本犯的成立多了更重的结果,但是它只是实施了一个行为,不能把它看作数罪,即实质上仍是一罪。由于它产生了加重结果,刑法因此规定了加重的法定刑。

(二) 继续犯

继续犯,简单地说,是指在犯罪实行过程中以及犯罪既遂以后,危害行为和非法状态自始同时处于继续状态的犯罪类型。虐待罪、非法拘禁

① 刑法第 234 条:“故意伤害他人身体的,处三年以下有期徒刑、拘役或者管制。犯前款罪,致人重伤的,处三年以上十年以下有期徒刑;致人死亡或者以特别残忍手段致人重伤造成严重残疾的,处十年以上有期徒刑、无期徒刑或者死刑。本法另有规定的,依照规定。”

罪被认为是典型的继续犯，重婚罪、逃避兵役罪、私藏枪支、弹药罪、绑架罪等也是继续犯。[①]

理论上研究继续犯的意义在于：一是有助于罪数的认定。持续犯由于犯罪行为持续，形式上似有多个行为，但实际上只是一个行为。二是确定追诉时效的起算点。即刑法第 89 条第 1 款规定："追诉期限从犯罪之日起计算；犯罪行为有连续或者继续状态的，从犯罪行为终了之日起计算。"

继续犯具有以下特征：

1. 只有一个犯罪行为。这里的"一个犯罪行为"，是指行为人在一个犯意指导下，针对同一对象，持续实施的不中断的犯罪行为。它持续侵犯同一客体，不因时间长短、行为的变化而变化。它始终作用的是同一对象，如果对象变化，既意味着行为中断，也表明不是同一行为。例如，甲因为追索债权，将乙扣留，三天后乙的律师丙赶来交涉，甲放乙回去筹钱，而将丙扣留，直到警察前来解救。甲的行为构成两个非法拘禁罪，因为他非法拘禁的是两个不同对象。犯罪行为可以是作为、不作为，也可以先是作为，后是不作为等。

继续犯的这个特征使其与连续犯区别开来。连续犯是指在一定的时空范围内，行为人实施数个同种犯罪行为的犯罪形态，每个行为都单独成立犯罪。

2. 犯罪行为与其造成的不法状态同时持续。不仅犯罪行为在实行阶段与其造成的不法状态同时存在，而且，在犯罪既遂后，犯罪行为与不法状态也同时持续，直至同时消失。这是继续犯的关键特征，也是区分继续犯与其他犯罪的重要标志。

3. 犯罪行为和不法状态有一定时间持续性。没有一定的时间持续性，就谈不上持续犯，这种时间上的持续性是继续犯成立的客观要素。

有必要把继续犯与状态犯、接续犯进行区分：

1. 继续犯与状态犯。状态犯，是指犯罪既遂后仅有犯罪行为造成的

---

① 有不少学者认为，持有型犯罪也是继续犯，这是不对的。就持有型犯罪的成立而言，只要即时控制、支配关系存在就成立持有，它的成立并不需要证明其时间上的持续性。

不法状态持续存在的犯罪形态。例如,贪污公款既遂后,行为人非法占有公款的状态开始持续,但贪污行为已告结束。而继续犯的犯罪行为与不法状态同时持续。两者都有一定的非法状态,也都有时间上的持续。但是继续犯的不法状态,从犯罪着手实行开始,一直到犯罪既遂以后,与犯罪行为同时存在于实行阶段和犯罪终了后阶段。状态犯的犯罪行为在既遂后即告结束,不法状态是犯罪行为造成的结果,发生于犯罪既遂以后,单独持续。

2. 继续犯和接续犯。接续犯,是指行为人在同一机会以性质相同的数个举动接连不断地完成一个犯罪行为的犯罪形态。二者区别是:第一,接续犯在同一机会实施,即在相接近的时间或场所内接连侵害同一犯罪对象或客体,继续犯则是持续作用于同一对象;第二,接连不断地实施性质相同的数个举动,中间可以中断。但继续犯是不可以中断的。

继续犯实际是刑法规定的典型一罪,分则也都专门设置了法定刑。因此在惩治上按照分则规定和一般量刑原则处理即可。

(三) 想象竞合犯

想象竞合犯是指一个犯罪行为同时触犯了数罪名的犯罪形态。例如,甲意图杀害乙,一日开车在道路上追逐并撞乙,结果乙被撞死,同时行人丙也被甲不小心碾压成重伤。甲的行为同时触犯了两个罪名,是想象竞合犯。想象竞合犯在国外不少国家刑法总则中有相关规定。① 我国刑法目前在分则的立法例中有不少规定。②

把握想象竞合犯,主要有两点:

1. 行为人实施了一个行为。所谓"实施了一个行为",是指行为人出

① 例如,韩国刑法典第 40 条:"一行为触犯数个罪名时,从一重罪处断。"日本刑法典第 54 条规定:"一个行为同时触犯二个以上的罪名,或者作为犯罪手段或者结果的行为触犯其他罪名的,按照其最重的刑罚处断。"

② 例如,第 329 条规定(盗窃、抢夺国有档案罪;擅自出卖、转让国有档案罪):"抢夺、窃取国家所有的档案的,处五年以下有期徒刑或者拘役。违反档案法的规定,擅自出卖、转让国家所有的档案,情节严重的,处三年以下有期徒刑或者拘役。有前两款行为,同时又构成本法规定的其他犯罪的,依照处罚较重的规定定罪处罚。"

于一个罪过，实施了某一具体犯罪构成客观方面的行为。这里的行为可以是故意行为，也可以是过失行为。

2. 同时触犯了数个罪名。行为人实施了一个行为，但这个行为同时产生了数个结果，侵犯了不同的犯罪客体，因而构成了数个罪名。对此，理论上常举的例子是行为人盗窃正在使用中的交通工具、电力设施等犯罪行为，行为人可能同时触犯盗窃罪和破坏交通工具罪或破坏电力设施罪。需要注意的是，这里数个罪名不是同种数罪，否则，行为人的行为只成立单纯一罪。例如，甲一枪打死了乙和乙背后的丙，甲的行为只构成故意杀人一罪。

想象竞合犯的处断原则：对于想象竞合犯，一般从一重处断，即依照行为触犯的数个罪名中法定刑较重的犯罪定罪处刑，而不实行数罪处罚。例如，第342条之一规定破坏自然保护地罪，对于“违反自然保护地管理法规，在国家公园、国家级自然保护区进行开垦、开发活动或者修建建筑物，造成严重后果或者有其他恶劣情节的，处五年以下有期徒刑或者拘役，并处或者单处罚金”，而“有前款行为，同时构成其他犯罪的，依照处罚较重的规定定罪处罚。”

想象竞合犯不同于法条竞合犯。所谓法条竞合，是指一行为同时触犯数个罪刑规范，而这些罪刑规范彼此之间具有包容或交叉关系，只能选择其中一个适用的犯罪形态。例如，甲出于盗伐林木的故意，实施了盗伐林木的行为，同时触犯了《刑法》第264条规定的盗窃罪和《刑法》第345条第1款规定的盗伐林木罪，[①]盗窃罪与盗伐林木罪二者之间本来就存在包容与被包容的关系。而故意杀人罪和绑架罪之间，则存在一定交叉关系。法条竞合犯的特点是：(1)行为人实施一个犯罪行为；(2)行为侵犯的社会关系受不同法条重复或交错调整，使得行为能同时触犯了这些不同法条；(3)侵犯一个犯罪客体。对法条竞合犯的一般处罚原则是：一是特别法优于普通法；二是重法优于轻法。

---

① 刑法第345条第1款：“盗伐森林或者其他林木，数量较大的，处三年以下有期徒刑、拘役或者管制，并处或者单处罚金；数量巨大的，处三年以上七年以下有期徒刑，并处罚金；数量特别巨大的，处七年以上有期徒刑，并处罚金。”

二、法定的一罪

法定的一罪，是行为满足数个犯罪构成，但法律明确规定为一罪的犯罪形态。在我国现行刑法分则中，法定的一罪主要表现为集合犯。①

所谓集合犯是指犯罪构成已预设了数个同种犯罪行为的犯罪形态。例如，日本刑法学者指出："集合犯是构成要件本身预想有数个同种类的行为。如常习犯、营业犯"，俄罗斯联邦刑法典第 180 条第 1 款："非法使用他人的商标、服务标志、商品产地名称或与它们雷同的同类商品的标识，如果这种行为是多次实施或造成巨大损失的。"

集合犯具有以下特征：

（一）行为人有反复、多次实施不确定次数同种犯罪行为的意图。例如，我国刑法第 336 条规定的非法行医罪，是指行为人意图实施不定次数的非法行医行为，在主观方面具有集合犯主观方面的特征。

（二）客观上有一次或多次的同种犯罪行为。行为人意图反复实施不定次数的同种犯罪行为，也通常在客观上实施了多次同种犯罪行为。但有时即使只实施了一次，也可以成立犯罪。

（三）刑法将不确定多数犯罪行为规定为一罪。集合犯虽然可能行为满足数个犯罪构成，但法律规定为一罪，而不是数罪。如果没有法律的规定，则不能成为集合犯，而是同种数罪。从数个同种犯罪行为成立一罪的角度来看，以及侵犯具体犯罪对象的数量来看，集合犯与连续犯有相似之处，但两者之间存在质的区别：集合犯作为一罪，是法律明确将同种犯罪行为规定为一罪，是法定的一罪；连续犯作为一罪，是司法上将连续实施的同种数个行为（每个均可独立成罪）按照一罪处理，是司法裁断的一罪。

集合犯通常被分为三种类型：

---

① 通说理论中，法定的一罪通常还包括结合犯，但是我国刑法中并无此类犯罪类型，因此，本书不予讨论。参见高铭暄、马克昌. 刑法学：第九版. 北京：北京大学出版社、高等教育出版社：2019：185—188。

(一)常习犯。又称为习惯犯,指行为人实施某种犯罪已形成习性,在一定时间内反复实施该种犯罪行为,并以犯罪收益为主要生活来源的犯罪形态。例如,1979年我国刑法第152条规定的惯窃、惯骗,[①]就是常习犯。

(二)常业犯。是指以反复实施非法经营性活动为犯罪构成要件的犯罪形态。或者说,犯罪构成预设了以实施某种犯罪活动为职业或业务内容的犯罪。我国刑法第303条规定中的赌博罪就是典型,[②]该罪将"以赌博为业"作为犯罪构成要素;我国刑法第365条规定的组织淫秽表演罪[③],也是常业犯。

(三)营业犯。通常以营利为目的,行为人违法实施某种职业性活动为构成要件的犯罪。例如,刑法第336条规定的非法行医罪、非法进行节育手术罪,[④]就属于典型的营业犯。营业犯与常业犯的区别在于:一是,常业犯中的"职业"本身具有违法性,如传播淫秽物品,赌博等;营业犯是指违法实施合法的职业行为,如行医。二是常业犯不能由单个的犯罪行为构成,只有在多次实施同种非法经营活动的情况下,才构成犯罪。对营业犯来说,虽然犯罪构成预定了反复实施某种犯罪行为,但如果行为人只实施一次行为,也可以成立营业犯。例如,甲某非法行医,第一次出诊即因误诊导致他人死亡,就可以成立非法行医罪。

对于集合犯,刑法分则对相关犯罪有明确的法定刑,可以直接按法律规定处断。

---

① 1979年刑法第152条"惯窃、惯骗或者盗窃、诈骗、抢夺公私财物数额巨大的,处五年以上十年以下有期徒刑;情节特别严重的,处十年以上有期徒刑或者无期徒刑,可以并处没收财产。"

② 刑法第303条第1款:"以营利为目的,聚众赌博或者以赌博为业的,处三年以下有期徒刑、拘役或者管制,并处罚金"。

③ 刑法第365条:"组织进行淫秽表演的,处三年以下有期徒刑、拘役或者管制,并处罚金;情节严重的,处三年以上十年以下有期徒刑,并处罚金。"

④ 刑法第336条:"未取得医生执业资格的人非法行医,情节严重的,处三年以下有期徒刑、拘役或者管制,并处或者单处罚金;严重损害就诊人身体健康的,处三年以上十年以下有期徒刑,并处罚金;造成就诊人死亡的,处十年以上有期徒刑,并处罚金。未取得医生执业资格的人擅自为他人进行节育复通手术、假节育手术、终止妊娠手术或者摘取宫内节育器,情节严重的,处三年以下有期徒刑、拘役或者管制,并处或者单处罚金;严重损害就诊人身体健康的,处三年以上十年以下有期徒刑,并处罚金;造成就诊人死亡的,处十年以上有期徒刑,并处罚金。"

三、裁断的一罪

裁断的一罪是指行为本来符合多个犯罪构成，但在司法裁断时按照一罪处理的犯罪形态。其根本依据是罪刑相适应的公正原则。我国刑法理论和实践主要把连续犯、牵连犯和吸收犯视为裁断的一罪。

（一）连续犯

连续犯，是指基于连续的一个故意（同一或概括），连续实施数个独立且性质相同犯罪行为，按一罪惩治的犯罪形态。例如，甲是国营单位出纳，为了获利，在半年之内，多次将买方货款（数额都很大）先打到个人账户，几个月后，再转到单位账户，以获取利息收入。孤立地分析，甲每个挪用公款都构成犯罪，但司法实践上只按照一个挪用公款罪处理。1931 年赣东北特区苏维埃暂行刑律第 18 条规定："凡连续犯罪者，以一罪论。"新旧刑法都在总则、[①]刑法分则中诸多罪名中规定了连续犯。例如，多次走私、多次抢劫、多次盗窃、多次聚众斗殴等，它们都属于连续犯。[②]

连续犯具有以下特征：

1. 行为人主观上具有连续的故意。这里的连续的故意是指基于一个犯罪动机而形成的数个犯罪故意，这数个犯罪故意是同质的，驱动着数个犯罪行为，数个犯罪故意有时表现为一个总的故意或一个概括性故意。前者如甲经过"缜密"筹划，先后对事先已踩好点的一个小区内的 5 户住宅进行入户盗窃，甲在主观方面数个同一故意表现为一个总故意。后者例如，甲长期嫌弃自己收入低，遂打算通过抢劫的方式非法获取他人的财物，在一月内先后 5 次袭击抢劫行人，后被抓获。这里，甲的主观方面存

---

① 1979 年刑法第 78 条、1997 年刑法第 89 条都规定："追诉期限从犯罪之日起计算；犯罪行为有连续或者继续状态的，从犯罪行为终了之日起计算。在追诉期限以内又犯罪的，前罪追诉的期限从犯后罪之日起计算。"

② 例如，第 274 条规定的敲诈勒索罪："敲诈勒索公私财物，数额较大或者多次敲诈勒索的，处三年以下有期徒刑、拘役或者管制，并处或者单处罚金；数额巨大或者有其他严重情节的，处三年以上十年以下有期徒刑，并处罚金；数额特别巨大或者有其他特别严重情节的，处十年以上有期徒刑，并处罚金。"

在一个概括性的抢劫故意，它抢劫的次数是不确定的，每次抢劫都包含一个独立的故意。

2. 客观上实施了具有连续性的数个性质相同、独立成罪的犯罪行为。一是必须有数个同一性质的犯罪行为，每个犯罪行为都能独立成罪，如果每个行为不能独立成罪，结合起来才构成一个犯罪，就不是连续犯，而是接续犯（也有称徐行犯）；二是数个性质相同的犯罪行为具有连续性。这里的连续性，一般认为要从主观和客观相结合的角度进行把握，不仅需要行为人主观上有基于同一个犯罪动机的连续的、数个犯罪故意，而且在一定的相对的时间范围内连续实施数个犯罪行为。这里的连续实施，是指时间上具有一定间隔地接连实施，并非持续实施，如果持续实施时间并不中断，成立持续犯。至于这个相对的时间范围多长，并没有固定的尺度，本书认为也应结合主客观因素综合考虑，但犯罪人的犯罪动机是否有变化是重要参考。例如，甲为了快速致富，走上贩毒道路，在几年内，积累了一定财富后，担心被打击，洗手不干。在此间，甲的行为就属于贩毒罪的连续犯。

3. 触犯同一罪名。同一罪名指符合同一具体的基本犯罪构成。这里，应包括选择性罪名，例如，生产、销售伪劣产品罪。同一罪名的数个行为可以是与具体犯罪的基本构成相符合、与由该基本构成派生的加重或减轻的构成相符合或者该基本构成的修正构成如共犯或犯罪停止形态相符合。

连续犯的意义主要体现在诉讼法领域，一是根据刑法第89条，连续犯的诉讼时效从连续行为终止之日起计算。二是连续犯跨越新旧刑法的，一律按新法惩治。我国刑法分则有不少关于连续犯的处罚，通常按加重的法定刑幅度量刑，不实行数罪并罚。

（二）牵连犯

一般认为，牵连犯是指行为人实施某种犯罪（目的行为或原因行为），其方法行为或结果行为又触犯其他罪名的犯罪形态。它包括两种情形：一是为实施某种犯罪（目的行为），其方法行为又单独成立其他犯罪。例如，刑法第 260 条之一规定的虐待被监护、看护人罪，[①]行为人往往通过打骂、冻饿等手段对被监护、看护人进行虐待，除了构成该罪外，其方法行为也可以成立故意伤害罪等犯罪。二是实施某种犯罪（原因行为），其结果行为又单独成立其他犯罪。例如，根据刑法第 244 条之一，[②]违反劳动管理法规，雇佣未满 16 周岁的未成年人从事刑法规定的劳动，情节严重并造成事故的，除成立雇佣童工从事危重劳动罪，其结果行为也可能构成其他责任事故罪。

牵连犯的构成特征包括：

1. *只有一个犯罪目的*。行为人虽然实施了数个行为，但只能有一个目的。如果数个行为是基于不同犯罪目的，不属于牵连犯，而是数罪。另外，行为人虽然只有一个犯罪目的，但是有数个不同的犯罪故意。

2. *实施数个行为，侵犯不同罪名*。牵连犯具有数个独立的犯罪行为——这将其与想象竞合犯的区别开来。数个犯罪行为侵害的是数个不同的犯罪客体，而不是同一客体，成立的是不同犯罪。

3. *数个行为之间具有牵连关系*。所谓牵连关系，是指行为人实施的数个行为之间存在方法与目的，或者原因与结果的主客观内在联系。直接体现犯罪目的的行为是目的行为（或原因行为），为实现目的来创造条件的行为是方法行为，因为目的的实现而导致附随的犯罪行为是结果行为，例如，盗窃枪支（目的行为）而持有（结果行为）分别构成盗窃枪支罪和非持有枪支罪，彼此之间存在主观牵连和客观牵连。也有学者将牵连犯的数个行为之间的牵连关系概括为“方法准备、目的支配、附随补充”。[③]

对于牵连犯，理论上一般认为从一重罪（从重）处罚，但也有观点认

---

① 第 260 条之一：“对未成年人、老年人、患病的人、残疾人等负有监护、看护职责的人虐待被监护、看护的人，情节恶劣的，处三年以下有期徒刑或者拘役。……。有第一款行为，同时构成其他犯罪的，依照处罚较重的规定定罪处罚。”

② 第 244 条之一：“违反劳动管理法规，雇用未满十六周岁的未成年人从事超强度体力劳动的，或者从事高空、井下作业的，或者在爆炸性、易燃性、放射性、毒害性等危险环境下从事劳动，情节严重的，对直接责任人员，处三年以下有期徒刑或者拘役，并处罚金；情节特别严重的，处三年以上七年以下有期徒刑，并处罚金。有前款行为，造成事故，又构成其他犯罪的，依照数罪并罚的规定处罚。”

③ 参见张小虎. 刑法学. 北京：北京大学出版社，2015：289。

为，这样做存在放纵犯罪的嫌疑，不应当一概强调数行为之间的牵连关系，许多情况下可认定为数罪，进行数罪并罚更有必要。从我国刑法规定来看，有多种情况：

1. 从一重罪定罪处罚。例如，前述刑法第 260 条之一规定的虐待被监管、被看护人罪，特定主体对被监护、被看护人实施虐待，情节恶劣，同时构成其他犯罪的，“依照处罚较重的规定定罪处罚”。

2. 从一重罪从重处罚。例如，刑法第 171 条第 3 款规定，对于“伪造货币并出售或者运输伪造的货币的”，根据伪造货币罪（第 170 条）“定罪从重处罚。”此外，还有刑法第 253 条规定的私自开拆、隐匿、毁弃邮件、电报罪、第 307 条之一的虚假诉讼罪等也有类似规定。①

3. 数罪并罚。例如，前述刑法第 244 条之一规定的雇佣童工从事危重劳动罪，如果非法雇佣童工从事危重劳动，情节严重并造成严重事故的，以雇佣童工从事危重劳动罪和其他责任事故罪数罪并罚。此外，刑法第 198 条保险诈骗罪、第 280 条之二冒名顶替罪等也有类似规定。②

（三）吸收犯

吸收犯是指一个犯罪行为被另一个犯罪行为吸收，仅以吸收的行为来论罪，被吸收者不再论罪的犯罪形态。例如，行为人伪造了多张信用卡后，把它们藏在家里，尚未考虑如何处理，其这种非法持有伪造的信用卡行为，就为伪造信用卡的行为所吸收，不再单独论罪，仅以伪造金融票证罪论罪。③

---

① 刑法第 307 条之一：“以捏造的事实提起民事诉讼，妨害司法秩序或者严重侵害他人合法权益的，处三年以下有期徒刑、拘役或者管制，并处或者单处罚金；情节严重的，处三年以上七年以下有期徒刑，并处罚金。……。司法工作人员利用职权，与他人共同实施前三款行为的，从重处罚；同时构成其他犯罪的，依照处罚较重的规定定罪从重处罚。”

② 刑法第 280 条之二：“盗用、冒用他人身份，顶替他人取得的高等学历教育入学资格、公务员录用资格、就业安置待遇的，处三年以下有期徒刑、拘役或者管制，并处罚金。组织、指使他人实施前款行为的，依照前款的规定从重处罚。国家工作人员有前两款行为，又构成其他犯罪的，依照数罪并罚的规定处罚。”

③ 刑法第 177 条：“有下列情形之一，伪造、变造金融票证的，处五年以下有期徒刑或者拘役，并处或者单处二万元以上二十万元以下罚金；情节严重的，处五年以上十年以下有期徒刑，并处五万元以上五十万元以下罚金；情节特别严重的，处十年以上有期徒刑或者无期徒（转下页）

吸收犯具有以下特征：

1. 行为人实施了数个犯罪行为。

2. 数个行为触犯不同罪名。如果是同一罪名，不算吸收犯。

3. 数个犯罪行为之间具有吸收关系。这里所谓吸收关系，理论上一般总结了以下几种情况：一是重行为吸收轻行为，如前面所举伪造信用卡后藏在家中的例子，藏匿（非法持有）行为是伪造行为的必然后果，同时，伪造行为重于藏匿行为，只需要单独对伪造行为进行惩治，非法持有行为被伪造行为吸收。值得注意的是，这里可以同时也是牵连犯，非法持有行为是结果行为，可单独构成妨害管理信用卡罪。二是实行行为吸收预备行为。例如，行为人非法获取商业秘密后，将其提供给境外机构、组织和个人，为境外提供商业秘密罪就吸收了侵犯商业秘密罪。[①] 这其实也是牵连犯。三是主行为吸收从行为。例如，在共同犯罪中，行为人教唆他人犯罪后，又帮助被教唆的人实施被教唆的罪，教唆行为（主行为）吸收帮助行为（从行为）。

理论上，对于吸收犯，由于一个犯罪行为已经被另外的犯罪行为所吸收，因此只按照吸收之罪论处。

第三节 数罪的类型

所谓数罪，是指一人实施两个以上独立的犯罪。从概念和理论上说，数罪是比较简单的，对它的探讨主要服务于数罪并罚制度的适用（数罪并罚制度在下文专节讨论）。理论上主要区分以下情况：

(接上页)刑，并处五万元以上五十万元以下罚金或者没收财产：(一)伪造、变造汇票、本票、支票的；(二)伪造、变造委托收款凭证、汇款凭证、银行存单等其他银行结算凭证的；(三)伪造、变造信用证或者附随的单据、文件的；(四)伪造信用卡的。单位犯前款罪的，对单位判处罚金，并对其直接负责的主管人员和其他直接责任人员，依照前款的规定处罚。”另见刑法第177条之一妨害信用卡管理罪。

① 第219条之一：“为境外的机构、组织、人员窃取、刺探、收买、非法提供商业秘密的，处五年以下有期徒刑，并处或者单处罚金；情节严重的，处五年以上有期徒刑，并处罚金。”另参见刑法第219条侵犯商业秘密罪。

一、异种数罪与同种数罪

这是以行为人实施的数个犯罪行为的性质是否相同为标准进行的分类。行为人出于数个不同的犯意，实施数个行为，符合数个性质不同的基本犯罪构成，触犯数个不同罪名的犯罪，是异种数罪。行为人出于数个相同的犯意，实施数个行为，符合数个性质相同的基本犯罪构成，触犯数个罪名相同的数罪，是同种数罪。对于异种数罪，要数罪并罚，对于同种数罪，是否数罪并罚，要看刑法如何规定。例如，在罪犯服刑过程中被发现有“漏罪”，对“漏罪”即使与已宣告的犯罪是同种数罪，也要进行并罚。

二、并罚数罪与非并罚数罪

这是以行为人实施的数罪在量刑时是否实行数罪并罚为标准进行的分类。在法院判决生效前，同种数罪多数不是并罚数罪，例如，盗窃罪、贪污罪等犯罪。所发现的数罪分别案发在法院判决前后，无论是否异种数罪，都进行并罚。

三、判决生效以前的数罪和判决生效以后的数罪。

这是以数罪发生的时间为标准进行的分类。判决宣告以前的数罪，是指在人民法院对犯罪人的判决生效前发现的数罪。后者指在人民法院对判决已经生效，在犯罪人服刑期间发现的数罪。对于不同时期发现的数罪，数罪并罚的方法是不同的。

刑事责任后果篇

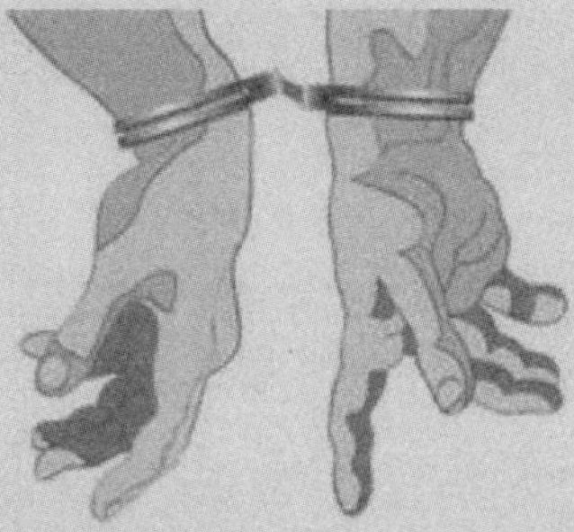

第十三章 刑事责任后果概说

刑事责任是法律责任的一种，理论上一般将其与行政责任、民事责任、经济责任等并列。在刑法学领域，它与犯罪、刑罚一起组成刑法的三个基本范畴，①但刑事责任是犯罪、刑罚的上位概念。整部刑法实际上是围绕"在什么情况下追究刑事责任"、"怎样实现刑事责任"等主要问题进行规定的。前面犯罪论部分，主要讨论的是追究刑事责任的基本条件（犯罪）及各种犯罪形态，本篇讨论的是刑事责任如何实现——它的后果及其执行（主要是刑罚）。

第一节 刑事责任的概念与特征

一、刑事责任的概念

首先要明确刑事责任的概念。"刑事"，应是指与刑罚有关的事项。

---

① 我国现行刑法共25处使用"刑事责任"一词，总则中13个条文20处使用了刑事责任，分则有3处，附则、附件有2处。例如，刑法典第5条规定的罪责刑相适应原则："刑罚的轻重，应当与犯罪分子所犯罪行和承担的刑事责任相适应。"第10条："凡在中华人民共和国领域外犯罪，依照本法应当负刑事责任的，虽然经过外国审判，仍然可以依照本法追究"。第14条第2款："故意犯罪，应当负刑事责任"。第15条第2款："过失犯罪，法律有规定的才负刑事责任。"第17条："已满十六周岁的人犯罪，应当负刑事责任。已满十四周岁不满十六周岁的人，犯故意杀人、故意伤害致人重伤或者死亡、强奸、抢劫、贩卖毒品、放火、爆炸、投毒罪的，应当负刑事责任。"第18条："精神病人在不能辨认或者不能控制自己行为的时候造成危害结果，经法定程序鉴定确认的，不负刑事责任，但是应当责令他的家属或者监护人严加看管和医疗；在必要的时候，由政府强制医疗。"等等。

刑事责任，从字面含义上说，就是事涉刑罚的法律责任，或者说应受刑罚惩罚的法律责任。如果一个行为不具有刑罚惩罚性，就无关刑事责任。“责任”，是指人的责任，在通俗意义上，它要求人们“付出”什么或“做出”什么，与“义务”有关。它一般可分为“积极的责任”和“消极的责任”，前者应与权利或权力有关，因为拥有权利或权力而应当去做某事或某些事，如公民的责任、行政人员等的职责；后者与过错或过失有关，是指因过错或过失应承担的“付出”或“做出”什么。

以上述认识为基础，结合马克思主义刑罚观和法律责任的一般法学原理，本书认为，可从形式和实质两个层面来把握刑事责任的概念：[①]从形式上看，它是指国家通过其司法机关，依照法律规定，对实施了犯罪的人，强制其承担一定的法律义务（法律后果、付出或负担等）；从实质来看，它是指国家通过刑罚来对严重威胁、破坏统治关系的犯罪人做出的强制反应，是国家和犯罪人之间发生截然对立冲突的结果。

二、刑事责任的特征

刑事责任具有以下特征：

（一）刑事责任在本质上反映的是国家和犯罪人之间的关系。犯罪是孤立的个人反对统治秩序的斗争，是对现存秩序最大的蔑视和破坏，刑罚是国家为维护自身的存在而对犯罪做出的反应。现代文明国家在创

---

① 目前，学界关于刑事责任的概念主要有以下几类。（1）法律责任说，认为刑事责任是国家司法机关依照法律规定，根据犯罪行为以及其他能说明犯罪社会危害性的事实，强制犯罪人负担的法律责任；（2）法律后果说，认为刑事责任是依照刑事法律规定，行为人实施刑事法律禁止的行为所必须承担的法律后果；（3）否定评价说或称责难说、谴责说。认为刑事责任是指犯罪人因实施刑法禁止的行为而应承担的、代表国家的司法机关依照刑事法律对其犯罪行为及其本人的否定性评价和谴责；（4）刑事义务说。认为刑事责任是犯罪人因其犯罪行为根据刑法规定向国家承担的、体现着国家最强烈的否定评价的惩罚义务；（5）刑事负担说。认为刑事责任是国家为维持自身的生存条件，在清算触犯刑律的行为时，运用国家暴力，强迫行为人承受的刑事上的负担；等等。对于这些概念，本书认为，它们都是从形式上（或者说法律规范层面）对刑事责任进行描述的，无论是把刑事责任视为一种“法律责任”、“法律后果”、“否定性评价或谴责”、“惩罚义务”还是“刑事负担”，其内涵大同小异，只是表述用词不同，缺陷在于对刑事责任的理解基本停留在刑事层面，没有深刻揭示或仅仅粗浅揭示刑事责任的政治法律本质及其体现的国家和犯罪人之间的刑事法律关系。

制、运用刑罚抗制犯罪时，需要通过规定犯罪以确定打击对象和打击范围，确定刑罚的适用原则、量刑方法和执行制度，通过追究和实现刑事责任来恢复被犯罪人破坏的统治秩序和统治关系，恢复犯罪人与周围环境的关系。

（二）刑事责任以对犯罪人施加刑罚为内容。犯罪人因为实施了严重危害社会或侵害统治关系的行为，而有被迫接受刑罚的义务。他们将被全部或部分约束自由和行为（监禁或管制），要求在刑罚执行期间，自觉接受教育改造、劳动改造和思想改造（自由刑）；有的将付出部分或全部财产（财产刑），以赔偿受害人或社会的损失；有的甚至被剥夺生命（生命刑），以消除其对他人和社会的威胁和危害。他们也将承受否定性的政治、法律评价。犯罪人有根据刑事判决行事的义务。

（三）刑事责任的根据是犯罪。犯罪是国家追究犯罪人刑事责任的前提和根据。在立法意义上，没有刑法规定的犯罪也就没有刑罚；在实践意义上，没有行为人实施具体犯罪行为，也没有刑罚。犯罪是一个公民与国家建立起刑事法律关系的事实基础，反过来说，国家对一个公民追究刑事责任的前提是该公民实施了法律规定了的犯罪。犯罪还决定了犯罪人刑事责任的产生，刑事责任只能由实施犯罪的人来承担。不仅如此，犯罪还基本决定了犯罪人刑事责任的大小，犯罪人的刑事责任的大小与犯罪的社会危害大小成正比。

（四）刑事责任的追究要考虑犯罪人的个人情况。犯罪是刑事责任的根据和基础，但刑事责任是国家和犯罪人之间的关系范畴，承担刑事责任的是犯罪人，而不是犯罪。因此，刑事责任的大小和落实方式，就不能不考虑犯罪人的个人因素，这包括犯罪人的年龄、平时表现、认罪态度、生活环境、人身危险性等方面因素。要坚持在适用法律平等原则的前提下的刑罚个别化。

（五）刑事责任由代表国家的司法机关来强制犯罪人负担。国家是刑事责任的施加者，它是通过其法律机关来实现的。就刑事责任而言，在立法上，只能由全国人民代表大会及其常务委员会确认和规定刑事责任的具体对象（具体罪名），规定犯罪的刑种和刑度、量刑原则等，其他任何机关、团体和个人都不能确立刑事法律规范。在司法上，只能由司法机关依照法定程序确认追究犯罪人的刑事责任，其他任何机关、团体和个人都不能私自追究一个公民的刑事责任。

第二节 刑事责任后果

一、刑事责任后果的概念

所谓刑事责任后果是指国家通过特定机关对实施犯罪的人依照刑法施加的不利法律后果，是国家对犯罪人追究刑事责任的具体化。刑事责任不是一个空泛的概念，它以法律后果的形式表现出来。把握这一概念，应主要把握以下几点：

（一）刑事责任后果是对实施犯罪的人施加的法律后果。刑事责任是对犯罪人追究的法律责任，以犯罪人实施了犯罪为前提，体现为对实施犯罪的人施加的法律后果。对一般违法行为、违反纪律和道德行为，都不能施加刑事责任后果。

（二）刑事责任后果的施加以犯罪为前提。一是没有犯罪就没有刑事责任，就不能对犯罪人施加刑事责任后果。二是在法的立场上，证实了犯罪存在，就应当追究犯罪人的刑事责任。

（三）刑事责任后果与犯罪轻重和应当承受的刑事责任相适应。这是刑法第 5 条规定的罪责刑相适应原则决定的。既要考虑犯罪人罪行的大小，也要考虑犯罪人的个人因素，选择适当的刑种和刑度或者决定是否适用刑罚。

（四）刑事责任后果体现的是国家与犯罪人的关系，只能由特定机关确定和执行。正是因为犯罪人实施了犯罪，侵害了国家确立的统治秩序、社会秩序，国家通过它的相关机关对实施犯罪的人施加刑事责任后果，以巩固、修复和保障被损害的秩序。国家对犯罪人刑事责任的追究和实现，只能由司法机关、监狱、公安机关等法律规定的特别机关或特别机构执行。

二、刑事责任后果的类型

在世界范围内，刑事责任后果的类型大体分为两类：一是刑罚；二是保安处分或非刑罚法律后果。[①] 我国刑法第三章主要是对刑事责任后果——刑罚的规定，但除了刑罚之外，还规定有起到辅助或补充作用的非刑罚法律后果。

所谓刑罚是指国家制定的，为威慑、惩治和预防犯罪侵害的措施方法，这个概念实际是对刑法规定的诸多刑种的概括。它是犯罪人的主要刑事责任法律后果。根据刑法总则第三章，它分为主刑和附加刑，主刑包括死刑、无期徒刑、有期徒刑、拘役和管制；附加刑包括剥夺政治权利、没收财产和罚金，此外还有针对外国人的驱逐出境。刑罚是刑事责任后果的主要内容，本书下文将专门具体讨论。

这里重点介绍一下非刑罚法律后果。所谓非刑罚法律后果，是指刑法规定的施加给部分犯罪人，除刑罚之外的可选择的补充性法定处置方法。其特点是，跟刑罚一样，对犯罪分子适用，同样属于犯罪后的刑事责任后果。它包括非刑罚性处罚措施和保安处分，与国外刑法中的保安处分，既有相同之处，也有不同。保安处分是指法院依据刑法规定，通过司法程序，对于实施了危害行为、具有社会危险性的人，采取的不定期的矫正迁善或监禁隔离的安全措施，目的是预防犯罪和保护社会。保安处分不以实施犯罪为前提，处分措施包括矫治改善的措施和监禁隔离的措施。

---

① “保安处分有广狭二义。广义的保安处分是指为了防卫社会安全而对具有犯罪危险性的人与有可能被用于犯罪的物进行安全化处置。狭义的保安处分，仅指对人的安全化处置，即国家以法律明文规定的对有可能进一步危害社会的无责任能力人、限制责任能力人以及特定具有危险性格的行为人进行矫治、医疗、感化等处置的特殊预防方法。”参见赵秉志. 外国刑法原理（大陆法系）. 北京：中国人民大学出版社，2000：345. 德国学者罗克辛认为，对于刑罚和保安处分的区别，如果用最简洁的方式来表述，“那么可以说：各种刑罚都是以行为人在实施行为当时所具有的罪责为条件的，各种保安处分则是以行为人对将来的持续危险状态为条件的。”参见克劳斯·罗克辛，德国刑法学总论：第一卷. 北京：法律出版社，王世洲译，2005：3. 非刑罚处置方法是我国刑法理论对刑事责任的一些法律后果的概括，它与保安处分有类似之处，但更多的是不同。

我国刑法第 36 条、第 37 条、第 37 条之一以及第 17 条第 5 款、第 18 条第 1 款等，规定了我国的非刑罚法律后果。

(一) 非刑罚性处罚措施

1. 判处赔偿经济损失

刑法第 36 条规定："由于犯罪行为而使被害人遭受经济损失的，人民法院对犯罪分子除依法给予刑事处罚外，并应根据情况判处赔偿经济损失。承担民事赔偿责任的犯罪分子，同时被判处罚金，其财产不足以全部支付的，或者被判处没收财产的，应当先承担对被害人的民事赔偿责任。"

2. 责令赔偿损失、训诫、责令具结悔过、责令赔礼道歉以及司法建议予以行政处罚或者行政处分

刑法第 37 条规定："对于犯罪情节轻微不需要判处刑罚的，可以免予刑事处罚，但是可以根据案件的不同情况，除可以责令赔偿损失的之外，还可以予以训诫、责令具结悔过、赔礼道歉、赔偿损失，或者由主管部门予以行政处罚或者行政处分。"

这里的"犯罪情节轻微"是指行为人已构成犯罪，但犯罪的性质、情节和社会危害程度等都比较轻。"不需要判处刑罚"是指因为犯罪情节较轻，犯罪人认罪、悔罪态度好，对其不判处刑罚也能达到惩戒、教育等刑罚目的，因而不需要对其判处刑罚。"责令赔偿损失"，是指人民法院责令犯罪人就受害人因犯罪遭受的各种物质、身体等方面的损失予以赔偿。"训诫"，就是人民法院对犯罪人当庭予以批评教育、儆告。"责令具结悔过"，是指人民法院责令犯罪人用书面保证真心悔改，不再重犯。"责令赔礼道歉"，是指人民法院责令犯罪分子公开向被害人承认错误、表示歉意。"由主管部门予以行政处罚或行政处分"，是指人民法院根据实际情况，提出司法建议，将犯罪人交由管辖该案件的公安机关、犯罪人所在单位或者基层组织，由他们根据行政法律、法规、规章、制度等，对其给予行政处罚（如罚款、行政拘留），或者给予行政纪律处分（开除、记过、警告等）。

(二) 保安处分

我国刑法虽然没有明文提及保安处分制度，但在刑法中确有具备保

安处分属性的制度。这主要包括：

1. 专门矫治教育。前文已经提到(刑法第 17 条第 5 款)，对于不满 16 周岁不予刑事处罚的犯罪人，如果其父母或其他监护人由于某些原因无法或难以对其进行管教，政府认为必要时，可以依法进行专门矫治教育。

2. 强制医疗。即刑法第 18 条第 1 款规定，前文第七章已述，这里不再赘述。

3. 职业禁止。即刑法第 37 条第 1 款。[①]

4. 没收。即刑法第 64 条规定。[②] 该规定是对物的保安处分。主要包括追缴犯罪分子的违法所得及其收益、没收违禁品和供犯罪所用的本人财物等等。

---

① 刑法第 37 条之一："对于因利用职业便利实施犯罪，或者实施违背职业要求的特定义务的犯罪被判处刑罚的，人民法院可以根据犯罪情况和预防再犯罪的需要，禁止其自刑罚执行完毕之日或者假释之日起从事相关职业，期限为三年至五年。被禁止从事相关职业的人违反人民法院依照前款规定作出的决定的，由公安机关依法给予处罚；情节严重的，依照本法第三百一十三条的规定定罪处罚。其他法律、行政法规对其从事相关职业另有禁止或者限制性规定的，从其规定。"

② 刑法第 64 条："犯罪分子违法所得的一切财物，应当予以追缴或者责令退赔；对被害人的合法财产，应当及时返还；违禁品和供犯罪所用的本人财物，应当予以没收。没收的财物和罚金，一律上交国库，不得挪用和自行处理。"

第十四章 刑罚的体系与刑种

刑罚是刑事责任后果的主要形式，是刑法的根本特征。没有刑罚也就没有刑法，也就不存在真正意义上的犯罪。历史表明，人类社会进入阶级和国家时代才开始创设刑罚制度，它们是对抗那些反抗统治关系、统治秩序的人最有力的工具。不同时期、不同国家的刑罚制度的创设，体现不同时期、不同国家的统治阶级的不同认识与价值理念。我国刑法中的刑罚制度有着自己的价值理念、种类和特征。

第一节 刑罚的概念与特征

在规范意义上，刑罚是刑法规定的、为实现特定的刑罚目的，针对犯罪人施加的限制或剥夺其某种权益的最严厉的强制性制裁方法。它具有以下特征：

（一）刑罚是一种最严厉的制裁方法，它以限制或剥夺犯罪人的某种权益为基本内容。这是各国刑罚的共同本质和基本特点。从人类社会的历史长河来看，刑罚在不同时期体现为不同的内容和执行方式，从远古时期的残酷、愚昧、野蛮逐渐走向近代以来的轻缓、人道和宽和，但是，它总是以给犯罪人带来身体上、精神上、财产上等现实损失为基本内容，不仅可以限制或剥夺犯罪人的政治权利，也可以限制或剥夺犯罪人的基本人身权利——财产、自由甚至生命。与其他制裁措施相比，如民事制裁、经济制裁、行政制裁等，刑罚无疑是最为严厉的一种制裁方法，是和平时期最能展现国家本质的一种制度。我国一贯坚持惩罚与教育相结合的政策方针，强调对待犯罪人的人道主义方针和人权保障理念，但我国刑罚也以剥夺或限制犯罪人的某种权益为基本内容。

（二）刑罚的创制和适用是为了实现一定的目的，即刑罚的目的。 所谓刑罚的目的，本书认为，可以从政治和法律两个层面进行把握。

政治意义上的刑罚目的，是指国家希冀通过制定、适用和执行刑罚去实现的政治目标效果，主要是在它的立法机关、司法机关和执行机关主导下进行。刑罚作为国家创设的一项关键的、关乎国家安危的制度，本质上是国家进行社会治理、维护统治的最根本手段，是一种目的性存在。从刑罚制度的性质、历史形成和功能来看，国家创设刑罚的目的就是通过刑罚来打击和预防犯罪，维护统治秩序和统治阶级利益。在我国，就是打击和预防犯罪，保护人民，维护社会主义国家宪法秩序。这是我国刑法第 1 条明确表明的。这种刑罚的目的一般以刑法（刑罚）的任务的名义存在。

法律意义上的刑罚目的，是指法律机关对实施犯罪的人适用刑罚所希冀达到的法律效果，贯穿于刑事立法、侦查、审查起诉、审判和执行等整个过程。我们通常所说的刑罚目的，实际是这种法律意义的刑罚目的，它是刑事立法和司法的具体精神指导。各国历史上先后产生过威吓、报应、教化、综合或折中等刑罚目的。我国一般将刑罚目的概括为“预防犯罪”，[①]历来有“惩罚只是手段，目的是教育和预防”这种颇具人道主义思想的说法，具体可分为特殊预防和一般预防。

1. 特殊预防。所谓特殊预防，是指通过对犯罪分子适用刑罚，防止他们再重新犯罪。这主要通过威慑、剥夺、限制、教育、劳动等手段来实现。例如，通过限制或剥夺犯罪分子的人身自由，或者没收犯罪分子的非法所得与收益、没收犯罪工具，或者禁止进入特定行业或领域，就能够防止犯罪分子进一步犯罪。对于被判处监禁刑的犯罪分子，除了剥夺其人身自由、予以关押，更重要的是在其服刑期间，要进行文化思想教育、职业

---

① 我国刑罚的本质，总体上说，是教育刑，即除了个别犯罪分子被判处死刑立即执行外，其他大多数犯罪人主要进行监管改造、思想改造、劳动改造，帮助他们重建人生、重返社会。这种教育刑思想和理念可以追溯至新民主主义革命时期。参见 1942 年陕甘宁革命根据地《刑法总分则草案说明》，载张希坡，革命根据地法律文献选辑：第 7 卷. 北京：中国人民大学出版社，2018：486。

技能训练等方法，消除其犯罪思想和再犯能力，转化为对社会无害且良善有益的公民，最终重返社会。对于极少数罪刑极其严重、怙恶不悛的犯罪分子，通过剥夺其生命，防止其继续贻害社会。

2. 一般预防。所谓一般预防，是指通过立法规定和对犯罪分子进行实际惩治，威慑、阻止、儆戒其他社会公民不要以身试法，避免走上犯罪的道路。在立法上，刑法明确规定犯罪的种类、行为模式和法定刑，能够让一般社会公众清楚哪些事情不可以做以及其做了以后的法律后果，避免触犯法律。在司法上，通过对犯罪分子的判决宣告和刑罚执行，能够儆戒一些潜在犯罪人不得以身试法，有助于告慰刑事被害人及其家属，平息他们激愤的情绪，也有助于其他普通社会成员保持对现行法律制度和秩序的忠诚和信赖，自愿地去遵守秩序，捍卫现有秩序，等等。一般预防的目的，主要是通过刑罚的威慑、儆戒、安抚、教育等功能实现。

应当说，特殊预防和一般预防总体上能够解释说明我国刑罚制度的目的和价值追求。但是，这不排斥在个别情况下体现了强调报应的目的。比如说，死刑制度的存在和相当范围的适用[①]，虽然说能体现最大的预防功能和目的，同时也不能不说该制度存在突出的报应目的和价值追求。

要实行刑罚的目的，发挥刑罚的功能作用，必须注意刑罚自身的正义性、人道性、公开性、及时性和必定性。

（三）刑罚的对象只能是犯罪的人。犯罪是适用刑罚的前提和基础。只有在行为人实施了刑法规定的犯罪行为，给社会造成了严重的危害，主观具有罪责的情况下，对其适用刑罚才具有正当性基础，也才有发挥刑罚功能的必要。我国刑法理论坚决否认封建时代的“团体责任”、“客观责任”和“主观责任”。

（四）刑罚的种类、体系和适用规则由刑法明文规定。这是罪刑法定原则的基本要求，也是人权保障原则题中应有之义。首先，刑罚是一种严厉剥夺或限制人的基本权益的制裁方法，关系到社会个体的生存与发展等基本人权。刑罚种类、内容和体系，只能通过刑法（刑法典、单行刑法

① 迄今为止（截止刑法修正案十一出台），我国刑法中还有 46 个死刑罪名。

和附属刑法)进行规定,除此之外,不能由其他什么法律进行规定。其次,对于刑罚的适用标准、适用规则和执行方法,也只能由刑法进行规定。

此外,刑罚的确立、适用和执行机关都是特定的。对我国而言,刑罚只能由全国人民代表大会或全国人民代表大会常务委员会确立,它们代表了最广大人民的意志,是立法民主的要求。刑罚的适用只能由人民法院进行,并适用特定的法律程序,而刑罚的执行也只能由监狱、人民法院、公安机关等法律规定的特定机关执行。这是因为刑罚是社会对付违反它的生存条件的行为的一种自卫手段,而刑罚权是国家统治权的一个重要组成部分。

把握刑罚这个刑法基本范畴,还要注意它与刑法的另一基本范畴——犯罪之间的关系,即罪刑关系,这个关系一直受到国内刑法理论的重视,不少学者认为它是刑法的最基本关系,是刑法的"主轴"。[①] 本书认为,二者无疑是刑法中的一对基本矛盾。一方面,二者之间具有统一性。它们相互依存,没有刑罚就谈不上是犯罪,没有犯罪也不能有刑罚,共同服务于对犯罪人刑事责任的追究和实现;二者都是历史演进到阶级社会的产物,将一起随着国家和阶级的消灭而消灭。另一方面,二者相互对立,犯罪是对刑罚所维护的社会客体的严重侵犯,而刑罚是为了打击和消除犯罪而存在;犯罪的性质、严重程度制约着刑罚的适用,而刑罚也会影响一个行为是否被规定为犯罪,即是否应当受到刑罚的惩罚。

第二节　刑罚的体系与刑种

犯罪是多种多样、轻重不一的,作为犯罪的主要对抗手段,刑罚也不可能是单一的。中国古代哲人荀子认为:"刑称罪则治,不称罪则

① 本书认为,罪刑关系是刑法的基本关系是没有问题的,但罪刑关系背后实则是国家和犯罪人之间的关系,而且罪刑关系不包括犯罪人的因素与刑罚的关系,是有缺陷的。罪刑关系背后的国家与犯罪人的关系才是刑法的最根本关系。

乱”，[①]“刑当罪则威，不当罪则侮。”[②]因此，各国刑法都重视刑罚体系的建构。所谓刑罚的体系，是指各国为实现刑罚的目的、发挥刑罚的功能，适应打击犯罪的需要，通过刑法所规定的一系列刑罚制裁方法体系。

新中国成立以来，我国逐渐探索出自己的刑罚体系，在 1979 年刑法中系统确立，即前述分为主刑和附加刑两类：主刑包括管制、拘役、有期徒刑、无期徒刑和死刑；附加刑包括罚金、剥夺政治权利、没收财产以及针对外国人适用的驱逐出境。总的来说，我国的刑罚体系具有目的恰当、刑种齐备、衔接紧凑、宽严适度，方法人道等特点，[③]自确立以来，虽有迁变，但迄今总体框架变化不大，能够很好地满足打击犯罪的需要。

一、主刑

主刑是只能对一个犯罪独立主导性适用、不能附加适用的刑罚方法。或者说，对一罪只能适用一个主刑，而不能同时适用两个或两个以上的主刑。它包括自由刑(管制、拘役、有期徒刑、无期徒刑)和生命刑两类。

(一) 自由刑

1. 管制

管制是对犯罪分子不实行关押，但在较短时间期限内对其人身自由进行一定限制，实行社区矫正的刑罚方法。它是我国现行刑法中唯一不剥夺犯罪人人身自由的短期自由刑，是典型的轻刑，适用于犯罪情节较轻危害不大的犯罪分子。它有助于避免短期监禁刑的弊端，激励犯罪人改过自新，充分发挥社会力量作用，节约司法成本，并有助于化解犯罪人与周围环境之间的紧张关系。它的起源可以追溯至新民主主义革命根据地时期，[④]并在新中国成立初期发挥了安定社会、巩固新生政权的重要作

① 《荀子・正论》。
② 《荀子・君子》。
③ 参见贾宇. 刑法学(上册・总论). 北京：高等教育出版社：2019：303—304。
④ 《湘赣省惩治反革命暂行条例》(1932 年 4 月 8 日修正公布)第二条第三项规定了“剥夺公权，监视其行动”的刑种，可谓管制刑在革命根据地时期的最初雏形。

用，后逐渐被确定为我国刑法中的刑种，被认为我国刑事实践的经验创造。在刑罚轻缓化成为世界潮流的今天，我国管制制度将有很远的适用前景。

我国的管制制度具有以下特征：

（1）不剥夺但限制犯罪分子的人身自由。管制作为一种刑罚方法，首先具有惩罚性质，但又不对判处管制的犯罪分子进行关押，只是给予一定的行动限制，给予被判处管制的犯罪分子极大的信任，有助于调动犯罪分子的内驱力。根据刑法第39条规定，在管制执行期间，犯罪分子应遵守以下规定："①遵守法律、行政法规，服从监督；②未经执行机关批准，不得行使言论、出版、集会、结社、游行、示威自由的权利；③按照执行机关规定报告自己的活动情况；④遵守执行机关关于会客的规定；⑤离开所居住的市、县或者迁居，应当报经执行机关批准"。除此之外，人民法院可以根据犯罪分子的犯罪情况，同时宣告禁止令，"禁止犯罪分子在执行期间从事特定活动，进入特定区域、场所，接触特定的人。"

（2）管制期限。三个月以上二年以下，数罪并罚时不超过三年。管制期限从判决执行之日起计算；判决执行以前先行羁押的，羁押一日折抵刑期二日。

（3）实行社区矫正。所谓社区矫正，是指被判处管制、宣告缓刑、假释或者暂予监外执行的罪犯在社区中由专门国家机关在相关社会团体和民间组织以及社会志愿者的协助下，在判决、裁定或决定确定的期限内，矫正其犯罪心理和行为恶习，并促进其顺利回归社会的非监禁刑罚执行活动。[①] 社区矫正由各级司法行政机构主管，主要对社区矫正对象进行监督管理、教育帮扶等。

（4）被判处管制的犯罪分子，在劳动中应当同工同酬。没有附加剥夺政治权利的，仍享有政治权利。

（5）管制执行期满，执行机关应即向本人和其所在单位或者居住地的群众宣布解除管制。

2. 拘役

拘役是在较短期限内剥夺犯罪分子人身自由，由公安机关就近劳动

---

① 参见2019年12月28日《中华人民共和国社会矫正法》。

改造的刑罚方法。拘役适用于罪行较轻但仍需要短期关押改造的罪犯。拘役既体现刑法的威严，给予犯罪人一定的惩治和儆戒，也有利于促使罪犯反省悔罪、重新做人，基本不怎么需要脱离社会。

它的特点有：

(1) 短期剥夺犯罪分子人身自由。根据刑法规定，拘役的期限为1个月以上6个月以下，数罪并罚时不得超过1年。刑期从判决执行之日起计算；判决执行前先行羁押的，羁押1日折抵刑期1日.

(2) 就近实行劳动改造。拘役由公安机关在就近的拘役所、看守所或其他监管场所执行。

(3) 维持犯罪人社会联系。在拘役执行期间，受刑人每月可以回家1—2天；参加劳动的，可以酌量发给报酬。

3. 有期徒刑

有期徒刑是指剥夺犯罪人一定期限内人身自由的刑罚方法。它是我国适用最广泛的长期自由刑。

它的特点有：

(1) 较长时间内剥夺犯罪分子的人身自由。这是有期徒刑与拘役、无期徒刑的主要区别。根据刑法第45、69条规定，有期徒刑的刑期为6个月以上15年以下。数罪并罚时，总和刑期不满35年的，最高不能超过20年；总和刑期在35年以上的，最高不能超过25年。刑期从判决执行之日起计算。刑法第50条规定，死缓减为有期徒刑时，有期徒刑的期限为25年。

(2) 将犯罪人羁押于监狱或其他执行场所。这里的“其他执行场所”，主要是指根据《监狱法》的规定，罪犯在被交付执行前，剩余刑期在1年以下的，由看守所代为执行；未成年犯在未成年管教所执行等。

(3) 有劳动能力的，都应当参加劳动，接受教育改造。

4. 无期徒刑

无期徒刑是剥夺犯罪分子终身自由的刑罚方法。它是最严厉的一种自由刑。

它包含以下内容：

(1) 剥夺犯罪分子的终身自由。无期徒刑是一种严厉程度仅次于死刑的刑罚方法。从理论上说，犯罪人需要用余生来执行刑罚，需要与社会永久隔离。与这个特点有关，无期徒刑判决执行之前的羁押时间不能折抵刑期。但事实上，由于减刑、假释、赦免等制度的存在，被判处无期徒刑的犯罪人很少有终身服刑的。由于无期徒刑的严重性，它适用于罪行十分严重但不必适用死刑的犯罪分子。此外，根据有关司法解释，[①]对已满14周岁不满16周岁的未成年人，一般不判处无期徒刑。

(2) 应当剥夺政治权利终身(参见刑法第57条规定)。

(3) 在监狱或者其他执行场所进行劳动和教育改造。无期徒刑与有期徒刑一样，都需要在监狱或者其他执行场所(主要指看守所、未成年人管教所)执行，有劳动能力的，都应当参加劳动，接受教育改造。

(4) 执行限制。《刑法》第78条规定，被判处无期徒刑的犯罪分子，减刑以后实际执行的刑期不能少于13年。第81条规定，被判处无期徒刑的犯罪分子，实际执行13年以上的，才能被假释。

应当把无期徒刑与终身监禁区分开来：无期徒刑是一种主刑，终身监禁是一种刑罚执行方式，只适用于贪污罪、贿赂罪；[②]前者可以减刑、假释，后者不能减刑、假释。

(二) 生命刑(死刑)

死刑是依法剥夺罪犯生命的刑罚方法，又称极刑。尽管我国死刑存在两种执行方式——死刑立即执行和死刑缓期两年执行，但从死刑根本属性和执行后无任何回旋余地或真正补偿的特性来看，它实则属于一种"绝对刑"。[③] 这种绝对性决定了死刑适用条件(或标准)，既不能过于宽

---

① 参见2006年最高人民法院《关于审理未成年人刑事案件具体应用法律若干问题的解释》第13条。

② 参见刑法第383条第4款："犯第一款罪，有第三项规定情形被判处死刑缓期执行的，人民法院根据犯罪情节等情况可以同时决定在其死刑缓期执行二年期满依法减为无期徒刑后，终身监禁，不得减刑、假释。"刑法第386条："对犯受贿罪的，根据受贿所得数额及情节，依照本法第三百八十三条的规定处罚。索贿的从重处罚"。

③ 这里指死刑不像其他自由刑那样，有一定的量刑幅度，它只有死亡这样一种唯一的结局，以致刑法不需要对死刑本身进行描述，也没有什么描述，只是规定了一系列限制条件和一个弹性缓冲方式——死刑缓期两年执行，如果没有死缓，死刑的本质属性就决定了它毫无弹性可言，是一种真正的绝对刑。

泛，也不能过于具体，[①]应当具有一定弹性。

死刑是一种古老的刑种，在诸刑种中显然具有最强大的威慑力。近代以来，西方启蒙思想家开始质疑死刑的正义性、合理性，形成“废除论”和“保存论”长期争论，受此影响废除死刑运动逐渐在世界范围内扩展。目前，已有140多个国家和地区废除或者不使用死刑。但世界范围内的大国，尤其是人口大国，如中国、印度、美国、日本、印度尼西亚、朝鲜、新加坡、沙特、白俄罗斯等，目前大多保留死刑制度和适用。

新中国成立以来，我国很快形成了“保留死刑，坚持少杀、慎杀，防止错杀”的死刑政策，最后在1979年刑法中成为系统明确的死刑制度，并在适用中得到不断的完善。我国目前保留死刑制度的理由有：第一，我国尚处于社会主义初级阶段，阶级斗争尚在一定范围内存在，国内外还有一定的敌对分子、仇视社会主义建设事业的破坏分子，他们中不少罪大恶极、怙恶不悛，极端仇视国家和人民的利益，保留和适用死刑有利于惩治这些犯罪，以维护人民民主专政政权、社会主义制度等国家和人民的重大利益。第二，社会治理的需要。目前，我国正处于改革发展的深水区，又是人民内部矛盾凸显、刑事犯罪高发的复杂时期，一些危害国家、社会和人民生命健康利益等极其严重的犯罪仍时有发生，还有不少残暴的犯罪，运用死刑这一最严厉的刑罚手段同严重刑事犯罪做斗争，能有效遏制犯罪。第三，尊重民众情绪和对公正的捍卫。在社会仍存在阶级矛盾等各种社会矛盾的情况下，死刑在某些情况下是对某些犯罪唯一适当的、公正的惩罚，保留死刑有助于受害人及其亲属和其他普通公民对社会现有秩序的信赖。

但是，死刑毕竟是一种最决绝、最具有毁灭性的惩罚，从尊重人权尤其是生命权的角度和人道主义的考虑，我国在保留死刑的同时，要严格控制死刑的实际适用。第一，大量适用死刑不符合社会主义国家的性质。第二，死刑的威慑力来自死刑的公正、理性适用。第三，死刑是一种绝对

① 理论和实践上对此存在一个认识误区，认为死刑适用条件越具体越好，实则不然，适用条件过于具体，反而使司法工作者在实务上无法适当应对不同的犯罪情况。此时的死刑就是真正意义上的绝对刑。此外，这样做的话，那么值得怀疑的是，多么聪慧、思维缜密的立法者能够准确地预见在什么情况下绝对要适用死刑呢？

刑,是对生命的彻底毁灭,具有不可恢复性,一旦出错,不能挽回,必须谨慎适用。第四,死刑不符合人类社会文明进步的潮流。

我国现行死刑制度体现了这一政策。在保留的死刑下,刑法规定的主要内容是对死刑适用如何规制。主要体现在以下几方面:

(1) 实质条件限制。“死刑只适用于罪行极其严重的犯罪分子”。所谓“罪行极其严重”,理论上通常是指犯罪性质极其严重、犯罪情节极其严重、犯罪分子的人身危险性极其严重三者统一。实务中全部满足这三种条件的死刑适用其实并不多见,但至少要满足两个条件,才可能适用死刑。

(2) 适用对象限制。根据刑法第 49 条规定,死刑不适用于“犯罪的时候不满 18 周岁的人和审判的时候怀孕的妇女”,也基本不适用于“审判的时候已满七十五周岁的人”,“以特别残忍手段致人死亡的除外。”这里“不适用死刑”就是不能判处死刑,包括不能判处死缓。“审判的时候怀孕的妇女”,是指从立案时开始就有身孕的妇女,也包括后来自然流产或被人工流产的情况。

(3) 适用程序限制。首先,审级限制,刑事诉讼法规定,死刑案件只能由中级以上人民法院进行一审。其次,核准程序限制。死刑除依法由最高人民法院判处的以外,都应当报请最高人民法院核准。① 最后,人民法院在办理死刑案件时,要坚持重证据、不轻信口供的原则。

(4) 死刑适用罪名限制。死刑只能适用于刑法分则规定的死刑罪名。《刑法修正案八》取消了 13 个经济性非暴力犯罪的死刑罪名。《刑法修正案九》取消了 9 个适用死刑的罪名。目前,我国刑法中的死刑罪名减至 46 种。②

---

① 我国刑事诉讼法规定,中级人民法院判处死刑的第一审案件,被告人不上诉的,应当由高级人民法院复核之后,报请最高人民法院核准;高级人民法院判处死刑的第一审案件,被告人不上诉的,以及判处死刑的第二审案件,都应当报请最高人民法院核准。死刑缓期执行的,可以由高级人民法院判决或核准。

② 刑法分则第一章危害国家安全罪有 7 个死刑罪名;第二章危害公共安全罪 14 个;第三章破坏社会主义市场经济秩序罪 2 个;第四章侵犯公民人身权利、民主权利罪 5 个;第五章侵犯财产罪 1 个;第六章妨害社会管理秩序罪 3 个,第七章危害国防利益罪 2 个,第八章贪污贿赂罪 2 个,第十章军人违反职责罪 9 个。

（5）执行方式限制。刑法第 48 条第 1 款后段是关于死缓执行方式的规定："对于应当判处死刑的犯罪分子，如果不是必须立即执行的，可以判处死刑同时宣告缓期二年执行。"这就是为中外学界所称道的死缓制度。该制度的确立毫无疑问是为了减少死刑的实际适用数量，是限制死刑使用的一种措施，它也使死刑适用在严格限制的范围内具有一定的弹性，使法官能够根据案件事实情况从容认定是否适用死刑。死刑缓期二年的执行期间，从判决确定之日起计算。

死缓制度的适用，需要注意把握三点：一是死缓适用于应当判处死刑的犯罪分子，虽然这里也要考虑犯罪人的人身危险性等人身因素，但这里优先强调的是报应理念，也就是从犯罪人的罪行的社会危害程度来看，判处其死刑可以与其社会危害对等，不能在罪行无法与死刑对等的情况下仅因为犯罪人的主观恶性或人身危险性大，认定为应当判处死刑。二是"不是必须立即执行"的认定，必须以应当判处死刑为前提，也就是说只能从应当判处死刑的犯罪分子中，尽可能"选取"不是必须立即执行的。许多学者把"不是必须立即执行的"看作是死缓的适用标准，本书认为这种看法不符合条文含义和实际。这一规定实际是一种立法授权，即授权给人民法院，人民法院根据案件的具体情况、犯罪人的个人和家庭情况以及犯罪情势等，认为不是必须立即执行的，发挥自由裁量权进行个别化的裁断。三是"可以"判处。也就是对"不是必须立即执行的"，在特殊情况下也可以不适用死缓，因为犯罪人是应当判处死刑的犯罪分子。

死缓制度在实施完毕后存在四种可能的结果：

一是在死缓执行期间，没有故意犯罪的，两年期满后，减为无期徒刑；如果确有重大立功表现（参见刑法第 78 条），两年期满以后，减为 25 年有期徒刑。

二是在死刑缓期执行期间，如果犯罪人故意犯罪，且情节恶劣，应报请最高人民法院核准，对其执行死刑。

三是对于因故意犯罪但没有达到情节恶劣程度，而未执行死刑的，应该重新计算死刑缓期执行的期间，并报最高人民法院备案。

此外，刑法规定对被判处死刑缓期执行的累犯以及因故意杀人、强奸、抢劫、绑架、放火、爆炸、投放危险物质或者有组织的暴力性犯罪被判处死刑缓期执行的犯罪分子，人民法院根据犯罪情节等情况可以同时决定对其限制减刑。

二、附加刑

附加刑是附加主刑适用的刑罚方法。它可以补充主刑适用，但也可以独立适用。对同一个犯罪，可以判处附加两种以上附加刑。附加刑包括财产刑（罚金和没收财产）、资格刑（剥夺政治权利），以及针对外国人适用的驱逐出境。

（一）财产刑

1. 罚金

罚金是强制犯罪分子缴纳一定数额金钱给国家的刑罚方法。它主要适用于一些贪利性或与财产有关的犯罪，例如，破坏社会主义市场经济秩序罪、侵犯财产罪和贪污贿赂罪，也适用于部分妨害社会管理秩序罪、侵犯公民人身权利、民主权利罪和危害国防利益罪。罚金对于消除一些贪利性犯罪或与财产有关犯罪的人的再犯能力，给予犯罪人一定的惩罚教育，取代某些自由刑等，能发挥重要的作用，在世界各国得到普遍的规定适用。

我国刑法分则对罚金的适用规定为四种：

（1）单科式。对单位犯罪规定只能判处罚金，而不能适用其他刑罚方法。刑法第 31 条规定："单位犯罪的，对单位判处罚金。"

（2）选科式。将罚金作为与有关主刑并列的刑种，由人民法院选择适用。此时，罚金只能单独适用。例如，刑法第 368 条规定（阻碍军人执行职务罪）："以暴力、威胁方法阻碍军人依法执行职务的，处三年以下有期徒刑、拘役、管制或者罚金。"

（3）并科式。即附加主刑适用罚金。这又包括两种情形：一是必须附加适用。例如，刑法第 392 条规定（介绍贿赂罪）："向国家工作人员介绍贿赂，情节严重的，处三年以下有期徒刑或者拘役，并处罚金。"二是可以附加适用。例如，第 325 条第 1 款："违反文物保护法规，将收藏的国家禁止出口的珍贵文物私自出售或者私自赠送给外国人的，处五年以下有期徒刑或者拘役，可以并处罚金。”

(4) 并科或单科式。即对罚金附加于主刑适用，也可以被选择单独适用。例如，第 281 条第 1 款：“非法生产、买卖人民警察制式服装、车辆号牌等专用标志、警械，情节严重的，处三年以下有期徒刑、拘役或者管制，并处或者单处罚金。”

科处犯罪人罚金最核心的问题是确定罚金的数额，对此刑法规定应当根据“犯罪情节”决定罚金数额。从刑法分则规定的不同立法例来看，主要有以下几种：

(1) 比例制。指根据犯罪数额的一定比例确定罚金的数额。例如，刑法第 159 条规定，对犯虚假出资或者抽逃出资罪的，并处或者单处虚假出资或者抽逃出资金额 2%以上 10%以下的罚金。

(2) 倍数制。即根据犯罪数额的一定倍数确定罚金的数额。例如，刑法第 153 条规定对走私普通货物、物品罪，并处偷逃应缴税额一倍以上五倍以下罚金。

(3) 比例兼倍数制。即罚金的数额计算同时由比例和倍数来计算确定。例如，刑法第 148 条规定的对生产、销售不符合卫生标准的化妆品罪，可以并处或者单处销售金额百分之五十以上二倍以下罚金。

(4) 限定数额制。即对罚金数额的上限或(和)下限进行限制。例如，对持有假币罪，刑法第 172 条规定，如果持有数额较大，可以“并处或者单处 1 万元以上 10 万元以下罚金”。

(5) 抽象罚金制。即只规定必须选处、单处或者并处罚金，并未规定数额或计算方法。例如，刑法第 163 条规定，对犯非国家工作人员受贿罪的，除判处主刑外，还要并处罚金。这里的并处罚金并没有规定数额或计算方法。

人民法院判处犯罪分子罚金，缴纳方式有以下四种：①

① 刑法第 53 条：“罚金在判决指定的期限内一次或者分期缴纳。期满不缴纳的，强制缴纳。对于不能全部缴纳罚金的，人民法院在任何时候发现被执行人有可以执行的财产，应当随时追缴。由于遭遇不能抗拒的灾祸等原因缴纳确实有困难的，经人民法院裁定，可以延期缴纳、酌情减少或者免除。”

(1) 一次或者分期缴纳。在判决确定的期限内,一次或分期缴纳。

(2) 强制缴纳。在判决指定的期限届满后,犯罪分子未缴纳,人民法院强制其缴纳。

(3) 随时缴纳。对于不能全部缴纳罚金的,法院在任何时候发现被执行人有可以执行的财产,随时可以缴纳。

(4) 延期、减少或者免除缴纳。即犯罪分子由于遭遇不能抗拒的灾祸等原因缴纳确实有困难的,经人民法院裁定,可以延期缴纳、酌情减少或者免除。

2. 没收财产

没收财产是将犯罪人财产的一部或者全部强制无偿地收归国有的刑事制裁方法,它是一种非常严厉的财产刑。

根据刑法分则规定,没收财产的适用方式有以下几种:

(1) 与罚金选择并处。例如,刑法第 363 条规定,以牟利为目的,制作、复制、出版、贩卖、传播淫秽物品的行为,情节特别严重的,处 10 年以上有期徒刑或者无期徒刑,并处罚金或者没收财产。

(2) 并处。例如,刑法第 294 条规定,组织、领导黑社会性质组织的,处七年以上有期徒刑,并处没收财产。

(3) 可以并处。例如,刑法第 113 条规定,对于犯危害国家安全罪的,可以并处没收财产。

此外,刑法第 59 条的规定,没收财产是没收犯罪分子个人所有财产的一部或全部。没收全部财产的,应当对犯罪分子个人及其扶养的家属保留必需的生活费用。在判处没收财产的时候,不得没收属于犯罪分子家属所有或者应有的财产。另外,刑法第 60 条规定,没收财产以前犯罪分子所负的正当债务,需要以没收的财产偿还的,经债权人请求,应当偿还。

(二) 资格刑(剥夺政治权利)

剥夺政治权利是指依法剥夺犯罪人一定期限内参加国家管理和政治活动权利的刑罚方法。它主要适用于危害国家安全犯罪和其他严重危害社会治安的犯罪。剥夺政治权利主要剥夺以下具体内容(刑法第 54 条):

"(一)选举权和被选举权;(二)言论、出版、集会、结社、游行、示威自由的权利;(三)担任国家机关职务的权利;(四)担任国有公司、企业、事业单位和人民团体领导职务的权利。"

从刑法分则的罪名规定来看,剥夺政治权利的适用方式有以下几种:

(1) 应当附加适用。一是对于危害国家安全的犯罪分子应当附加剥夺政治权利(刑法第 56 条)。二是对于被判处死刑、无期徒刑的犯罪分子,应当剥夺政治权利终身(刑法第 57 条)。通说观点认为理由有三:一是被判处死刑、无期徒刑的犯罪分子,如果同时不予以政治上的否定评价是不恰当的。二是防止犯罪分子被赦免或者假释后再次利用政治权利实施犯罪。三是有利于处理与罪犯某些民事法律关系。如出版权。

(2) 可以附加适用。刑法第 56 条规定,对于故意杀人、强奸、放火、爆炸、投毒、抢劫等严重破坏社会秩序的犯罪分子,可以附加剥夺政治权利。此外,根据 1998 年 1 月 13 日最高人民法院《关于故意伤害、盗窃等其他严重破坏社会秩序的犯罪分子能否附加剥夺政治权利问题的批复》,故意伤害、盗窃等其他严重破坏社会秩序的犯罪分子,如果主观恶性较深、犯罪情节恶劣、罪行严重的,也可以附加剥夺政治权利。

(3) 独立适用。刑法第 56 条第 2 款规定:"独立适用剥夺政治权利的,依照本法分则的规定"。例如,刑法第 256 条第 2 款规定犯破坏选举罪可以独立剥夺政治权利。

刑法对剥夺政治权利规定了期限问题:

(1) 被判处死刑、无期徒刑的犯罪分子,应当剥夺政治权利终身。

(2) 在死刑缓期执行减为有期徒刑或者无期徒刑减为有期徒刑的时候,应当将附加剥夺政治权利的期限改为 3 年以上 10 年以下。

(3) 独立适用或者判处有期徒刑、拘役附加剥夺政治权利的期限为 1 年以上 5 年以下。

(4) 判处管制附加剥夺政治权利的期限与管制的期限相同。

剥夺政治权利期限的起算与执行:

(1) 判处管制附加剥夺政治权利的,剥夺政治权利的期限与管制的期限同时起算,同时执行。

(2) 被判处有期徒刑、拘役附加剥夺政治权利的,剥夺政治权利的期限，从主刑执行完毕之日起或者假释之日起计算。剥夺政治权利的效力当然及于主刑执行期间。

(3) 死刑缓期执行减为有期徒刑或者无期徒刑减为有期徒刑，附加剥夺政治权利的期限改为3年以上10年以下，其刑期应当从减刑后的有期徒刑执行完毕之日或者假释之日起计算。犯罪分子在执行有期徒刑期间，当然也不享有政治权利。

(4) 独立适用剥夺政治权利的期限的起算，应从判决执行之日起计算。

4. 驱逐出境

驱逐出境是强迫犯罪的外国人（包括无国籍人）离开中国国（边）境的刑罚方法。它的适用对象是外国人，可以独立适用或者附加适用驱逐出境。独立适用驱逐出境的，从判决确定之日起执行；附加适用驱逐出境的，从主刑执行完毕之日起执行。作为刑罚方法的驱逐出境和作为行政处罚措施的驱逐出境，在处理依据、执行机关、实施方法等方面有着根本不同。

第十五章 刑罚适用制度

我国刑法的适用制度可以分为刑罚裁量制度、刑罚执行制度和刑罚消灭制度。

第一节 刑罚裁量制度

一、刑罚裁量概述

(一) 刑罚裁量的概念与意义

刑罚裁量，又称量刑，是指人民法院在依法认定行为人的行为构成犯罪的基础上，依据犯罪事实、性质、情节以及社会的危害程度，同时酌情考虑行为人的个人情况和社会情势，依法决定对行为人是否判处刑罚、判处怎样的刑罚以及如何执行刑罚的审判活动。

具体来说：(1)量刑是一种刑事审判活动。广义的刑事审判活动主要包括两方面：一是查证和认定犯罪事实，确定是否成立犯罪、成立何种犯罪；二是依据犯罪事实、性质、情节及社会危害程度，同时也酌情考虑行为人的个人情况和社会情势，对行为人决定是否判处刑罚或判处怎样的刑罚。量刑主要指后者。(2)量刑的主体只能是人民法院。人民法院是唯一的审判机关，犯罪的确定、刑罚的适用只能由人民法院进行。(3)量刑的前提是行为人的行为已确定构成一种或几种犯罪。定罪是量刑的前提和基础。(4)量刑的主要内容是确定行为人是否判处刑罚、判处怎样的刑罚以及如何执行刑罚的问题。

毫无疑问，刑罚裁量是落实犯罪分子刑事责任关键的一步。其意义在于：一是确定犯罪分子应有的惩治和教育，实现特殊预防。二是儆戒潜在的犯罪人，安抚受害人及其亲属，增进合法公民对法律秩序的信赖，最终维护了社会安全和秩序，实现一般预防。

（二）刑罚裁量的一般原则

一切刑罚裁量都是以自由裁量为基础内容的，为了防止司法者滥用裁量权，必须对刑罚裁量确定一定的规则。刑罚裁量的一般原则是指刑法规定的、人民法院在对犯罪人进行刑事裁量时应当遵循的基本准则。刑法第 61 条规定："对于犯罪分子决定刑罚的时候，应当根据犯罪的事实、犯罪的性质、情节和对于社会的危害程度，依照本法的有关规定判处"。理论上一般认为，该规定就是我国刑法规定的一般量刑原则，概括起来主要两方面：

1. 以审理认定的犯罪事实、性质、情节和社会危害程度为根据

"犯罪事实"是指符合刑法规定的某一或某些犯罪构成要件的主客观事实。犯罪事实的存在，是一切量刑活动的基础。"犯罪的性质"，就是根据已查明的犯罪事实，所确定的犯罪人的行为构成何种犯罪。只有确定犯罪的性质，才可能选定与之相适应的法定刑。"犯罪情节"，是指犯罪构成事实之外的其他能够评价犯罪的社会危害程度和人身危险性大小的各种具体事实情况。犯罪情节不能影响犯罪的性质，但能影响量刑的幅度选择和量刑的大小，犯罪情节是开放性的，不同的犯罪案件会有不同的犯罪情节。"犯罪的社会危害程度"，立足于犯罪的事实、性质和情节，对犯罪的社会危害所进行的评估。

2. 以刑事法律规定为适用准则

在确定了犯罪事实、性质、情节和社会危害程度的基础上，量刑需根据刑法规定对犯罪做出具体刑罚裁量。这些刑法规定其实就是刑罚裁量所用的规则或准则。具体包括：依据总则规定刑种、刑期、适用条件、适用方法、裁量制度、量刑情节进行裁量；根据分则规定的具体罪的刑种、量刑幅度、量刑情节进行裁量。

（三）刑罚裁量情节

在刑罚裁量过程中，除了犯罪构成事实外，影响量刑轻重的犯罪情节也必须予以重视。刑法裁量情节（简称量刑情节），是指犯罪构成之外的、能够反映犯罪的社会危害程度、犯罪人的主观恶性或人身危险性的事实情况。

立足于立法规定和实践经验，理论上一般把量刑情节根据不同标准或角度分成以下类别：

1. 以刑法有无明确规定为依据，分为法定量刑情节和酌定量刑情节。

法定量刑情节，简称法定情节，是指我国刑法明确规定的、人民法院在刑罚裁量时必须要给予考虑的各种事实情况。包括总则中所称的累犯、自首、立功、坦白等事实情节，分则规定的各具体犯罪中所提到的事实情节，例如强制猥亵、侮辱罪（刑法第 237 条）中的“聚众”或者“在公共场所当众”，[①]就是该罪的具体法定量刑情节，对具有这两种情节的案件，将根据相应的法定刑幅度量刑。无论是总则规定的法定情节，还是分则规定的法定情节，都直接影响量刑。

酌定量刑情节，是指刑法没有明文规定的，人们在司法实践总结出来的，在量刑中可以酌定考虑的情节。[②] 它通常由司法解释规定出来。司法解释是最高司法机关在适用法律过程中对具体法律适用所作的解释，它对各级司法机关适用法律时具有约束力。主要包括：(1)犯罪的方法、手段；(2)犯罪的时间、地点；(3)犯罪的对象；(4)犯罪造成的危害后果；(5)犯罪的动机；(6)犯罪的平时表现、犯罪后的认罪态度；(7)前科；(8)政治社会情势。

---

① 刑法第 237 条规定：“以暴力、胁迫或者其他方法强制猥亵他人或者侮辱妇女的，处五年以下有期徒刑或者拘役。聚众或者在公共场所当众犯前款罪的，或者有其他恶劣情节的，处五年以下有期徒刑。”

② 2017 年最高人民法院先后出台的两个《关于常见犯罪的量刑指导意见》规定了大量的酌定量刑情节。例如，第一个《量刑指导意见》指出：“对于未成年犯罪，应当综合考虑未成年人对犯罪的认识能力、实施犯罪行为的动机和目的、犯罪时的年龄、是否初犯、偶犯、悔罪表现、个人成长经历和一贯表现等情况，予以从宽处罚。”

2. 以对量刑结果的影响为标准，分为从宽量刑情节和从严量刑情节。

从宽量刑情节，简称从宽情节，是指在司法审判中审判人员要考虑的对犯罪人的量刑结果有利的各种事实情况，即能引起对犯罪人从轻、减轻和免除处罚的事实情节。

从严量刑情节，简称从严情节，是指在司法审判中审判人员要考虑的对犯罪人的量刑结果不利的各种事实情况。目前，我国刑法中的从严量刑情节只有从重处罚情节。例如，“向不满十八周岁的未成年人传播淫秽物品的，从重处罚”。①

3. 以是否必须落实为标准，分为应当型情节和可以型情节。

应当型情节是指只要案件具有相关事实，量刑时必须予以考虑落实的情节。应当型情节只能是法定情节。

可以型情节是指案件具有相关事实，量刑时可以考虑也可以不考虑采取针对性处理的情节。

(4) 以情节所具有的功能多少为标准，分为单功能情节和多功能情节。

单功能情节是指对量刑轻重只起到某一方面确定影响的事实情况。例如，“对于教唆未满 18 周岁的人犯罪的，应当从重处罚。”

多功能情节是指对量刑轻重的影响不是确定单一的，而是可以选择其中一种适用的情节。例如，“对于又聋又哑的人或者盲人犯罪的，可以从轻或者减轻处罚。”②再如，“犯罪以后自动投案，如实供述自己的罪行的，是自首。对于自首的犯罪分子，可以从轻或者减轻处罚。”③

此外，根据情节的出现与犯罪行为在时间上的关系，还可以分为罪中情节、罪前情节和罪后情节。根据情节与犯罪事实、犯罪人之间的关系，可以分为体现犯罪社会危害性的情节，如犯罪的时机、方法、手段、对象等，和体现犯罪人人身危险性的情节，如犯罪人平时表现、犯罪后的认罪

① 刑法第 364 条第 4 款。
② 刑法第 19 条。
③ 刑法第 67 条第 1 款。

态度等。还有的犯罪情节能够同时体现犯罪的社会危害性程度和犯罪人的人身危险性程度，例如，以极其残忍的手段杀害多人。

（四）刑罚裁量情节的运用

1. 优先适用法定情节，然后考虑酌定情节。对于法定情节，审判人员必须不折不扣地适用，否则就是错案，必须得到优先、严格适用，以确定适当的量刑基准。随后，要根据案件实际情况、犯罪人情况和社会情势等，考虑酌定情节的应用。例如，对于盗窃犯罪，有的是因为好逸恶劳，有的是与贫困有关，有的是因为盗窃成瘾，这是犯罪动机的不同，在量刑时需要考虑这种酌定情节，给予适当刑罚。

2. 重点把握从轻处罚、从重处罚、减轻处罚和免除处罚适用。由于罪刑法定的相对性，刑罚的裁量最终还是要依赖司法者运用自由裁量权进行裁量，主要是这四方面内容：一是从轻处罚，是指在与已确定的犯罪事实情况相对应的法定刑限度内，对犯罪人选择较轻的刑种或较短的刑期。二是从重处罚是指在与已确定的犯罪事实情况相对应的法定刑限度内，对犯罪人选择较重的刑种或较长的刑期。三是减轻处罚，是指在法定刑以下判处刑罚。这里又分两种情况：一是有刑法明确规定的减轻处罚情节的，由审判人员直接在法定刑幅度下裁断；二是没有刑法明确规定减轻处罚情节的，审判人员根据案件事实、性质和情节等，认为应当在法定刑幅度以下裁量的，经过最高人民法院核准，可以在法定刑以下裁量。四是免除处罚，是指对犯罪人作有罪宣告，但不给予刑罚处罚的情况。

3. 系统对待多项情节的案件。许多案件不仅可能有多个单纯从宽或单纯从严的情节，也可能同时具有多个从宽、从严情节，这给量刑带来了挑战。过去司法实践上一度采取“估堆式”裁量方法，这种方法往往导致案件审判结果差别较大。为了规范刑罚裁量权，“两高”于 2021 年出台了《关于常见犯罪的量刑指导意见》[①]，系统提出了量刑“三步骤”、“调节

① 在此之前，2017 年最高人民法院先后出台了《关于常见犯罪的量刑指导意见》、《关于常见犯罪的量刑指导意见（二）》（试行）。

基准刑方法”和“确定宣告刑的方法”的量刑方法，体现出相当的科学性。其特点是以定性分析为主、定量分析为辅，在犯罪构成事实基础上（包括修正的犯罪构成）确定基准刑，然后对正反向量刑情节分别“赋值”，进而进行加减以调整基准刑，最后综合研判调整结果是否适当并确定宣告刑。

4. 要以刑事政策为指导。在依法裁量的基础上，要贯彻宽严相济的基本刑事政策，贯彻惩罚与宽大相结合的基本方针，追求政治效果、社会效果和法律效果的统一。

二、累犯制度

累犯是现代各国刑法中一种常见的刑法裁量制度，是刑罚裁量时要考虑的重要从严量刑情节。

（一）累犯的概念

累犯是指曾因故意犯罪被判处一定刑罚，在刑罚执行完毕或赦免以后的法定时间内，再犯一定故意犯罪的犯罪人。在这里，它是一种犯罪人类型。

累犯区别于惯犯。惯犯是指在较长时间内反复实施同种犯罪，以此为常业或者以犯罪所得作为日常生活或挥霍腐化的主要来源的犯罪分子。累犯也不同于再犯。所谓再犯，简单地说，就是再犯一次以上犯罪的人。再犯的成立，对时间、刑种、刑期等都无要求。

累犯是因犯罪被判处一定刑罚，并经过刑事惩治或矫治后，在法定时间内又实施犯罪的犯罪分子，这意味着尽管进行一定时间的惩治和教育，累犯仍然保留人身危险性，这说明累犯犯罪人格的顽固。因此，犯罪人成为累犯，一般要比初犯、偶犯等给予更重的刑罚处置。

（二）累犯的特征

我国刑法规定的累犯可分为一般累犯和特别累犯，他们有各自的特征。

1. 一般累犯

刑法第 65 条第 1 款规定了一般累犯的特征：[①]

(1) 累犯主体是年满十八周岁的人。在犯前罪时，行为人如果不满十八周岁，不能成立累犯。这主要是考虑未满 18 周岁的人心智意志并不成熟，受环境影响大，容易接受教育改造，没有必要把他们当作累犯，应当与成年人区别对待。

(2) 前罪和后罪都应当是故意犯罪。过失犯罪人不具有法敌对性，只是因为疏忽大意或过于自信才构成犯罪，正常量刑也足以发挥教育和矫正的作用，因此，如果前罪是过失犯罪或者后罪是过失犯罪，就不能成立累犯。

(3) 前罪和后罪都应有相当的社会危害程度，应判处有期徒刑以上刑罚。有相当的社会危害程度，意味着犯罪人不仅有较大的社会危害，也意味着具有较高的人身危险性。如果把管制、拘役也纳入到累犯范围，未免过宽，有失确立累犯的原理和政策目的，不利于贯彻惩治与宽大、宽严相济和区别对待的刑事政策。

(4) 后罪发生在前罪执行完毕或赦免后五年之内。如果后罪发生在前罪执行期间，直接适用数罪并罚制度，不需要按累犯处理；如果后罪是在前罪执行完毕或赦免 5 年后发生，也没有必要成立累犯，按一般犯罪处理即可。

2. 特别累犯

特别累犯，是指前罪、后罪都是某种或某类特定犯罪的犯罪人，即"危害国家安全罪、恐怖活动犯罪、黑社会性质的组织犯罪的犯罪分子，在刑罚执行完毕或者赦免以后，在任何时候再犯上述任一类罪的，都以累犯论处。"[②]还有论者认为，刑法分则第 356 条，其实也是特殊累犯的规定："因走私、贩卖、运输、制造、非法持有毒品罪被判过刑，又犯本节规定之罪的，

---

① 该款规定："被判处有期徒刑以上刑罚的犯罪分子，刑罚执行完毕或者赦免以后，在五年以内再犯应当判处有期徒刑以上刑罚之罪的，是累犯，应当从重处罚，但是过失犯罪和不满十八周岁的人犯罪的除外。"

② 刑法第 66 条。

从重处罚。”本书认为,该规定对后罪没有要求发生在刑罚执行完毕或赦免以后,如果新罪发生在刑罚执行期间或赦免以前,那么,它就与数罪并罚制度交叉,所以,第356条规定内容,不应轻易归于特别累犯。

特别累犯的特征有两点:(1)前罪、后罪属于刑法规定的特定类型犯罪。这些犯罪都是故意犯罪。(2)后罪在前罪的刑法执行完毕或者赦免以后。

(三)累犯的法律后果

根据我国刑法规定,累犯情节将有以下法律后果:

1. 依法从重处罚。① 这里的“从重处罚”,一是指相对于不具有累犯情节的案件的从重;二是要在具体犯罪事实对应的法定刑的幅度内从重。

2. 对于累犯不适用缓刑、假释。②

3. 对被判处死刑缓期执行的累犯二年缓期执行期满减刑时,人民法院根据犯罪情节等情况决定限制减刑。③

三、自首制度

(一)自首的概念

自首是现代各国刑法中广泛存在的制度,同时各有自己的特色。我国刑法中的自首,是指行为人犯罪以后自动投案,如实供述自己的罪行的行为,或者“被采取强制措施的犯罪嫌疑人、被告人和正在服刑的罪犯,如实供述司法机关尚未掌握的本人其他罪行的”行为。理论上,前者被称为一般自首,后者被称为特别自首(或者准自首)。另外,还有观点认为,刑

---

① 参见我国刑法第65条第1款。

② 我国刑法第74条规定:“对于累犯和犯罪集团的首要分子,不适用缓刑。”刑法第81条第2款:“对于累犯以及因故意杀人、强奸、抢劫、绑架、放火、爆炸、投放危险物质或者有组织的暴力性犯罪被判处十年以上有期徒刑、无期徒刑的犯罪分子,不得假释。”

③ 参见刑法第50条第2款。

法第164条第4款、第390条第2款、第392条第2款规定，[①]其实是专门对犯"对非国家工作人员行贿罪"、"对外国公职人员、国际公共组织官员行贿罪"、"行贿罪"和"介绍贿赂罪"的犯罪人自首的特殊规定，由于它们的法定刑规定有别于刑法第67条规定，也算是一种特殊的自首。这个看法目前尚未被普遍接受。

自愿将自己交付国家追诉和审判，一定程度上体现了犯罪嫌疑人对现有法秩序的接受和认同，一般同时还具有认识错误、悔罪向善的心理倾向，人身危险性已开始减弱，改造难度也相应地减小，因此，在量刑上应当作为从宽情节考虑。另外，自首对于分化瓦解犯罪势力，鼓励犯罪分子悔过自新，减少社会的不安定因素，促进司法机关迅速破案，及时惩治犯罪等都有积极的现实意义。

（二）自首的特征

1. 一般自首的特征

根据刑法第67条第1款，一般自首具有以下两方面特征：

（1）犯罪以后自动投案。所谓"自动投案，是指犯罪事实或犯罪嫌疑人尚未被司法机关发觉，或者虽被发觉，但尚未受到询问、未被采取强制措施时，犯罪嫌疑人主动、直接向公安机关、人民检察院或者人民法院投案。"[②]"自动"，是指犯罪嫌疑人基于本人的意志而做出自愿选择，至于本人动机是出于真心悔罪，或慑于法律的威严，或为宽大处理，或因四处逃亡、自感走投无路，还是其他，都在所不问。"投案"，主要是指犯罪嫌疑人将自己置于司法机关或者所属单位、基层组织或者个人的控制之下，接受国家司法机关的审查、追诉和审判。

根据相关司法解释，"犯罪嫌疑人向其所在单位、城乡基层组织或者

---

① 我国刑法第164条第4款："行贿人在被追诉前主动交待行贿行为的，可以减轻处罚或者免除处罚"；第390条第2款："行贿人在被追诉前主动交待行贿行为的，可以从轻或者减轻处罚。其中，犯罪较轻的，对侦破重大案件起关键作用的，或者有重大立功表现的，可以减轻或者免除处罚"；第390条第2款："介绍贿赂人在被追诉前主动交待介绍贿赂行为的，可以减轻处罚或者免除处罚。"

② 最高人民法院1998年《关于处理自首和立功具体应用法律若干问题的解释》第1条第(一)项。

其他有关负责人员投案的；犯罪嫌疑人因病、伤或者为了减轻犯罪后果，委托他人先代为投案，或者先以信电投案的；罪行尚未被司法机关发觉，仅因形迹可疑，被有关组织或者司法机关盘问、教育后，主动交代自己的罪行的；犯罪后逃跑，在被通缉、追捕过程中，主动投案的；经查实确已准备去投案，或者正在投案途中，被公安机关捕获的，应当视为自动投案。并非出于犯罪嫌疑人主动，而是经亲友规劝、陪同投案的；公安机关通知犯罪嫌疑人的亲友，或者亲友主动报案后，将犯罪嫌疑人送去投案的，也应当视为自动投案。犯罪嫌疑人自动投案后又逃跑的，不能认定为自首。”①

（2）如实供述自己的罪行。是指犯罪嫌疑人自动投案后，对自己所犯罪行，无论司法机关是否掌握，都要如实供述，不得隐瞒。是否如实供述自己的罪行，是司法机关最终认定犯罪嫌疑人是否真正认罪、悔罪，是否成立自首并将其作为对犯罪嫌疑人从宽处罚的重要根据。把握“如实交待自己的主要罪行”主要有以下几点：一是必须是自己的犯罪事实.这包括独自实施的犯罪、共同犯罪中自己的犯罪事实和所知道的同案犯的犯罪事实；二是必须如实交待主要犯罪事实。一方面，犯罪嫌疑人只要把本人实施的主要犯罪事实如实供述出来，不排除有漏洞或其他差误，就算是如实供述自己的犯罪事实，这里并不要求把所有事实都供述准确清楚。另一方面，在态度上，犯罪嫌疑人要如实供述自己的主要犯罪事实，如果犯罪嫌疑人避重就轻，故意隐瞒，仅交待部分不重要的犯罪事实，不能算是如实供述自己的犯罪事实。

这里所谓“主要犯罪事实”，可从两方面理解：一是主要犯罪事实包括决定犯罪嫌疑人的行为性质以及影响对其量刑的事实、情节。二是对犯罪嫌疑人犯数罪的，应区分不同情况来认定他（她）是否如实供述。例如，犯罪嫌疑人犯异种数罪的，如果犯罪嫌疑人只对部分犯罪如实供述犯罪事实，那么只对供述的部分犯罪成立自首，对未供述的犯罪不成立自首；犯罪嫌疑人犯同种数罪的，就要综合比较已主动交待的事实与未主动交待的犯罪事实的“量”的大小，以认定犯罪嫌疑人是否如实供述主要犯

① 最高人民法院1998年《关于处理自首和立功具体应用法律若干问题的解释》第1条第（一）项。

罪事实。一般说来,如果如实交待的犯罪事实比未交待的犯罪事实多且重要,或者如实交待的犯罪数额大于未交待的犯罪数额,应认定为“如实供述自己的主要犯罪事实”。“如果无法弄清已交待和未交待的情节严重程度,或者二者相当,一般不认定为如实供述自己的主要犯罪事实。”①

2. 特别自首的特征

刑法第67条第2款对特别自首也规定有两方面特征:

(1) 主体只限于被采取强制措施的犯罪嫌疑人、刑事被告人和正在服刑的罪犯。“强制措施”,这里是指我国刑事诉讼法所规定的五种强制措施:拘传、拘留、取保候审、监视居住和逮捕;“犯罪嫌疑人”,是指在公诉案件中,被立案侦查和审查起诉的犯罪嫌疑人;“被告人”是指因涉嫌犯罪而被提起公诉或被自诉人提起自诉控告的当事人;“正在服刑的罪犯”,是指根据人民法院判决,正在被执行刑罚的犯罪人。

(2) 如实供述的内容是司法机关尚未掌握的本人其他罪行。“司法机关尚未掌握”应是指司法机关尚不知道或尚不清楚或没有确凿充分证据证明的情况。相关司法解释就认定“司法机关尚未掌握”区分不同情况提供了部分具体标准,例如:“如果该罪行已被通缉,一般应依该罪行是否在通缉令发布范围内做出判断,不在通缉令发布范围内的,应认定为还未掌握;在通缉令发布范围内的,应视为已掌握;如果该罪行已被录入全国公安信息网络在逃人员信息数据库,应视为掌握;如果该罪行未被通缉,也未被录入全国公安信息网络在逃人员信息数据库,应以该司法机关是否已实际掌握该罪行为标准。”②“本人其他罪行”,应是指司法机关尚未掌握的因涉嫌犯罪而被采取强制措施的上述主体已实施的其他犯罪。

(三) 自首情节的量刑后果

自首是犯罪人自觉恢复和认同被破坏的法秩序、削减自身危险性、走向悔过自新的重要一步,因此,自首可以从宽是各国刑法的普遍做法。我国刑法为自首情节规定了三种量刑从宽后果:一是可以从轻处罚;二是

---

① 参见2010年12月最高人民法院《关于处理自首和立功若干具体问题的意见》第2条。

② 2010年12月最高人民法院《关于处理自首和立功若干具体问题的意见》第3条。

可以减轻处罚;三是对于犯罪较轻的,可以免除处罚。当然,刑法这里用的都是“可以”,这也意味着对于有自首情节的案件,也可以根据案件具体情况,不从宽处理。

四、坦白制度

坦白从宽是我国一贯的刑事政策和实践做法。它不仅有利于鼓励犯罪分子悔罪、认罪,促进其教育改造,也有利于分化、瓦解犯罪势力,打击犯罪,节约司法资源,提高诉讼效率。在总结“坦白从宽”刑事政策实践经验的基础上,《刑法修正案(八)》设立了坦白制度,使这一政策实现了向立法规定的转变。

(一) 坦白的概念

所谓坦白,一般是指犯罪分子在被有关组织或司法机关发觉、怀疑,并对其询问、传讯或采取强制措施后,能够如实供述自己罪行的情况。它与自首的不同之处在于,自首是自动投案,而坦白不具有自动投案的情节。

(二) 坦白的特征

根据刑法第67条第3款,坦白的成立需要以下条件:

1. *坦白的主体是犯罪嫌疑人。*即因涉嫌犯罪而被采取强制措施或被审查起诉的刑事当事人,不包括刑事被告人和正在服刑的罪犯。对于已被提起公诉的刑事被告人,公诉机关已自认为查清了他(或她)的犯罪事实,证据达到法定要求,被告人是否坦白已不具有特别的价值和意义。对于正在服刑的罪犯,更是如此。

2. *坦白行为需发生在犯罪嫌疑人被动归案以后、被依法提起公诉之前。*这里的“被动归案”包括:一是被司法机关采取强制措施而归案;二是因司法机关传唤到案;三是被群众扭送归案。

3. *犯罪嫌疑人如实供述自己的罪行。*这里应注意两点:一是犯罪嫌疑人如实供述自己的罪行,总体上应是主动的。二是供述的罪行,可以是司法机关已经掌握的事实，还可以是司法机关与已经掌握的某种罪行性质相同的其他尚未掌握的罪行。如果司法机关尚未掌握某种犯罪，被采取强制措施的犯罪嫌疑人如实供述这种犯罪，它成立的是自首，而不是坦白。

（三）坦白情节的量刑后果

坦白虽然从宽，但坦白毕竟不是自首，因此，刑法对于坦白的犯罪分子从宽的力度相对较小。仅限于两种从宽后果：一是可以从轻处罚；二是如果因其如实供述自己罪行，从而避免特别严重后果发生的，可以减轻处罚。

五、立功制度

立功也是我国刑法中一项重要的量刑从宽情节和制度，1979 年刑法对此已予以明确规定，但依附在自首制度中，后经不断完善，目前已是一项独立的量刑制度。

（一）立功的概念

广义上的立功根据发生的时间，可分为附属于减刑制度的立功和附属于量刑制度的立功。附属于减刑制度的立功，是被执行刑罚的罪犯的立功。附属于量刑制度的立功（区别于刑事执行中的立功）是指从立案开始到判决生效前，犯罪分子有揭发他人犯罪行为，经查证属实，或者提供重要线索，从而得以侦破其他案件以及其他有利于国家和社会的突出表现的行为。①

刑法第 68 条规定了立功两种基本表现形式：一是犯罪分子在案件侦查阶段、审查起诉和审理阶段，有检举、揭发他人犯罪行为的行为，这包

① 刑法第 68 条："犯罪分子有揭发他人犯罪行为，查证属实的，或者提供重要线索，从而得以侦破其他案件等立功表现的，可以从轻或者减轻处罚；有重大立功表现的，可以减轻或者免除处罚。"

括共同犯罪案件中的犯罪分子检举、揭发其他共犯实施的其他犯罪；二是提供侦破其他案件的重要线索，经查证属实的情况。此外，相关司法解释在此基础上补充规定了几种表现形式：[①]一是犯罪分子阻止他人犯罪活动的；二是协助司法机关抓捕其他犯罪嫌疑人（包括同案犯）；具有其他有利于国家和社会的突出表现的，等等，它们也属于刑法所规定的立功。

（二）立功的种类及其法律后果

立功分为一般立功和重大立功两种情况。一般立功和重大立功在表现形式上区别不大，都可以归结为上述几类形式。不同之处在于立功的司法、社会效果和意义。根据相关司法解释，重大立功主要包括揭发他人的重大罪行、提供的案件线索和协助侦破的案件等达到重大程度等情形，这里所谓“重大”，一般是“指犯罪嫌疑人、被告人可能被判处无期徒刑以上刑罚或者案件在本省、自治区、直辖市或者全国范围内有较大影响等情况”。[②]

对于立功情节的刑事责任后果，刑法第 68 条规定区分了两种情况：一是对于具有一般立功情节的案件，“可以从轻或者减轻处罚”；二是对于具有重大立功情节的案件，“可以减轻或者免除处罚”。

六、数罪并罚制度

（一）数罪并罚的概念

数罪并罚是指对在法定期限内一人犯数罪的情况下，人民法院如何合并判处刑罚的量刑制度，其实质在于依据一定的原则，对犯罪人的数个宣告刑确定适当的执行刑。数罪并罚制度亦是各国刑事法律中重要的量刑制度。我国刑法第 69、70、71 条对此予以系统规定。

数罪并罚制度具有以下意义：(1)贯彻罪责刑相适应原则，实现量刑公正；(2)尊重生命等科学规律，体现人道主义，避免不必要或过度的刑

---

① 1998 年最高人民法院《关于处理自首和立功具体应用法律若干问题的解释》第 5 条。
② 同上，第 7 条。

罚;(3)保障刑罚预防目的的实现。

(二)我国的数罪并罚原则

数罪并罚原则,是指各国在确立和适用数罪并罚制度时所采取的基本准则。从内容上看,它是指在对一人犯数罪分别定罪量刑的基础上,进行合并处罚所遵循的原则。就目前世界各国刑法规定来看,主要有四个基本原则:(1)并科原则。也就是简单累加原则,指审判机关对一人因犯数罪而分别判处的数个刑罚,进行简单累加、合并执行的刑罚原则。该原则从形式上看貌似公正,但它忽视了人的生命成长规律、犯罪人人格改造规律,在许多情况下既不科学,也不人道。例如,数个有期徒刑相加,可能超出犯罪人的生命期限而实际上成为一种无期徒刑,这对犯罪人未必公正。再如,死刑和无期徒刑两种刑罚,实际上就无法合并执行。因此,一概采用并科原则的国家很少。(2)吸收原则。是指对一人犯数罪分别被判处刑罚的情况下,采取重刑吸收轻刑,只执行重刑,而轻刑不再执行的原则。例如,无期徒刑可以吸收有期徒刑,死刑可以吸收无期徒刑、有期徒刑,等等。这种原则对数罪中有被判处无期徒刑、死刑的情况,是合理的。但是,对于数罪都被判处有期自由刑、数罪都被判处财产刑等情况,该原则实行起来就存在明显缺陷:不仅违背罪责刑相适应的原则,而且可能会放纵犯罪,起不到预防犯罪的作用。(3)限制加重原则。是指在一人犯数罪分别判处刑罚的情况下,以其中最重的刑罚或法定的刑罚为基底,然后在一定的限度内(通常是在总和刑期限度内或者在法定的刑期限度内)加重一定的刑罚作为合并执行刑罚的并罚原则。该原则既可以避免并科原则在一些情况下可能导致过于严苛、结果难以执行的问题,也能避免吸收原则可能导致量刑过宽、放纵犯罪的问题,因而比前两者更为合理。但是,限制加重原则也不适于判处包括死刑、无期徒刑的数个宣告刑的合并执行的情况。(4)折中原则。又可称综合原则,是指针对不同的刑种,兼采上述三种原则的数罪并罚原则。它能够弥补各个独立原则的不足,满足各种不同情况的需要。因此,是大多数国家采取的基本原则。

我国刑法第69条规定了我国数罪并罚的制度和原则,[①]它是以限制加重原则为主,兼采并科原则、吸收原则的综合原则。具体说:

1. 限制加重原则。针对数罪中同时判处数个同种自由刑的,采取限制加重原则。数个主刑同为有期徒刑的,应当在总和刑期以下,数刑中最高刑期以上,酌情决定执行的刑期。总和刑期不满35年的,酌情决定执行的刑期不能超过20年;总和刑期在35年以上的,最高不超过25年。数个主刑同为拘役的,应当在总和刑期以下,数罪中最高刑期以上,酌情决定执行的刑期,但最高不能超过1年。数个主刑都是管制的,应当在总和刑期以下,数罪中最高刑期以上,数罪并罚不能超过3年。

2. 吸收原则。吸收原则适用于以下情况:一是数罪中判处一个或数个死刑的,只确定执行一个死刑,其他主刑被吸收;二是数罪中最高刑是一个或数个无期徒刑,只需执行一个无期徒刑,其他主刑被吸收;三是数个宣告刑中有有期徒刑和拘役的,只需执行有期徒刑,拘役被吸收。

3. 并科原则。并科原则适用于以下情况:一是数罪中有判处有期徒刑和管制或者拘役和管制,采取并科原则,先执行完有期徒刑、拘役,再执行管制;二是数罪中既有判处主刑的,也有附加刑的,都要执行。"其中附加刑种类相同的,合并执行,种类不同的,分别执行。"

(三)我国数罪并罚制度的适用算法

在不同的法定期限内出现的数罪,数罪并罚的适用算法也有所不同,我国刑法第69、70、71条规定了不同情况下适用算法。

1. 人民法院做出的判决宣告生效以前,一人犯数罪的并罚算法。这是数罪并罚制度的基础算法,其他两种情况都是以此为基础的修正。它直接按照刑法第69条规定的适用原则处理,因为刑法第69条规定就是

---

① 我国刑法第69条规定:"判决宣告以前一人犯数罪的,除判处死刑和无期徒刑的以外,应当在总和刑期以下、数刑中最高刑期以上,酌情决定执行的刑期,但是管制最高不能超过三年,拘役最高不能超过一年,有期徒刑总和刑期不满三十五年的,最高不能超过二十年,总和刑期在三十五年以上的,最高不能超过二十五年。数罪中有判处有期徒刑和拘役的,执行有期徒刑。数罪中有判处有期徒刑和管制的,或者拘役和管制的,有期徒刑、拘役执行完毕后,管制仍须执行。数罪中有判处附加刑的,附加刑仍须执行,其中附加刑种类相同的,合并执行,种类不同的,分别执行。"

针对这种一般的典型情况。这里的“判决宣告生效以前”，是指判决已经宣告并发生法律效力之前。

2. 人民法院判决宣告生效以后又发现有漏罪情况，采取“先并后减”的算法。即“判决宣告以后，刑罚执行完毕以前，发现被判刑的犯罪分子在判决宣告以前还有其他罪没有判决的，应当对新发现的犯罪做出判决，把前后两个判决所判处的刑罚，依照本法第六十九条的规定，决定执行的刑罚。已经执行的刑期，应当计算在新判决决定的刑期以内。”①

3. 人民法院判决宣告生效以后又犯新罪的，采取“先减后并”的算法。即“判决宣告以后，刑罚执行完毕以前，被判刑的犯罪分子又犯罪的，应当对新犯的罪作出判决，把前罪没有执行的刑罚和后罪所判处的刑罚，依照本法第六十九条的规定，决定执行的刑罚。”②

七、缓刑制度

（一）缓刑的概念

缓刑，是近代以来各国刑法中较常见的一种刑罚适用制度，通常分为刑罚暂缓宣告、刑罚暂缓执行和暂缓起诉等几种情况。我国刑法总则第72条、分则第449条分别规定了一般缓刑和战时缓刑制度。二者都是暂缓刑罚执行的制度。

缓刑制度主要针对那些罪行较轻的犯罪分子，在符合法定的条件下（如有悔罪表现，不致再危害社会，对所居住社区没有重大不良影响等），审判机关可以依法宣告一定考验期限，在此期限内，对其不予关押，暂缓其刑罚执行，促使其悔过自新的量刑制度。③ 它的意义在于：一是避免短期自由刑的弊端，减少被交叉感染、重返社会困难等负面后果。二是鼓励和激发犯罪分子改恶从善，成为自觉守法公民。三是有助于犯罪分子再融入社会。此外，此项制度也有助于减少国家和社会乃至犯罪人的家庭

① 刑法第70条。

② 刑法第71条。

③ 也有观点将缓刑制度视为刑罚执行制度。本书认为，这一观点也值得重视。

不必要的经济成本和其他损失。

(二) 缓刑的类型及其适用条件

1. 一般缓刑

根据刑法第72、74条规定,一般缓刑是指被判处拘役、三年以下有期徒刑的犯罪分子(其中累犯和犯罪集团的首要分子除外),如果犯罪情节较轻、有悔罪表现、没有再犯罪的危险以及宣告缓刑对所居住社区没有重大不良影响,可以宣告一定的考验期限,在考验期限内暂缓其刑罚执行;如果考验期满没有出现再犯新罪或发现漏罪等法定事由,原判刑罚就不再执行的制度。它具有两方面条件:

(1) 适用对象限于被判处拘役的犯罪分子和三年以下有期徒刑的犯罪分子。三年以上有期徒刑的罪犯、被判处管制的罪犯,都不适宜缓刑。同时,累犯和犯罪集团的首要分子也要排除在外。

(2) 适用对象必须具有犯罪情节较轻、有悔罪表现、没有再犯罪的危险以及宣告缓刑对所居住社区没有重大不良影响的情形,这是一般缓刑适用的实质要求。例如,交通肇事罪是一种常见的适用缓刑的罪名,因为交通肇事罪的犯罪人对案件发生是基于过失,内心一般不具有有意违法的心理态度,通常没有再犯罪的危险,而且容易为所居住社区接受。

2. 战时缓刑

一般认为,刑法分则第449条是关于战时缓刑的规定:“在战时,对被判处三年以下有期徒刑没有现实危险宣告缓刑的犯罪军人,允许其戴罪立功,确有立功表现时,可以撤销原判刑罚,不以犯罪论处”。其适用条件如下:

(1) 必须发生在战时。刑法第451条规定:“本章所称战时,是指国家宣布进入战争状态、部队受领作战任务或者遭敌突然袭击时。部队执行戒严任务或者处置突发性暴力事件时,以战时论。”

(2) 适用于被判处三年以下有期徒刑的犯罪军人。当然,本书认为,尽管实践中少见,但适用战时缓刑的犯罪军人,也应当排除其中的累犯或犯罪集团的首要分子。

(3) 实质条件是宣告缓刑没有现实危险。这里是指犯罪军人虽然已有了某种犯罪行为,但是他不会对军事行动、军事利益和我军军事人员造成危害。

(三) 缓刑的宣告

根据刑法第72、73条规定,人民法院适用缓刑应当根据不同情况进行宣告,这里需要注意以下几点:

1. 缓刑分为“可以宣告”和“应当宣告”两种情况。对于符合一般主体条件的犯罪分子,在符合其他缓刑条件的情况下,人民法院可以宣告缓刑。而对于“不满十八周岁的人、怀孕的妇女和已满七十五周岁的人”,在符合其他缓刑条件的情况下,对其“应当宣告缓刑”。这里的“不满十八周岁的人、怀孕的妇女和已满七十五周岁的人”,是指审判时时的犯罪人情况。

2. 宣告缓刑的基本内容是宣告一定的考验期。“拘役的缓刑考验期限为原判刑期以上一年以下,但是不能少于二个月。有期徒刑的缓刑考验期限为原判刑期以上五年以下,但是不能少于一年。缓刑考验期限,从判决确定之日起计算。”[①]对于战时缓刑,刑法并没有明确考验期的长短,可以理解为限于“战时”。

3. 根据情况,可以同时宣告禁止令。刑法第72条第2款规定:“宣告缓刑,可以根据犯罪情况,同时禁止犯罪分子在缓刑考验期限内从事特定活动,进入特定区域、场所,接触特定的人”。“根据犯罪情况”,是指根据犯罪人的犯罪事实、情节、犯罪背景和原因、社会生活环境、有无恶习或不良癖好等,决定是否采取禁止令和确定适当的禁止令。

(四) 缓刑的执行

对于一般缓刑,被宣告缓刑的犯罪分子,在考验期内要实行社区矫正。[②] 根据《中华人民共和国社区矫正法》(2019年)第8、12条规定,社区

① 刑法第73条。

② 刑法第76条规定:“对宣告缓刑的犯罪分子,在缓刑考验期限内,依法实行社区矫正。”由县级以上地方人民政府司法行政部门主管本行政区域内的社会矫正工作。人民法院、人民检察院、公安机关和其他有关部门依照各自职责,依法做好社区矫正工作。人民检察院依法对社区矫正工作实行法律监督。居民委员会、村民委员会、社区矫正对象的监护人、家庭成员,所在单位或者就读学校应当协助社区矫正机构做好社区矫正工作。

矫正工作是由县级以上地方人民政府的司法行政部门主管，联合人民检察院、人民法院、公安机关和其他有关部门一起进行，而被宣告缓刑的犯罪分子所在的村民委员会、居民委员会、家庭成员、监护人以及所在学校或单位，要给予协助。

被宣告缓刑的犯罪分子，在缓刑期间，要遵守一定的规定："（一）遵守法律、行政法规，服从监督；（二）按照考察机关的规定报告自己的活动情况；（三）遵守考察机关关于会客的规定；（四）离开所居住的市、县或者迁居，应当报经考察机关批准。"[①]除此之外，某些被宣告缓刑的犯罪分子还应遵守人民法院的禁止令。

对于战时缓刑，在缓刑执行期间，允许其留在战斗岗位或其他岗位上继续履行军人职责。根据刑法分则第 446 条规定，其考验主要是看犯罪军人在战时是否有立功表现。

（五）缓刑的法律后果

根据刑法第 76、77 条，一般缓刑有以下法律后果：(1)考验期满，原判刑罚就不再执行。它要求被宣告缓刑的犯罪分子同时具有以下情况：在缓刑考验期内，没有犯新罪，也没有被发现判决宣告前还有漏罪；没有违反法律、行政法规或者国务院有关部门关于缓刑的监督管理规定；也没有违反人民法院的禁止令，且情节严重的情况。如果满足上述条件，被宣告缓刑的人考验期满，原判刑罚就不再执行，并且应当公开予以宣告。(2)撤销缓刑，执行原判刑罚。适用于缓刑考验期间，被宣告缓刑的犯罪分子，违反法律、行政法规或者国务院有关部门关于缓刑的监督管理规定，或者违反人民法院判决中的禁止令，情节严重，同时犯罪分子没有犯新罪或发现漏罪的情况。(3)撤销缓刑，按照数罪并罚的规定处理。适用于缓刑考验期间，被宣告缓刑的犯罪分子又犯新罪，或者被发现判决宣告前还有漏罪的情况。

根据刑法第 449 条，对于被宣告战时缓刑的犯罪军人，如果在战时确有立功表现的，那么就可以撤销其原判刑罚，同时不以犯罪论处。

---

① 刑法第 75 条。

第二节　刑罚执行制度

一、刑罚执行制度的概念

刑罚执行制度，简言之，是指人民法院的生效刑事判决被付诸实施过程中所适用的刑罚制度。我国刑法和其他法律对不同种的刑罚规定了执行机关或单位、执行方法和执行措施。例如，罚金、没收财产、死刑立即执行由人民法院来执行；拘役、剥夺政治权利由公安机关来执行；死刑缓期两年执行、无期徒刑和有期徒刑，主要由监狱来执行。其中，最复杂、最常见的是自由刑的执行，因为它涉及到人的改造和人身危险性的变化，涉及到刑罚的目的实现、刑法理念与原则的全面贯彻。为适应自由刑执行的需要，我国刑法规定了两个充分体现刑法谦抑性、刑罚个别化和人道主义精神的刑罚执行制度：减刑和假释。它们的意义在于将生效判决付诸实现与贯彻刑罚个别化、实现刑罚的目的结合起来。

二、减刑制度

（一）减刑的概念

我国刑法规定的减刑制度，被认为是一个创举，充分体现刑罚的教育、人道理念。它是指对于被判处管制、拘役、有期徒刑、无期徒刑的犯罪分子，在刑罚执行期间，如果认真遵守监规，接受教育改造，确有悔改表现，或者有立功表现的，执行机关可向人民法院（中级以上）提出减刑建议，由人民法院审理决定是否减刑或减轻原判刑罚的制度。

减刑制度体现了惩罚与宽大相结合、刑罚人道和刑罚个别化的理念，对于鼓励犯罪人悔过自新、加速改造，化消极因素为积极因素，降低司法成本等都具有重要意义。

(二)减刑的两种类型及其特点

根据我国刑法规定,减刑分为“可以减刑”和“应当减刑”两种。[①] 它们具有以下特点:

1. 减刑广泛适用于所有被判处自由刑的犯罪分子。这包括被判处管制、拘役、有期徒刑、无期徒刑的犯罪分子,也包括由死缓减为有期徒刑、无期徒刑的犯罪分子。可见,减刑的适用范围涵盖了除死刑之外的自由刑,具有普遍的适用性,体现了我国刑罚制度重视对人的改造的思想理念,不能不说是最为人道的刑罚制度。

2. 是否适用减刑取决于犯罪分子的个人改造情况。根据刑法规定,“可以减刑”适用于那些在刑罚执行期间,认真遵守监规,接受教育改造,确有悔改表现,或立功表现的犯罪分子。这里的“立功表现”是指:“(1)阻止他人实施犯罪活动的;(2)检举、揭发监狱内外犯罪活动,或提供重要线索,经查证属实的;(3)协助司法机关抓捕其他犯罪嫌疑人的;(4)在生产、科研中进行技术革新,成绩突出的;(5)在抗御自然灾害或者排除重大事故中,表现积极的;(6)对国家和社会有其他较大贡献的。”[②]

“应当减刑”需要在此基础上有重大立功表现:“(1)阻止他人重大犯罪活动的;(2)检举监狱内外重大犯罪活动,经查证属实的;(3)有发明创造或者重大技术革新的;(4)在日常生产、生活中舍己救人的;(5)在抗御自然灾害或者排除重大事故中,有突出表现的;(6)对国家和社会有其他重大贡献的。”[③]

3. 减刑有法定最低限度。即犯罪分子在服刑期间,可能会因为符合减刑条件、有立功等情况,而被一次或数次减刑,但是,刑法为维护刑事判

① 刑法第 78 条第 1 款:“被判处管制、拘役、有期徒刑、无期徒刑的犯罪分子,在执行期间,如果认真遵守监规,接受教育改造,确有悔改表现的,或者有立功表现的,可以减刑;有下列重大立功表现之一的,应当减刑:(一)阻止他人重大犯罪活动的;(二)检举监狱内外重大犯罪活动,经查证属实的;(三)有发明创造或者重大技术革新的;(四)在日常生产、生活中舍己救人的;(五)在抗御自然灾害或者排除重大事故中,有突出表现的;(六)对国家和社会有其他重大贡献的。”

② 最高人民法院《关于办理减刑、假释案件具体应用法律的规定》(法释〔2016〕23 号)第 4 条。

③ 最高人民法院《关于办理减刑、假释案件具体应用法律的规定》(法释〔2016〕23 号)第 5 条。

决的严肃性和确保刑罚目的的实现，为减刑设定了最低法定的刑期限度。即“减刑以后实际执行的刑期不能少于下列期限：（一）判处管制、拘役、有期徒刑的，不能少于原判刑期的二分之一；（二）判处无期徒刑的，不能少于十三年；（三）人民法院依照刑法第五十二条第二款规定限制减刑的死刑缓期执行的犯罪分子，缓刑执行期满后依法减为无期徒刑的，不能少于二十五年，缓刑执行期满后依法减为二十五年有期徒刑的，不能少于二十年。”①

（三）减刑后的刑期计算

根据刑法规定及相关司法解释，原来被判处管制、拘役、有期徒刑的犯罪分子，其减刑后的刑期从原判决执行之日起开始计算，原判决已执行的刑期要计算在减刑后的刑期内；原判刑期为无期徒刑的犯罪分子，其减刑后的刑期应从人民法院裁定减刑之日起开始计算，原判决已经执行的刑期不计入减刑后的刑期内。

（四）减刑的程序

根据刑法规定，犯罪分子的减刑，必须要经过法定的程序，即要由执行机关向人民法院（中级以上）提交减刑意见书。人民法院收到减刑意见书后，应当组成合议庭对案件进行审理。如果认为罪犯在服刑期间，确实具有悔改的表现，或者具有立功表现，裁定予以减刑。

此外，改革开放以来，黑恶势力在我国一些地方呈现沉渣泛起的态势，我国政府对此采取高压严打态势，为配合扫黑除恶斗争，2021 年 12 月，《中华人民共和国反有组织犯罪法》制订出台。该法对部分有组织犯罪的罪犯的减刑规定了特别的减刑程序和要求。一是“对被判处十年以上有期徒刑、无期徒刑、死刑缓期二年执行的黑社会性质组织的组织者、领导者或者恶势力组织的首要分子减刑的，执行机关应当依法提出减刑建议，报经省、自治区、直辖市监狱管理机关复核后，提请人民法院裁

① 刑法第 78 条第 2 款。

定。"[1]二是"人民法院审理黑社会性质组织犯罪罪犯的减刑、假释案件，应当通知人民检察院、执行机关参加审理，并通知被报请减刑、假释的罪犯参加，听取其意见。"[2]三是"执行机关提出减刑、假释建议以及人民法院审理减刑、假释案件，应当充分考虑罪犯履行生效裁判中财产刑判项、配合处置涉案财产等情况。"[3]

三、假释制度

假释制度是一种有条件提前释放在押罪犯的制度。它体现了教育刑的理念和刑罚人道主义原则，有利于激励犯罪人悔过自新，回归社会，降低司法资源成本，是犯罪人重返社会的桥梁。刑法第 81 至 86 条规定了我国的假释制度。

（一）假释的概念

根据我国刑法第 81 条规定，假释，是指被判处有期徒刑、无期徒刑的犯罪分子，如果认真遵守监规，接受教育改造，确有悔改表现，没有再实施犯罪的危险的，在服刑一定时间后，可以附条件提前对其释放，在剩余刑期（原判为有期徒刑）或十年考验期（原判为无期徒刑）内实行社区矫正的制度。

假释制度跟减刑制度具有相似性，都是根据犯罪分子的刑罚执行效果和人格变化而对原判刑罚进行适当调整的制度，有利于感化、鼓励犯罪分子弃恶从善，化消极因素为积极因素；有利于犯罪分子回归社会与家庭；有利于实现刑罚目的等。但减刑和假释在适用对象、内容、法律后果等方面都不同。

（二）我国假释制度的适用条件

1. 假释的适用对象，限于被判处有期徒刑、无期徒刑的犯罪分子。

---

① 《中华人民共和国反有组织犯罪法》第 36 条。
② 同上，第 37 条。
③ 《中华人民共和国反有组织犯罪法》第 38 条。

管制、拘役由于其自身特点，没有必要适用假释。这里被判处有期徒刑、无期徒刑的犯罪分子，包括由死刑缓期两年执行在两年期满后，减为无期徒刑或有期徒刑的犯罪分子。但是，假释不适用以下两类犯罪分子：一是累犯和因故意杀人、强奸、抢劫、绑架、放火、爆炸、投放危险物质或者有组织的暴力性犯罪被判处 10 年以上有期徒刑、无期徒刑的犯罪分子。二是，根据刑法第 383 条第 4 款规定，因犯贪污罪、贿赂罪被判处死缓，同时被决定在其死刑缓期执行 2 年期满依法减为无期徒刑后终身监禁的犯罪分子，也不得假释。

2. 刑期已被执行足够时间。根据刑法第 81 条，被判处有期徒刑的犯罪分子，其原判刑期已被执行 1/2 以上，被判处无期徒刑的犯罪分子，其实际执行刑期已达 13 年以上。这种限制主要基于以下考虑：一是犯罪分子的改造，需要足够的期限。如果没有足够期限的刑期执行，人身危险性未必能够彻底消除。二是只有对犯罪分子执行足够时间，执行机关和审判机关才能准确判断犯罪分子是否真正悔罪、是否具有再犯罪危险。三是要保证维护既有判决的权威性和严肃性，如果无底线地适用假释，难免会导致假释制度被滥用，犯罪分子可能会得不到足够的惩罚和改造，最终导致社会公众对刑事法治的不信任。

同时，考虑到现实生活中的一些特殊情形和政治、经济、国防、外交等需要，刑法还规定，“如果有特殊情况，经最高人民法院核准，可以不受上述执行刑期的限制。”

3. 犯罪分子在原判刑罚执行期间，必须认真遵守监规，接受教育改造，确有悔改表现，没有再犯罪的危险，而且假释后对其所居住的社区没有重大不良影响。根据 2021 年《中华人民共和国反有组织犯罪法》第 38 条规定，对于有组织犯罪分子的假释，“执行机关提出减刑、假释建议以及人民法院审理减刑、假释案件，应当充分考虑罪犯履行生效裁判中财产刑判项、配合处置涉案财产等情况。”

（三）假释考验期及其执行

假释是附条件提前予以释放的执行制度，它的基本内容是对被假释的犯罪分子确定一定的考验期，在考验期内，犯罪分子必须遵守相关规定，履行一定的义务。

1. 假释的考验期。刑法第 83 条规定："有期徒刑的假释考验期限，为没有执行完毕的刑期；无期徒刑的假释考验期限为 10 年。假释考验期限，从假释之日起计算。"

2. 假释的执行。刑法第 85 条前半段规定："对假释的犯罪分子，在假释考验期限内，依法实行社区矫正。"在此期间，刑法第 84 条规定："被宣告假释的犯罪分子，应当遵守下列规定：（一）遵守法律、行政法规，服从监督；（二）按照监督机关的规定报告自己的活动情况；（三）遵守监督机关关于会客的规定；（四）离开所居住的市、县或迁居，应当报经监督机关批准。"

3. 假释的法律后果。根据刑法第 85、86 条规定，被假释的犯罪分子存在以下可能的法律后果：（1）在考验期内又犯新罪，应当撤销假释，依照刑法第 71 条"先减后并"的方法实行数罪并罚。（2）在考验期内，如果被发现在判决宣告以前还有其他罪没有判决的，应当撤销假释，依照刑法第 70 条"先并后减"的方法实行数罪并罚。（3）在考验期内，有违反法律、行政法规或者国务院有关部门关于假释的监督管理规定的行为，尚未构成新的犯罪的，应当依照法定程序撤销假释，收监继续执行未执行完毕的刑期。（4）如果没有上述三种情形的，考验期满，就认为原判刑罚已经执行完毕，执行部门应当公开予以宣告。

4. 假释的程序。对于服刑的罪犯的假释，刑法第 79、82 条规定，必须经过法定程序，否则不得假释。必须由执行机关向中级以上人民法院提出假释建议书，人民法院受理后，应当组成合议庭进行审理，对符合假释条件的，裁定予以假释。

《反有组织犯罪法》第 37 条规定："人民法院审理黑社会性质组织犯罪罪犯的减刑、假释案件，应当通知人民检察院、执行机关参加审理，并通知被报请减刑、假释的罪犯参加，听取其意见。"

第三节 刑罚消灭制度

刑罚消灭制度，是指基于一定的事实或法律事由，司法机关不能再依据刑法对犯罪人行使刑罚权的制度。前者如犯罪人死亡;后者如时效、特赦等。

在我国,相关法律规定的刑罚消灭的法定事由主要包括:(1)追诉时效期限已过;(2)刑罚执行完毕(包括缓刑、假释考验期满);(3)罪犯死亡;(4)告诉才处理的犯罪,自诉人放弃告诉;等等。这里主要讨论追诉时效和赦免。

一、追诉时效

(一) 追诉时效的概念

时效,大体可理解为法律规定的时间内,发生或不发生某种事实情况将产生一定的法律后果的法律制度。在刑事法领域,时效有追诉时效和行刑时效之分。所谓追诉时效,是指刑法规定的、司法机关可对犯罪分子追究刑事责任的时间期限。如果案件过了追诉时效,司法机关就丧失对犯罪分子的刑事责任追诉权。所谓行刑时效,是指执行机关可以对已判处刑罚的犯罪分子执行刑罚的有效期限。如果案件判决生效以后,在法定的期限内,没有对判处刑罚的犯罪分子执行刑罚,执行机关就会丧失对该案的执行权。

我国刑法只规定了追诉时效,其意义在于:

第一,彰显了预防犯罪的刑罚目的和我国的教育刑理念。我国刑罚的目的是预防犯罪,而达致这种预防犯罪目的的途径,除了极少数被判处死刑立即执行的犯罪分子外,是通过教育改造,即把罪犯改造为合法的社会主义国家公民和社会主义事业的劳动者。一些犯罪人在犯罪之后,长时间再未犯罪,说明其人身危险性已经被消除,已达到特殊预防的目的,再启动国家刑罚权并无意义。

第二,有助于社会关系的稳定。犯罪人犯罪后,长时间未再犯罪,原本紧张的社会关系可能已自行恢复,并可能产生新的健康的社会关系。犯罪分子也不再具有人身危险性,此时,放弃对犯罪人进行追诉,有助于社会关系稳定,否则,则可能导致不必要的刑罚。

第三,有助于司法机关集中人力、物力打击当前发生的刑事案件。过去的案件，往往由于时过境迁，证人、证据灭失，较难以实现追诉，反而会因此陷入“讼累”，不利于对当前的犯罪进行打击。

第四，节约人力、物力和精力。

（二）追诉时效的时间规定

1. 追诉时效的期限。刑法第87条规定：“犯罪经过下列期限不再追诉：（一）法定最高刑为不满五年有期徒刑的，经过五年；（二）法定最高刑为五年以上不满十年有期徒刑的，经过十年；（三）法定最高刑为十年以上有期徒刑的，经过十五年；（四）法定最高刑为无期徒刑、死刑的，经过二十年。如果二十年以后认为必须追诉的，须报请最高人民检察院核准。”

这里的“法定最高刑”，指的是与某具体犯罪的社会危害性相对应的量刑幅度等级的最高刑。例如，打击报复证人罪（刑法第308条），对于仅满足基本犯罪构成事实要件的打击报复证人的，“处三年以下有期徒刑或拘役”，其法定最高刑是3年有期徒刑，它的追诉时效就是5年；对于情节严重的，“处三年以上七年以下有期徒刑”。该等级量刑幅度的法定最高刑为7年有期徒刑，它的追诉时效就是10年。

追诉时效的时间起算点是“犯罪之日”，它包括犯罪成立之日或犯罪行为实施终了之日两种情况，后者适用于犯罪是继续犯或连续犯的情况。

2. 追诉时效的延长。刑法第88条规定了两种不受上述追诉时效限制的情况，对这两种情况，理论上称之为诉讼时效的延长：一是如果人民检察院、公安机关、国家安全机关立案侦查或者人民法院受理案件以后，犯罪分子逃避侦查或者审判的，不受上述追诉期限的限制。二是如果被害人在追诉期限内提出控告，人民法院、人民检察院、公安机关应当立案而不予以立案的，也不受追诉期限的限制。

3. 追诉时效的中断。刑法第89条第2款规定，犯罪人在追诉期限内又犯罪的，前罪的追诉的期限从犯后罪之日起计算。

二、赦免

赦免，是指国家对犯罪分子免除其罪或者免除或减少犯罪人应被执行的刑罚的法律制度。从古今中外刑法史来看，赦免有大赦和特赦之分。所谓大赦，是指既免除犯罪分子的所犯罪行，也免除其应被执行的刑罚。特点是既免其罪，也免其刑，被赦免的罪行不能作为前科和累犯的根据。特赦是指国家针对特定的犯罪人免除其应被执行的刑罚的部分或全部。特点是仅免其刑，不免其罪。赦免制度是一种宽宥，它对于贯彻宽严相济的刑事政策、创造宽和的政治氛围、化解个别案件的情理、法和现实之间的冲突等方面具有意义。

我国的赦免制度是由宪法规定的，1954 年宪法既规定了大赦，也规定了特赦，但此后修改后的宪法取消了大赦。新中国成立后，我国先后实行了 9 次特赦。前 7 次从 1959 年到 1975 年止，主要是对改恶从善的蒋介石集团、伪满洲国和伪蒙疆联合自治政府的战犯进行赦免。此后有将近 40 年，我国再未进行赦免。2015 年 8 月 29 日，为纪念中国人民抗日战争暨世界反法西斯战争胜利 70 周年，我国对四类人员进行了第 8 次特赦：一是参加过中国人民抗日战争、中国人民解放战争的；二是中华人民共和国成立以后，参加过保卫国家主权、安全和领土完整对外作战的，但犯贪污受贿犯罪，故意杀人、强奸、抢劫、绑架、放火、爆炸、投放危险物质或者有组织的暴力性犯罪，黑社会性质的组织犯罪，危害国家安全犯罪，恐怖活动犯罪的，有组织犯罪的主犯以及累犯除外；三是年满 75 周岁、身体严重残疾且生活不能自理的；四是犯罪的时候不满 18 周岁，被判处 3 年以下有期徒刑或者剩余刑期在 1 年以下的，但犯故意杀人、强奸等严重暴力性犯罪，恐怖活动犯罪，贩卖毒品犯罪的除外。2019 年 6 月 30 日，在中国人民共和国成立 70 周年前夕，习近平根据全国人大常委会决定，签署特赦令，对 9 类服刑人员实行了特赦。[①]

① 2019 年 6 月 29 日《中国人民共和国主席特赦令》。

主要参考文献

一、著作、教材

1. 马克思恩格斯选集(1—4)(M). 北京：人民出版社，1972.
2. 革命根据地法律文献选辑(1—4)(M). 北京：中国人民大学出版社，2016—2019.
3. 高铭暄. 中华人民共和国刑法的孕育诞生和发展完善(M). 北京：北京大学出版社，2012.
4. 储槐植. 刑事一体化(M). 北京：法律出版社，2004.
5. 高铭暄、马克昌、赵秉志. 刑法学(第十版)(M). 北京：北京大学出版社、高等教育出版社，2022.
6. 陈兴良. 规范刑法学(第二版)(M). 北京：中国人民大学出版社，2018.
7. 张明楷. 刑法学(第六版)(上、下)(M). 北京：法律出版社，2021.
8. 赵秉志、陈志军. 中国近代刑法立法文献汇编(M). 北京：法律出版社，2016.
9. 贾宇. 刑法学(总论、各论)(M). 北京：高等教育出版社，2019.
10. 黄京平. 刑法(第八版)(M). 北京：中国人民大学出版社，2021.
11. 王世洲. 现代刑法学(总论)(M). 北京：北京大学出版社，2011.
12. 刘宪权. 刑法学(第五版)(上、下)(M). 上海：上海人民出版社，2020.
13. 冯军、王志祥. 刑法学(第二版)(M). 北京：清华大学出版社，2019.
14. 刘仁文. 立体刑法学(M). 北京：中国社会科学出版社，2018.
15. 付立庆. 刑法总论(M). 北京：法律出版社，2020.
16. 张小虎. 刑法学(M). 北京：北京大学出版社，2015.
17. 叶良芳. 刑法总论(M). 北京：法律出版社，2019.
18. 林亚刚. 刑法学教义(M). 北京：北京大学出版社，2020.
19. 杨春洗、杨敦先、郭自力. 中国刑法论(M). 北京：北京大学出版社，2011.
20. 曲新久. 刑法学(M). 北京：中国政法大学出版社，2016.

21. 【德】李斯特. 德国刑法教科书.（M）. 徐久生译. 北京：法律出版社，2000.

22. 【德】克劳斯·罗克辛. 德国刑法学总论（第 1 卷）（M），王世洲译. 北京：法律出版社，2005.

23. 【德】汉斯. 海因里希. 耶塞克等. 德国刑法教科书（上、下）（M），徐久生译. 北京：中国法制出版社，2017.

24. 【德】雅科布斯. 行为责任刑法——机能性描述. 冯军译. 北京：中国政法大学出版社，1997.

25. 【英】塞西尔. 特纳. 肯尼刑法原理（M），王国庆等译，华夏出版社，1989.

26. 【英】史密斯、霍根. 英国刑法（M），李贵方等译. 北京：法律出版社，2000.

27. 【英】鲁伯特·克罗斯、菲利普·A·琼斯. 英国刑法导论（理查德·卡得修订）（M）. 北京：中国人民大学出版社，1991.

28. 【法】卡斯东. 斯特法尼等. 法国刑法总论精义（M），罗结珍译. 北京：中国政法大学出版社，1998.

29. 【意】贝卡利亚. 论犯罪与刑罚（M），黄风译. 北京：中国大百科全书出版社，1993.

30. 【意】杜里奥. 帕多瓦尼. 意大利刑法学原理（注评版）（M），陈忠林译. 北京：中国人民大学出版社，2004.

31. 【苏联】A. H. 特拉伊宁. 犯罪构成的一般学说（M），王作富等译. 北京：中国人民大学出版社，1958.

32. 【俄】库兹涅佐娃、佳日科娃. 俄罗斯刑法教程.（M），黄道秀译. 北京：中国法制出版社，2002.

33. 【俄】П. В. 伊诺佳莫娃—海格. 俄罗斯联邦刑法（总论）（M），黄芳等译. 北京：中国人民大学出版社，2010.

34. 【美】E. 博登海默. 法理学：法律哲学与法律方法（M），邓正来译. 北京：中国政法大学出版社，2004.

35. 【美】哈伯特 L. 帕克. 刑事制裁的界限（M），梁根林等译. 北京：法律出版社，2008.

36. 【美】布莱恩. 比克斯. 法律、语言与法律的确定性（M），邱昭继译. 北京：法律出版社，2007.

37. 【美】道格拉斯. 胡萨克. 刑法哲学（M），谢望原译. 北京：中国人民公安大学出版社，2003.

38. 【美】乔治·P·弗莱彻. 刑法的基本概念（M），王世洲等译. 北京：中国政法大学出版社，2005.

39. 美国模范刑法典及其评注(M),刘仁文、王炜等译. 北京：法律出版社,2005.
40. 【美】阿瑟. 库恩. 英美法原理(M),陈朝壁译注译. 北京：法律出版社,2002.
41. 【日】大谷实. 刑事政策学.(M),黎宏译. 北京：法律出版社,2000.
42. 【日】西原春夫. 日本刑事法的形成与特色(M),李海东等译. 北京：中国法律出版社与日本成文堂,1997.
43. 【日】西原春夫. 刑法的根基与哲学.(M),顾肖荣等译. 北京：法律出版社,2004.
44. 【日】大塚仁. 刑法概说(总论)(M),冯军译. 北京：中国人民大学出版社,2003.
45. 【日】高桥则夫. 规范论和刑法解释论(M). 戴波、李世阳译. 北京：中国人民大学出版社,2011.
46. Douglas Husak, *Rethinking the Act-Requirement*, paper presented at the symposium in honor of Fletcher's Grammer.
47. Mivhael Moore, *Act and Crime*, Oxford: Clarendon Press, 1993.
48. Wayne R. LaFave & Austin. W. Scott: *Criminal Law*, Weatpublishing Co 1986.
49. Richard Card, *Criminal Law*, Butterwords 1998, 14th ed.
50. Glanville Williams, *Criminal Law: The General Part*, London: Stevens & Sons, 2d ed. , 1961.
51. John Kaplan Robert Weisberg Guyora Binger, *Criminal Law*, Aspen Publishers 2004.
52. Henry Campbell Black, *M. A. Black's Law Dictionary*, Sixth Edition. Paul, Minn, West Pulishing Co. (1990).
53. Alan Norrie, *Reason and History*, London: Weidendeld and Nicolson, 1993.
54. R. A. Duff, *Principle and Contradiction in the Criminal Law*, *Philosophy and Criminal law*, Cambridge: Cambridge University Press, 1998.
55. Jonathan Bennett, *The Act Itself*, Oxford: Clarendon Press, 1995.
56. Rollin Perkins and Roland Boyce, *Criminal law*, Mineola, N. Y. : Foundation Press, 3d ed. 1982.

二、论文

1. 高铭暄,改革开放三十年刑法立法感言(J). 中国法学,2018(6).
2. 高铭暄,论四要件犯罪构成理论的合理性暨对中国刑法学体系的坚持(J). 中国法学.
3. 高铭暄,中国共产党与中国刑法立法的发展——纪念中国共产党成立 90 周年

(J). 法学家,2011(5).
4. 储槐植、张永红,善待社会危害性观念——从我国刑法第 13 条但书说起(J). 法学研究,2002(3).
5. 储槐植,死刑改革：立法与司法两路并进(J),中外法学,2015(3).
6. 王作富,新中国刑法立法的进程(J). 法学家,2009(5).
7. 何鹏,紧急避险的经典案例和法律难题(J). 法学研究,2015(4).
8. 何秉松,刑事责任论(上)(J). 政法论坛,1995(4).
9. 何秉松,刑事责任论(下)(J). 政法论坛,1995(5).
10. 何秉松,犯罪理论体系研究导论(J). 政法论坛,2004(6)
11. 陈兴良,行为论的正本清源(J). 中国法学,2009(5).
12. 赵秉志,中国刑法的百年变革(J). 政法论坛,2012(1).
13. 张明楷,法条竞合与想象竞合的区分(J). 法学研究,2016(1).
14. 张明楷,刑法学研究的关系(J). 法学家,2014(6).
15. 阮齐林,中国刑法学犯罪论体系之完善(J). 法学研究,2013(1).
16. 梁根林,犯罪论体系与刑法学科构建(J). 法学研究,2013(1).
17. 周光权,转型时期刑法立法的思路与方法(J). 中国社会科学,2016(4).
18. 王世洲,现代刑罚目的理论与中国理论(J). 法学研究,2003(3).
19. 王世洲、刘孝敏,关于中国刑法学理论体系起点问题的思考(J). 政法论坛,2004(6).
20. 白建军,论刑法不典型(J). 法学研究,2002(5).
21. 陈泽宪,犯罪定义的法治思考(J). 法学研究,2008(3).
22. 冯亚东,罪刑关系的反思与重构(J). 中国社会科学,2006(9).
23. 时延安,犯罪化与惩罚体系的完善(J). 中国社会科学,2018(10).
24. 高魏,重构罪刑法定原则(J). 中国社会科学,2020(3).
25. 王文华,刑法教科书 60 年回顾与反思(J). 政法论坛,2010(2).
26. 宁汉林、魏克家,刑罚的由来及其理论基础(J). 政法论坛,2000(6).
27. 喻海松,德国犯罪构造体系的百年演变与启示(J),中外法学,2012(3).
28. 童德华,当代中国刑法法典化批判(J). 法学评论,2017(4).
29. 李秀清,新中国刑事立法移植苏联模式考(J). 法学评论,2011(5).

后记

目前，由于刑法理论研究的繁荣和研究视野的“全球化”，刑法基本理论专著、教材越来越“厚重”，学习、研究任务越来越繁重。但在经历多年的教学和研究实践后，作者深深体会到：对于学知识而言，“厚部头”作品固然有内容充实、完整、理论丰厚和解释细致等的优点，但是，从另一方面看，“后部头”也存在内容庞杂、事无巨细、重点不突出等问题，会给研习者，尤其是初学者，带来时间和精力的浪费，有许多内容其实没有必要提及。许多时候费力读完一本书，反而让人感觉云遮雾罩，茫然一片，遮蔽了对主要问题了解和把握。其实，“厚部头”作品经常低估了学习者的自我思考能力，有许多内容是不需要过多陈述的，应当为读者留下自我思考的空间。一种立足实际、简明扼要、重点突出、结构完整、思想性强的著作才是好作品，不能一味求多、求全、求厚。《中国刑法总论精义》就是作者意图按照这个观点完成的一部著作，它只围绕我国刑法中的总则部分进行简要充实的理论梳理、探讨和建构。

这里需要感谢恩师梁根林教授，作者从读研开始，一直受益他的各方面悉心培养，在本书的写作过程中，他也给予很大的鼓励、指导和帮助，正是由于他的持续指导，作者才克服了一个个难题。这里也要感谢储槐植先生，作者不仅在本书写作过程中受其教诲良多，他的简洁务实的写作风格一直是自己学习模仿的对象，更重要的是他的理论立场与思想内容也给自己学术研究指明方向，并给自己带来了信心和勇气。例如，自上世纪90年代以来，我国刑法传统理论一直经受着来自大陆法系刑法理论的冲击，大陆法系刑法理论被许多学人奉为“圭臬”，但储槐植教授对此始终保持着冷静的头脑，在对犯罪的概念、社会危害性、刑罚的本质等问题认识上，捍卫了我国传统刑法理论的“基本盘”。从他的文章中，明显可以看出他的唯物辩证的思维与立场。而坚持我国传统刑法主流理论立场，推动发展中国当代刑法学，正是作者的努力方向。感谢陈兴良教授、张文教授、白建军教授、刘守芬教授、王世洲教授、王新教授、郭自力教授、张美英教授等母校老师们，在作者读硕、读博期间乃至毕业后至今，他们的学术思想持续给予作者最直接的学术营养。

感谢同门好友付立庆、黑静洁、周折、王亚凯、王钰、李向阳、王华伟等中青年才俊，他们对本书的写作给予了许多助力，曾经的学术相互探讨已化为书中不少文字。感谢薛荷容、玛克利亚等研究生同学，他们为本书的写作也付出了辛劳，他们帮助处理许多文献资料和部分书稿。感谢上海三联书店郑秀艳女士，这本书的出版离不开她的认真和辛劳。

最后需要感谢我目前所在的学校——新疆大学的各位领导，感谢法学院李军书记、张建江院长、李芳副书记、邓社民副院长、王青松副院长、艾尔肯·沙木沙克副院长以及其他法学院全体同仁，他们不仅给作者创造了良好的平台，也给予了许多帮助和关爱。

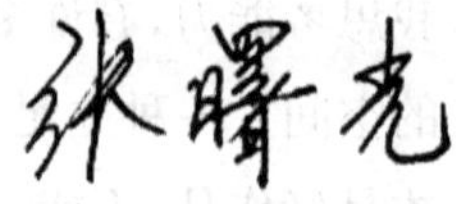

2022 年 4 月　完成于 13 号楼

图书在版编目(CIP)数据

中国刑法总论精义/张曙光著. —上海:上海三联书店,2022.7
ISBN 978-7-5426-7785-3

Ⅰ.①中… Ⅱ.①张… Ⅲ.①刑法-法学-中国
Ⅳ.①D924.01

中国版本图书馆 CIP 数据核字(2022)第 136072 号

中国刑法总论精义

著　　者 / 张曙光

责任编辑 / 郑秀艳
装帧设计 / 一本好书
监　　制 / 姚　军
责任校对 / 王凌霄

出版发行 / 上海三联书店
(200030)中国上海市漕溪北路 331 号 A 座 6 楼
邮　　箱 / sdxsanlian@sina.com
邮购电话 / 021-22895540
印　　刷 / 上海惠敦印务科技有限公司

版　　次 / 2022 年 7 月第 1 版
印　　次 / 2022 年 7 月第 1 次印刷
开　　本 / 640mm×960mm　1/16
字　　数 / 240 千字
印　　张 / 17.75
书　　号 / ISBN 978-7-5426-7785-3/D·541
定　　价 / 78.00 元

敬启读者,如发现本书有印装质量问题,请与印刷厂联系 021-63779028